21世纪，我国保险企业
内部风险管理及实践研究

◎·张智华 著

NORTHEAST NORMAL UNIVERSITY PRESS
WWW.NENUP.COM

东北师范大学出版社

图书在版编目（CIP）数据

21世纪，我国保险企业内部风险管理及实践研究 /
张智华著．-- 长春：东北师范大学出版社，2018.1
ISBN 978-7-5681-4133-8

Ⅰ.①2… Ⅱ.①张… Ⅲ.①保险企业—风险管理—研
究—中国 Ⅳ.①F840.32

中国版本图书馆 CIP 数据核字（2018）第 021791 号

□ 策划编辑：王春彦

□ 责任编辑：卢永康　　　　　　　　□ 封面设计：优盛文化

□ 责任校对：时星燕　　　　　　　　□ 责任印制：张允豪

东北师范大学出版社出版发行
长春市净月经济开发区金宝街 118 号（邮政编码：130117）
销售热线：0431-84568036
传真：0431-84568036
网址：http://www.nenup.com
电子函件：sdcbs@mail.jl.cn
河北优盛文化传播有限公司装帧排版
三河市华晨印务有限公司
2018 年 7 月第 1 版　2021 年 1 月第 2 次印刷
幅画尺寸：170mm×240mm　印张：16　字数：313 千

定价：58.00 元

Preface
前 言

保险业是汇聚风险、经营风险的特殊行业。作为金融市场的重要组成部分，保险担负着损失补偿、资金融通和社会管理的功能，是最有效的市场化风险管理手段。随着社会的不断发展，保险业积极探索与创新，努力适应经济社会发展，在促进改革、保障经济、稳定社会、造福人民方面发挥了积极作用。但我国保险业的深层次问题及结构性矛盾也开始在国际化发展进程中不断地显露出来。同时，保险公司在经营过程中，其社会性及长期性特征日益突出，这就使得保险风险管理对保险业的生存和发展具有重要的影响。因此，对 21 世纪我国保险企业内部所面临的风险及风险管理对策进行研究具有现实意义。

本书通过对保险企业内部控制的分析及基于风险管理的内部控制体系的改进进行研究，对完善保险企业内部控制制度的科学性、合理性提出了必要的建议，将为今后企业经济目标的实现起到促进作用。

本书可以为专业从事保险研究的人们提供参考，也可以为从事实务工作的人们提供帮助，对那些希望更多了解保险或仅仅是对保险感兴趣的人们也不无裨益。

本书在编写过程中得到了大量专家、教授的帮助，在此表示感谢。由于时间仓促，专业水平有限，书中难免存在不妥之处和纰漏，敬请读者和同道批评指正。

Contents
目 录

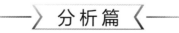

▶ 案 例 篇 ◀

理论篇

第一章 保险企业内部风险管理基本理论

第一节 内部控制与风险管理

一、内部控制理论沿革

（一）内部牵制制度

内部牵制（internal check）是一种古老的管理思想，例如，古罗马对会计账簿实行双人记账制；我国西周王朝为了加强财政收支管理而实行较为成熟的内部牵制制度，包括分权控制方法、九府出纳制度和交互考核制度等。但是在古代社会，社会生产力处于手工劳动阶段，技术水平低，交通、通信不便，人与人之间社会联系的成本高、有效性低，经济组织和社会活动一般以家庭为基本单位进行，规模小、结构简单，因此，那时的管理基本上是建立在个人观察、判断和直观基础上的传统经验管理。尽管管理思想源远流长，但没有形成系统的管理理论，也不可能提出内部控制的概念。

到了15世纪，资本主义得到了初步发展，复式记账法的出现推动了管理和内部控制的发展，以账目间的相互核对为主要内容、实施职能分离的内部牵制得到广泛的应用。20世纪初期，随着公司制企业尤其是股份公司的不断发展，控制逐步在企业管理中得到深化和认识。为了保护资产安全和完整、防范错误和舞弊行为，企业开始建立以业务授权、职责分工、双重记录和定期核对等为主要手段的内部牵制措施，建立了内部牵制制度，形成了内部控制的雏形。

工业革命以后，机器劳动取代手工劳动使社会生产力得到飞跃式的发展，工厂作为一种新的组织形式普遍设立，组织规模也不断扩大，组织内部结构日趋复杂。组织运作所需要的连续性、规范性、精确性使得管理难度陡然增大，管理成本上升、大量工厂的经营不善和破产倒闭使传统的经验管理遇到了挑战。改进管理、降低组织活动的成本成为当务之急。工厂组织在管理上的这种状况，在美国铁路企业出现之后得到了改变。铁路企业的组织管理创新成为后来制造业企业组织管理创新的基础。企业管理理论的进一步发展和完善形成了涉及组织结构、职责分配、业务程序、内部审计等许多方面的控制体系，但是，内部控制作为系统性的概念并未提出。

1912 年，R.H. 蒙哥马利在《审计：理论与实践》一书中指出，所谓内部牵制是指一个人不能完全支配账户，另一个人也不能独立地加以控制的制度。也就是一名员工与另一名员工必须是相互牵制、相互稽核的。

《柯氏会计辞典》认为，内部牵制是指"以提供有效的组织和经营，并防止错误和其他非法业务发生的业务流程设计。其主要特点是以任何个人或部门不能单独控制任何一项或一部分业务权力的方式进行组织上的责任分工，每项业务通过正常发挥其他个人或部门的功能进行交叉检查或交叉控制。设计有效的内部牵制以便使各项业务能完整正确地经过规定的处理程序，而在这规定的处理程序中，内部牵制机能永远是一个不可缺少的组成部分"。

此阶段内部牵制机能的执行大致可分为以下四类：① 实物牵制。如把保险柜的钥匙交给两个以上的工作人员分别持有，如果不同时使用这两把以上的钥匙，保险柜就无法打开。② 机械牵制。如不按正确程序操作保险柜的门就打不开。③ 制度牵制。如采用双重控制预防错误和舞弊的发生。④ 簿记牵制。如定期将明细分类账与总分类账进行核对。

可以看出，作为现代内部控制雏形的内部牵制制度，最基本的目的就是查错防弊，以钱、账、物等会计事项为主要控制对象，其控制的主要形式是通过人员之间职能的牵制实现对财产、物资和货币资金的控制。它是基于企业经营管理的需要，在当时生产规模较小和管理理论比较原始的条件下，通过总结以往的经验在实践的基础上逐渐形成的。从内部牵制形成的假设条件看，两个或两个以上的人或部门无意识地犯同样的错误，要比单独一个人或部门犯错误的机会小；两个或两个以上的人或部门有意识地合伙舞弊的可能性，大大低于单独一个人或部门舞弊的可能性。因此，虽然内部牵制是内部控制制度形成的最初始的阶段，但是，实践证明了其核心思想的有效性。内部牵制机制确实能有效地减少错误和舞弊行为，因此在现代内部控制理论中，内部牵制仍占有相当重要的地位，是组织规划控制的基础，也是组织控制和职务分离的参考模型。

（二）内部控制制度

20 世纪 30 年代发生的迈克森 – 罗宾斯公司破产案件，对内部控制理论的早期发展具有十分重要的影响。美国证券交易委员会（SEC）在调查报告中认为，内部牵制系统不应局限于特定的会计职能，而应对交易进行的方式进行全面的了解。虽然建立并维持有效的内部控制是管理层的责任，但是注册会计师也有责任评价内部控制制度。此外，对审计效率的追求也促使注册会计师研究包括会计控制在内的内部控制，以确定合理的抽样范围。

这一时期，美国的各个行业协会和委员会陆续发布文件，对内部控制或与其相关的概念加以解释。

1. 1934年美国《证券交易法》

内部会计控制（internal accounting control system）的概念是：交易依据管理部门的一般和特殊授权进行；交易的记录必须满足GAAP或其他适当标准编制财务报表和落实资产责任的需要；接触资产必须经过一般和特殊授权；按适当的时间间隔，将财产的账面记录与实物资产进行对比，并对差异采取适当的补救措施，提供合理保证的系统。

2. 1936年美国会计师协会（AIA）《独立注册会计师对财务报表的审查》

《独立注册会计师对财务报表的审查》（Examination of Financial Statements by Independent Public Accountants）首次提出审计师在制定审计程序时，应当审查企业的内部牵制和控制，并给出了内部牵制和控制的定义，即为了保护公司现金和其他资产的安全、检查账簿记录的准确性，而在公司内部采用的各种手段和方法。

3. 1949年美国会计师协会审计程序委员会《内部控制：协调制度的要素及其对管理和独立公共会计师的重要性》

《内部控制：协调制度的要素及其对管理和独立公共会计师的重要性》（Internal Control-elements of Coordinated System and Its Importance to Management and the Independent Public Accountants）首次正式给出了内部控制的定义："一个企业为保护资产完整、保护会计资料的准确和可靠、提高经营效率、贯彻管理部门制定的各项政策，所制定的政策、程序、方法和措施。"这一定义对内部控制提出了四个目标：合法性、合规性、效率性、完整性。该定义是从企业管理的角度来定位内部控制的，内容不局限于与会计和财务部门直接有关的控制，还包括预算控制、成本控制、定期报告、统计分析、培训计划和内部审计以及技术与其他领域的活动。这对于管理当局加强其管理工作来说有着极其重要的意义，但对于注册会计师来说则显得范围太宽泛了，不利于指导注册会计师开展具体审计工作，同时也不合理地扩大了注册会计师的责任。

4. 1953年美国审计准则委员会《审计程序说明第19号》

由于1949年的内部控制定义太过宽泛，超出了审计人员评价被审计单位内部控制所应承担的职责，迫于这种压力，美国注册会计师协会（AICPA）审计准则委员会（Audit Standard Board，ASB）提出了"内部控制＝会计控制＋管理控制"的概念，这就是人们熟知的内部控制制度二分法。

会计控制由组织计划和所有保护资产、保护会计记录可靠性或与此相关的方法和程序构成，包括授权与批准制度，记账、编制财务报表、保管财务资产等职务的分离，财产的实物控制以及内部审计等控制。管理控制由组织计划和所有为提高经营效率、保证管理部门所制定的各项政策得到贯彻执行或与此直接相关的方法和程序构成。管理控制的程序和方法通常只与财务记录发生间接关系，包括统计分析、时动分析、经营报告、雇员培训计划和质量控制等。

5. 1972 年美国审计准则委员会《审计准则公告第 1 号》

由于管理控制的概念比较空泛和模糊，在实际业务中内部管理控制与内部会计控制的界限难以明确划分。为了明确两者之间的关系，1972 年美国注册会计师协会在《审计准则公告第 1 号》（SAS No.1）中，重新阐述了内部管理控制和内部会计控制的定义，对会计控制和管理控制的目标和内涵进行了明确的规定：

（1）内部会计控制。会计控制由组织计划以及与保护资产和保证财务资料可靠性有关的程序和记录构成。会计控制旨在保证：① 经济业务的执行符合管理部门的一般授权或特殊授权的要求；② 经济业务的记录必须有利于按照一般公认会计原则或其他有关标准编制财务报表，并落实资产责任；③ 只有在得到管理部门批准的情况下，才能接触资产；④ 按照适当的间隔期限，将资产的账面记录与实物资产进行对比，一经发现差异，应采取相应的补救措施。

（2）内部管理控制。管理控制包括但不限于组织计划以及与管理部门授权办理经济业务的决策过程有关的程序及记录。这种授权活动是管理部门的职责，它直接与管理部门执行该组织的经营目标有关，是对经济业务进行会计控制的起点。

这一时期的各种文件，都已经将内部控制概念的核心问题表述出来了：内部控制是一种方法和措施，它所要达到的目的是，保证资产的安全完整、保证财务资料的可靠性、保证规章制度的执行。但是，1949 年以后的将内部控制区分为会计控制和管理控制的行为，无异于"将美玉击成了碎片"。这使从审计角度出发的内部控制与管理者期望的内部控制之间的差距越来越大。

经过一系列的修改和重新定义，内部控制的含义较以前更为明晰和规范，涵盖范围日趋广泛，并引入了内部审计的理念，得到了世界范围的认可和引用，内部控制制度由此诞生。

（三）内部控制结构

随着市场、资本的全球化以及信息技术的高速发展，公司跨国经营非常普遍，跨国公司在海外会遭遇到与国内不同的政治、经济、文化的风险，而且跨国经营、国际税务问题以及外汇交易等原因使得公司业务更加复杂。因此，需要健全内部控制制度以便于跨国管理。良好的内部控制制度不仅能够使企业合理配置资源、提高生产率，而且能防范和发现企业大多数的内、外部欺诈事件。另外，随着时代发展，系统管理理论逐渐成为新的管理理念，它认为：世界上任何实物都是由要素构成的系统，由于要素之间存在复杂的非线性关系，系统必然具有要素所不具有的新特性。因此，应立足于整体来认识要素之间的关系。系统管理理论将企业组织当作一个由子系统组成的有机系统进行管理，注重各子系统间的协调及与环境的互动关系。在现代公司制和系统管理理论的理念下，前期的内部控制制度已经不能满足需要，关于内部控制的研究也逐步深化。

20世纪60年代以后，为了减轻实务中注册会计师审计时评价内部控制的责任，审计界把内部控制的定义限制在一个较小的范围内，从表面上看是减轻了审计师的责任和工作量，但是，从另一个角度来看，却恰恰增加了审计风险。

由于审计风险的增加以及对内部控制的研究由一般向具体的深化，1988年AIC-PA《审计准则公告第55号：财务报表审计中对内部控制的考虑》（SAS No.55）正式提出内部控制结构（internal control structure）的概念，不再区分会计控制和管理控制，而是确立了一种控制结构。SAS No.55认为，内部控制结构包括为保证企业特定目标的实现而建立的各种政策和程序。内部控制结构包括三个要素：控制环境（control environment）是指对建立、加强或削弱特定政策和程序效率产生影响的各种因素。会计系统（accounting system）规定各项经济业务的鉴定、分析、归类、登记和编报的方法，明确各项资产和负债的经营管理责任。控制程序（control procedure）是指管理当局所制定的用以保证达到一定目的的方针和程序。

与SAS No.1相比，SAS No.55创造性地提出内部控制结构具有两个重要特点：一是内部控制结构以系统管理理论为主要控制思想，正式将内部控制环境纳入内部控制，将控制环境、会计系统、控制程序三个要素纳入内部控制范畴；二是不再区分会计控制与管理控制，而统一以要素表述内部控制，认为两者是不可分割、相互联系的，而且有些管理控制在实质上也影响财务报告的可靠性。

此外，1981年，国际会计师联合会（international federation of accountants，IFAC）发布《国际审计准则第6号：风险评估和内部控制》（ISA No.6），在借鉴SAS No.55的基础上也将内部控制分为控制环境、会计系统和控制程序。

二、风险与风险管理

（一）风险的概念及分类

1. 风险的概念

目前关于风险概念的认识相对一致，主要集中在不确定性方面，但是在指向方面存在差异。在理论界，西方学者在风险定义方面强调不确定性；国内学者有的强调不确定性，有的强调不确定性带来结果的变动程度。

实务界对于风险的定义，西方国家的机构强调不确定性的影响，我国主要集中于不确定性和经营目标。国资委 2006 年发布的《中央企业全面风险管理指引》和保监会 2007 年发布的《保险公司风险管理指引（试行）》，对风险的定义主要集中在不确定性对经营目标的影响，这在一定程度上代表了实务界对风险的认识水平。其中，国资委关于风险的定义，偏重于不确定性的影响结果，属于动态的概念；保监会关于风险的定义则偏重于不确定因素本身，属于静态的概念。由此可见，代表我国分管不同行业的最高监管机构之间，对风险构成的基本要素孰因孰果没有取得一致认识。而且，两家机构对风险的定义存在模糊之处：一是，什么是"经营目标"？二是，什么是"不确定性"？

不确定性是因，产生的负面影响是果，即由于不确定性的原因，导致对企业的经营目标产生影响。不确定性涉及三个层面：一是未来发生哪些影响经营目标的事件具有不确定性；二是具体到某一个（些）事件是否会发生，具有不确定性；三是事件发生对经营目标的影响程度，具有不确定性。由于企业不能完全消除上述三个层面的不确定性，因此经营目标的实现结果具有不确定性。基于此分析，对风险的定义是：由于企业内外环境中的各种因素的综合作用，企业经营目标会受到不利影响，且其影响效果不可预知的一种动态演变过程。

2. 风险的分类

根据不同的标准，风险有不同的分类。如按照不确定性的程度，可以区分为客观风险（实际损失与预期损失之间的相对差额）和主观风险（个人的心理状态或精神状态导致的不确定性）；按照双方存在受益的情况，可以区分为纯粹风险（存在有损失或没有损失两种情况，不存在受益的情况）和投机风险（受益或损失均有可能）；按照影响的范围可以区分为基本风险（影响整个经济或经济中的大多数人或团体的风险）和特殊风险（仅影响个体而不影响社会的风险）；按照风险来源以及能否规避可以区分为系统性风险（由政治、经济及社会环境等宏观因素造成的、无法规避的风险）和非系统性风险（由某一特殊因素引起的、能够通过某种方式予以规避的风险）。

风险的分类非常重要，是对不同的风险制定相应的应对措施的前提。比如对于纯粹风险，由于不具有受益的特征，因此保险公司可以通过大数法则预测未来损失的分布，从而较为精确地厘定保险费率，提供相应的保险保障服务，而对于投机风险，则难以预测未来的损失分布。企业无法对所有的风险提供无差别的风险解决方案，必须针对具体情况，提出具体的解决方案。通过对风险进行分类，分析每一类风险的具体特征，能为制定风险解决方案奠定基础。

（二）风险管理概论

风险管理 20 世纪 30 年代起源于美国。50 年代美国风险管理活动兴起，并在 60 年代发展成为一门管理学科。随着 Mehr 和 Hedges 的 "Risk Management in Business Enterprise（1963）"、Williams 和 Heins 的 "Risk Management & Insurance"（1964）的出版，风险管理理论开始登上历史舞台。

1. 风险管理的发展是适应社会风险状况的权变发展过程

在不同的历史背景下，风险管理总是在适应当前环境、又不断予以改进的过程，而且现在仍然处于改进中。

（1）古代朴素的风险管理思想。古代的经济社会秩序相对简单，一种朴素的思想往往能够指导有效管理风险。古代东西方的历史中，均有关于风险管理理论和实践的记载。《礼记·中庸》指出：凡事预则立，不预则废。言前定则不跲，事前定则不困，行前定则不疚，道前定则不穷。荀子提出："节用裕民，而善藏其余"，"岁虽凶败水旱，使百姓无冻馁之患"的治理国家的思想。约在公元前 2800 年，古埃及盛行互助基金组织，根据组织成员订立的契约，当某个成员不幸死亡时，用其他成员所缴纳的会费支付丧葬费或者救济其遗属。公元前 916 年，罗地安海商法确定共同海损制度，按照该原则，在货物和船舶发生共同风险时，由船长做出抛弃货物或器具的决定，由此产生的损失由全体船、货关系人共同分摊。随着经济社会的发展，风险的复杂程度越来越高，风险管理的研究也趋向于体系化。

（2）第二次世界大战之前的工业革命推动风险管理思想进一步发展。二次世界大战结束之前，风险管理的思想处于缓慢发展阶段，但是风险管理的各种相关理论开始出现，风险管理技术逐渐被开发出来，为后来的风险管理理论的快速发展奠定了基础。工业革命由于大规模采用工业化，安全逐渐成为一项重大的风险。20 世纪初，美国钢铁公司董事长 B.H. 凯里从长期接连不断的事故中得出教训，别出心裁地把公司的经营方针加以变动，将原来的"质量第一、产量第二"，改为"安全第一、质量第二、产量第三"，取得了事故减少、质量和产量明显升高的效果，其成功震动了美国实业界。在西方国家的大中型企业中，开始出现了专门负责安全的管理人员，对企业存在和面临的各种风险进行全面的识别、估测和评价，然后分析所有风险发生的可能性、造成后果的严重性、处理所需支付的费用，制定最优风险处理方案并加以实施。1910 年，Henri Fayol 提出安全职能是企业经营的基础和保障，把风险管理思想引入企业经营。1921 年，Marshall 提出了风险负担管理（Administration of Risk-Bearing）的观点，提出风险处理的方法有风险的排除和风险的转移。在 1929—1933 年经济危机的冲击下，大量银行和企业破产，促使人们对风险管理进一步思考，并在危机后的 30 年代在美国产生了风险管理的基本构想。其主要考虑是能否减少或消除风险带来的灾难性后果，以及能否科学、有效地控制和处理风险。

（3）第二次世界大战之后风险管理理论体系建立。第二次世界大战之前的风险管理手段主要是保险。保险仅能用于对可能预测到的风险提供保障，但是无法用于不能预测到的风险。二战以后西方的现代工业迅猛发展，国际贸易、国际金融以前所未有的速度增长，风险的种类、频率和损失更大，保险业无法满足风险管理的需求，风险管理理论开始出现并在世界范围内传播。1948 年钢铁工人大罢工和 1953 年美国通用汽车公司大火，给美国经济和通用汽车造成了巨大的经济损失，成为美国推动企业风险管理的契机。学术方面，民间研究机构和高等学府加强了对企业风险管理的学术研究；企业方面，大中型企业纷纷设立风险管理部门或风险经理。风险管理开始成为一门新型管理科学。1950 年，Gallagher 第一次提出了"风险管理"一词。1963 年，Mehr 和 Hedges 的 "Risk Management in the Business Enterprise"，以及 1964 年 Williams 和 Heins 出版的 "Risk Management and Insurance"，开始把概率论和数理统计运用到风险管理当中。在此之前，处理风险的方法主要建立在对风险定性分析的基础上。风险管理从以前的定性研究转到定量研究，使得风险管理的研究逐步趋向系统化、专门化，风险管理成为管理科学中的一门独立学科，开始在学术领域快速发展，并在社会实践中广泛推广。

回顾风险管理发展的历史，可以看到，风险管理从来都是从实际情况出发，为解决实际问题而逐步发展起来的，是在实践过程中的经验逐步积累，去伪存真，融入各种理论和科学方法而形成的理论。因此，我们在前人研究的基础上继续研究风险管理，必须从两个方面出发，一是要清楚历史上曾经有哪些理论；现在有哪些理论，二是要清楚实际存在哪些风险需要解决。风险管理研究的"风险"，不但包括能够预测的风险，也包括无法预测的风险，要在严谨、灵活的理论指导下开展风险管理。

2. 风险管理的概念

在风险管理理论发展的历史过程中，不同的学者对风险管理给出了不同的概念。从各位学者给出的概念对比可以看出，风险管理发展到现在，其概念已经趋于一致，即选择一定的方法，对风险加以管理，控制风险可能导致的实际或潜在损失。理想的风险管理，应该是针对潜在的风险，按照潜在损失的程度和风险发生的可能性大小排序，形成一系列优先次序的过程。通过这样的安排，使得那些会引致最大损失及最可能发生的事情优先得到处理、而风险相对较低的事情则押后处理。这里面有两个关键之处，一是优先次序的确

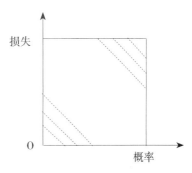

图 1-1　损失－概率图

定，二是成本的问题。确定优先过程，需要兼顾发生的可能性和潜在的损失程度，但是两个方面分别表现为什么样的函数关系，一方面需要在大量经验基础上加以统计分析，另一方面要根据以往经验进行判断，因此其难度非常大，也成为风险管理的关键所在。如图1-1所示，阴影部分容易判断，而空白部分判断难度则很大。

关于风险管理的成本，涉及两个方面。一方面是同其他任何管理活动一样，开展风险管理需要投入相应的人力资源和财务资源，这些是能够看得到的显性成本；另一方面是看不到的成本，即机会成本（opportunity cost）。风险管控不到位发生风险，将导致企业产生实际损失。一般情况下两者呈现此消彼长的关系。理想的风险管理是能够以最少的资源为代价化解最大的危机。这仅是一个指导思想，在实践中风险管理需要面对有效资源运用的难题，尽可能降低运用于有回报活动的资源付出。但是，过度的削减成本本身也构成了一种风险隐患。

从上述角度出发，本文将风险管理的概念界定为：风险管理是指在一个肯定有风险的环境里，通过选择适当的方法，把风险的不利影响减至最低，并从中寻找价值增值的管理过程。该定义包含了以下几层意思：一是风险管理活动一定是在风险环境中开展的。在没有风险的环境中，是不需要风险管理的。二是风险管理需要适当的方法。风险管理需要遵循一定的程序，有秩序地进行，同时需要考虑成本效益问题。一般而言，风险管理包括风险识别、风险估测、风险评价、选择风险管理技术和评估风险管理效果等环节的工作。三是风险管理的目标是把风险的不利影响减至最低，并通过先进的风险管理技术从风险中挖掘价值。四是风险管理是一种管理活动，而不是单纯的风险管理技术。根据法约尔对管理的定义，管理活动分为计划、组织、指挥、协调和控制等五大管理职能。风险管理全过程则包括了这五大职能，风险管理技术只是风险管理整体活动中的一种措施或手段。因此，风险管理已经远远超出了技术的范畴，属于管理的范畴。

三、内部控制与风险管理的关系分析

（一）内部控制与风险管理本质的统一性

企业风险管理与内部控制二者的区别和联系，一直是理论和实务界争论的热点话题，且至今仍未达成共识。目前理论界对内部控制与风险管理的关系有三种不同的观点。

第一种观点认为，内部控制包含风险管理。按照施控的主体来划分，控制可分为内部控制和外部控制。加拿大CoCo报告（1995）认为："控制"是一个组织中支持该组织实现其目标诸要素的集合体，实质上就是"内部控制"，风险评估和风险管理是控制的关键要素。同时，该报告将风险定义为"一个事件或环境带来不利后果的可能性"，阐明了风险管理和内部控制的关系："当你在把握机会和管理风险时，你也正在实施控制"。

第二种观点认为，风险管理包含内部控制。英国 Tumbull 委员会（2005）认为，风险管理对企业目标的实现具有重要意义。企业的内部控制在风险管理中扮演关键角色，内部控制应当被管理者看作范围更广的风险管理的必要组成部分。南非 Kingll Report（2002）认为，传统的内部控制系统不能管理很多风险，例如政治风险、技术风险和法律风险，风险管理将内部控制作为减轻和控制风险的一种措施，是一个比内部控制更加复杂的过程。国内学者杜轩（2008）、张正兵（2009）等也认为风险管理的内涵比内部控制更宽广，内部控制是风险管理的必要环节。

第三种观点是内部控制和风险管理的本质协调论。BlackBurn（1999）认为，"风险管理和内部控制即使人为地分离，而在现实的商业化行为中，它们也是一体的"。LauraF.Spira 等（2003）分析了内部控制是怎样变为风险管理的。MatthewLeitch（2006）认为，理论上风险管理和内部控制没有差异，这两个概念的外延正变得越来越广，正在转变为同一事物。

我们认为，内部控制和风险管理在本质上是协调共存的，理由如下：

1. 根据内部控制"三要素"到"五要素"的形象图分析（如图 1-2、图 1-3），人们不禁会问：内部控制的形象图为什么要从平面图到三面锥形图再到八面立体图呢？这不仅是平面到立体面的图形变化，而是意味着人们对内部控制认识和考虑的深化，适应市场经济发展和利益相关者的需要，企业内部控制的内涵和外延不断拓展。人们考虑内部控制时，已经从会计系统层面发展到企业控制的操作层面再到涉及企业各个层面（整体层面和控制层面），但在这个演进过程中，授权、实物控制、职责分离等控制活动的合理内涵一直被强调和巩固。随后又增加了风险的考虑，和以对治理层、管理层的约束等内容为主的企业整个层面的考虑。也就是说，风险管理继承了内部控制的合理内涵，内部控制也必然体现风险管理的理念。

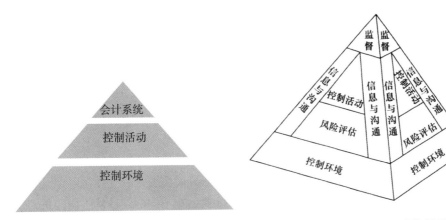

图 1-2　内部控制"三要素"的平面图　　　图 1-3　内部控制"五要素"的锥形图

2. 从内部控制"五要素"和风险管理的"八要素"（如图1-4）的内涵分析，我们发现内部控制和风险管理的控制活动是一致的，不同的是风险管理将控制管理提前，侧重于围绕目标设定对风险的识别、评估和应对处理，但如果能够站在战略层面把内部控制中"风险评估"的要素拓展，把内部控制的对象扩展为风险，无论是内部控制的建设、设计、运行以及独立检查、评价都基于风险分析，内部控制和风险管理则基本上是一回事了，仅仅是名词和叫法不一致而已。

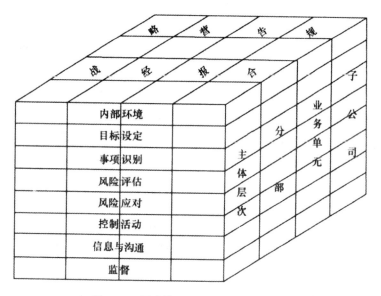

图1-4 风险管理"八要素"框架图

3. 从手段和方法分析，一方面，内部控制既是风险管理的主要内容，又是风险管理的重要手段。也就是说，风险管理已经能够涵盖内部控制的所有内容，但对风险进行处理和管理时，一个重要的策略选择就是健全内部控制，适当的内部控制能够降低企业风险至可接受的水平，但不能完全消灭所有的风险；另一方面，风险管理的最终目标与企业目标一致，在现代社会中，企业目标已经不仅是追求利润最大化、价值最大化，而是追求企业构建起一个和谐的内控机制，考虑所有利益相关者的利益。为此，改进和提高内部控制的效率和效果，也是风险管理的增值价值所在。

4. 从内部控制和风险管理演进路径分析，内部控制和风险管理从不同的路径共同到达了全面风险管理的新阶段，可谓"殊途同归"。一是内部控制的研究者主要来自会计、审计和经济管理等学科领域，风险管理的研究者主要来自金融保险、安全工程、食品工程、项目管理、流行病学等学科领域。他们在不同的领域从不同的角度攀登到了全面风险管理这一新高地，从而将内部控制和风险管理的研究推向一个新阶段。二是内部控制和风险管理都是一个动态的过程，强调内部控制和风险管理应该与企业的经营管理过程相结合，并受人的因素的影响，强调"软控制"（即精神层面的内容，例如，管理当局的风格和理念、企业文化等）的作用和风险意识，即不同企业的内部控制和风险管理都深深地烙上不同的企业文化印记。三是内部控制和风险管理均受目标驱动，并且明确组织中的每一个人都对内部控制和风险管理负有责任，而且由于内部控制的固有限制，内部控制和风险管理只能提供合理保证，而非绝对保证。

（二）内部控制与风险管理的衔接

尽管内部控制和风险管理实质上具有统一性，但风险管理毕竟是对内部控制的发展，两者的衔接凸显在从风险的视角理解和实践内部控制，即风险管理框架下的内部控制。

1.平衡风险和控制的关系

风险管理框架下的内部控制，是站在企业战略层面分析、评估和管理风险，是把对企业监督控制从细节控制提升到战略层面及公司治理层面。风险管理不仅关注内控机制的建立，最主要的是关注内部控制运行与评价。从企业所有内外风险的角度为公司治理层、管理层持续改进内部控制设计和运行提供思路，风险管理比内部控制的范围要广泛得多。

2.前动与后动的平衡

在风险管理框架下的内部控制，既包括提前预测和评估各种现存和潜在风险，从企业整体战略的角度确定相应的内控应对措施来管理风险，达到控制的效果，又包括在问题或事件发生后采取后动反应，积极采取修复性和补救性的行为。显然，在未发生风险负面影响前即采取措施，更能够根据事件或风险的性质，降低风险的损失，降低成本，提高整体管理效率。

3.治理、风险、控制的整合

在风险管理框架下的内部控制试图寻求一个有效的切入点，使得内部控制真正作为组织战略管理的重要成分嵌入组织内部，提高组织对内部控制重要性的认同，并使得内控能为组织战略目标的实现做出更多的贡献。依照风险管理的整体控制思维，扩展内部控制的内涵和外延，将治理、风险和控制作为一个整体，为组织目标的实现提供保证。这一整合的过程将克服原本内部控制实施过程中内部控制与管理脱节的问题，整个组织风险管理的过程也是内部控制实施的过程，内控不再被人为地从企业整个流程中分离出来，提高了内部控制与组织的整合性和全员参与性。

4."从上到下"控制基础和"从下到上"风险基础的执行模式的融合

过去，一提到内部控制，人们往往认为是管理者制定出相应的规章制度来约束员工的。但在风险管理框架下的内部控制，既体现内部控制从上到下的贯彻执行，也强调内部控制从下到上参与设计、反馈意见以及倒逼机制，即"从上到下"控制基础和"从下到上"风险基础的执行模式的融合。

风险管理框架下的内部控制（风险管理）既包括管理层以下的监督控制，又包括管理层以上的治理控制。按照内部控制五要素分析内部治理控制见表1-1。

表1-1　　　　　　　　　　风险管理框架下的公司内部治理控制

内部控制要素	公司治理中的体现（举例，并不全面）
控制环境	股东（大）会、董事会、监事会、经理的职责定位与授权； 董事会内部职责分工与授权，如内设的战略、执行、审计、薪酬、提名等专业委员会等； 董事会、监事会与经理团队的沟通氛围； 股东与董事会的风险偏好； 董事长主持董事会工作，其职业修养与专业能力将影响治理效果； 董事、监事能力； 独立董事的独立性。
风险评估	战略、目标、重大经营计划等决策需对内外风险充分评估；为具体治理活动设计控制措施前需要进行风险评估。
控制活动	治理结构本身的牵制机制设计，如监事会的设立、独立董事制度、审计委员会设立等； 企业战略和目标的制定与决策程序； 通过听取业绩报告，董事会对经理战略执行的过程控制； 董事长对经理的决策授权与监督； 董事、监事、经理的考核激励控制； 公司章程，董事会及其下属委员会、监事会的议事规则； 信息披露的控制程序。
信息与沟通	股东、董事、监事履行职责时，必须适时得到充分的相关信息； 董事会与经理团队应建立正常沟通机制，适时了解战略和目标的执行情况，及时采取行动； 股东分散、不参与企业的经营管理，董事会应按规定适时披露相关信息，保障所有股东的合法权益。
监督	董事会（或审计委员会）聘请独立第三方对经理履行职责情况的检查； 监事会对董事会与经理的监督检查。

第二节　保险与保险企业

一、保险发展简史

在人类发展的历史过程中，人们逐步探索着各类应对自然灾害的途径和方法，一些国家或地区的古代文明出现了保险思想的萌芽和各种原始形态的保险。随着社会经济的发展，现代保险在欧洲应运而生。

（一）保险的产生

1.国外的古代保险思想与原始形态保险

国外保险思想最早出现于中东和欧洲各地的古代文明。古巴比伦、古埃及、以色列、希腊和罗马等地都出现过各种原始的保险形态。

（1）财产保险的雏形

早在公元前20世纪，古巴比伦的国王曾要求僧侣、法官及市长等统治阶层对其辖区内的侨民征收税金，用以救济火灾等自然灾害所导致的损失。

公元前16世纪，巴比伦国王汉谟拉比曾制定了著名的《汉谟拉比法典》。该法典规定，一旦商队中的马匹、货物等在运输中被劫或发生其他损害，如果经宣誓并无纵容或过失等情况，可免除个人的债务，而损失由全体商队成员承担。该办法后又传到腓尼基，并被用于船舶运载的货物。

大约公元前1000年间，著名的以色列国王所罗门也对从事海外贸易的商人征收税金，用以补偿遭受海难者的损失。

（2）人身保险的雏形

在古埃及时代，石匠中有一种互助基金组织，凡参加者须缴纳一定数额的会费，用以支付会员死后所需的丧葬费。这是一种类似于人寿保险和意外伤害保险的办法。

在古希腊，有相同政治观点或宗教信仰的人或同一行业的工匠组成一个团体，团体成员每月缴纳一定数额的会费，当成员遭遇不幸时，由团体给予救济。

在古罗马，在宗教团体和军队中也有类似的团体，团体成员缴纳会费，当其死亡时由家属领受一定金额的丧葬费。

2.现代保险的形成

虽然保险的起源可追溯至古代社会，但是现代意义上的保险却是近代资本主义商品经济发展的产物，最初产生于14世纪中叶以后的欧洲。财产保险早于人身保险出现，海上保险早于陆上保险出现。随着各种保险种类的产生和发展，逐步形成了较完整的现代保险制度。

（1）海上保险的形成：伴随着海上贸易和航运的发展，现代保险的最早形式——海上保险开始出现。德国经济史学家萧培考证并认为：现代保险的最早形式是海上保险，近代海上保险发源于14世纪中叶以后的意大利。这一观点为大多数保险学者所认同。目前，保险理论界对海上保险起源的认识基于共同海损制度和海上借贷制度。

海上贸易的获利与风险是共存的，在长期的航海实践中逐渐形成了由多数人分摊海上不幸事故所致损失的方式——共同海损分摊，也就是"一人为众、众为一人"的原则。该原则在公元前916年被罗地安海商法采用，该法正式规定："为了全体利益减轻船只载重而抛弃船上货物，其损失由全体受益方来分摊。"该制度在罗马法典中得到进一步完善，最终形成著名的共同海损基本原则，被人们称为海上保险的萌芽。

近代海上保险是由古代巴比伦和腓尼基的船货抵押借款思想逐渐演化而来的。这种借贷制度非常接近于今天的保险制度。早期的海上借贷是船东或货主在出航前向资本商人借入资金，若船舶和货物在航海中遭受海难，根据受损程度可免除部分或全部债务；若安全抵达目的地，则应偿还本金和利息。当然，这种抵押措款的利息明显高于当时借款的法定利息，后被罗马教会禁止。之后的海上借贷又以另一种形式出现，资本商人在航海前以借款人名义向贸易商人借入一定资金，如果船舶和货物安全抵达目的地，借款人不用偿还债务；如果中途船舶和货物出现损失，借款人需要偿还债务。

最早的海上借款合同是一个名叫乔治·勒克维伦的热那亚商人在1347年10月23日订立的从热那亚到马乔卡的合同，至今仍保存在热那亚的国立博物馆。14世纪以后，现代海上保险的做法已在意大利的商人中间开始流行。勒克维伦出立的这份合同在内容上非常接近今天的保险合同，因而被视为最早的保险合同。从形式到内容与现代保险几乎完全一致的最早的保险单，是1384年3月24日在佛罗伦萨出立的一张承保一批纺织品从意大利的比萨到法国南部阿尔兹的航程保单，这是世界上第一份具有现代意义的保险单。这张保单列有明确的保险标的以及明确的保险责任，如"海难事故，其中包括船舶破损、搁浅、火灾或沉没造成的损失或伤害事故"。在其他责任方面，该保单也列明了"海盗、抛弃、捕捉、报复、突袭"等带来的船舶及货物的损失。

近代海上保险在英国获得了进一步发展。15世纪以后，新航线的开辟使大部分西欧商品不再经过地中海，而是取道大西洋。16世纪时，英国商人从外国商人手里夺回了海外贸易权，积极发展贸易及保险业务。到16世纪下半叶，经英国女王特许，在伦敦皇家交易所内建立了保险商会，负责制定标准保险单和条款，专门办理保险单登记事宜。1720年，经女王批准，英国的"皇家交易"和"伦敦"两家保险公司正式成为经营海上保险的专业公司。因此，海上船舶抵押借贷制度被认为是海上保险的初始形态。同时，英国劳合社的成立进一步推动了海上保险的发展，在海上保险中也占有重要地位。1906 年，英国颁布了海上保险法，为解决海上保险纠纷、调整海上保险民事法律关系提供了法律依据，对世界海上保险的发展起到了非常重要的促进作用。

（2）火灾保险的形成：火灾保险的起源可追溯到 12 世纪初冰岛成立的互助社，该社对火灾及家畜死亡所致的损失承担赔偿责任。中世纪的欧洲手工业者们按各自行业组成的行会对其会员遭受的火灾损失予以补助，可以说是相互保险的开始。

1118 年，冰岛成立了"黑瑞甫"社（Hrepps），对火灾损失互相负责赔偿。17 世纪初的德国北部盛行"基尔特"（Guild）制度，当时成立了很多互助性质的火灾救灾协会，会员之间实行火灾相互救济。

1591 年，汉堡酿造业商人为重建被烧毁的酿造厂组成了"火灾合作社"。1676 年，由 46 个协会合并成立了"汉堡火灾保险局"，开创了公营火灾保险的先河。1718 年，柏林创立了公营火灾保险所，以后渐渐在全国普及。

现在各国办理的火灾保险业务主要起源于英国的火灾保险制度。1666 年 9 月 2 日，伦敦皇家面包店的一场大火持续了 5 天 5 夜。伦敦城的五分之四被毁，20 万居民无家可归，损失惨重，人们开始考虑如何解决火灾损失问题。1667 年，牙科医生尼古拉·巴蓬个人独资开办了一家专门承保火灾保险的营业所，并于 1681 年改组，正式设立火灾保险公司，开始按照房屋危险等级收取差别保费。这也是现代火灾保险差别费率的起源，巴蓬也因此被称作"现代火灾保险之父"。

（3）人身保险的形成：人身保险的起源也可以追溯到早期的海上保险。在 15 世纪海上贸易的发展过程中，作为商品的奴隶在海上贩运过程中被作为保险标的投保，形成了早期的人身保险，以后发展到以陆上奴隶的生命为保险对象的人身保险，再后来，以自由人（船长、船员、旅客等）为保险对象的人身保险也开始出现。近代人身保险是由基尔特制度、公典制度、年金制度等汇集而成的。

基尔特制度起源于欧洲中世纪，是职业相同者基于互助精神组成的团体，是一种相互救济制度。该制度创始之初，有商人基尔特与工人（手工）基尔特两种，当团体中的会员死亡、疾病或遭受火灾、盗窃等灾害时，会员共同出资予以救济。此后，基尔特的相互救济职能发生变化，专门以保护救济为目的，产生了所谓的"保护基尔特"，并形成接近保险的运作模式。

公典制度是 15 世纪后半期在意大利北部和中部各城市中的一种慈善性质的金融机构，目的是为了对抗当时犹太人的高利贷，对下层工人、商人及一般平民出借低息资金。其资金来源是接受捐赠，后来因经营陷入困难，也开始吸收资金，存款者在最初不计利息，经过一定时期后，可获得数倍于存入资金的本利。

年金买卖始于中世纪，典型代表为 1689 年法国为募集公债缓解财政困难而实施的特殊年金制度——联合养老制。为使公债募集容易计算，法国规定公债本金每年的利息分配给该年的生存者。按照这种方法，政府每年支付等额的公债利息，而公债持有人中生存者收取的利息每年增加，到最后一人死亡时，利息停止支付，公债本金并不偿还，归政府所有。

现代人寿保险的发展与精算技术的发展息息相关。荷兰的政治家维德曾倡导一种终生年金现值的计算方法，为国家的年金公债发行与生息提供了科学的依据。1693年，著名的数学家和天文学家哈雷编制了世界上第一张生命表，为现代人寿保险奠定了科学基础。该生命表首次用于计算人寿保险费率，标志着现代人寿保险的开始。哈雷也被称作人寿保险的先驱。18世纪40—50年代，辛普森根据哈雷的生命表制成依据死亡年龄增加而递增的费率表，而陶德森主张依据年龄差等计算保费。1699年，世界上第一家真正的人寿保险组织——英国孤寡保险社成立。1762年，英国公平人寿及遗属公平保险社成立，首次将生命表运用于人寿保险费率的计算，采用均衡保险费率科学计算保险费，该社的创立成为现代人寿保险形成的标志。

（4）其他保险种类的形成：责任保险是对无辜受害者的一种经济保障，相对于其他保险业务，其发展历史较短，只有近百年。替肇事者赔偿受害者的财产或人身伤亡损失，曾被认为是违反公共道德标准的。这种观点直到19世纪中叶，在工人为获得自身保障而进行斗争，迫使统治者制定保护劳工的法律后才有所改变。1855年，英国铁路乘客保险公司首次向铁路部门提供铁路承运人责任保险，开创了责任保险的先河。

信用保证保险是随着资本主义商业信用风险和道德风险的频繁发生而发展起来的。1702年，英国开设主人损失保险公司，承办诚实保险。1842年，英国保证公司成立。美国则于1876年在纽约开办了确实保证业务。1893年，美国成立了专门经营商业信用保险的美国信用保险公司。

（二）保险产生的基础

1.保险产生的自然基础——自然灾害和意外事故的客观存在

风险时时有，处处在。在人类社会不断进步、发展的过程中，洪水、台风、飓风、暴雨、火灾、爆炸和车祸等天灾、人祸时有发生，给人类造成不同程度的财产损失和人员伤亡。这些客观存在的灾难，不以人们的主观意愿为转移，往往是不可避免的。为了有效应对自然灾害和意外事故，人们不得不采取各种措施，保险就是其中之一。

2.保险产生的经济基础——商品经济的发展

商品经济的发展是保险产生和发展的经济基础。在原始社会初期，人们的生产几乎只能满足基本的生存需要，没有剩余。从原始社会后期开始，随着生产力的发展和社会分工的出现，社会上有了少量的剩余产品，并出现了私有制，人类社会随之进入奴隶社会。在这一时期，一些经济较发达的国家或地区已经具备建立资金后备的可能，因而出现了保险的萌芽——救济后备制度。而封建社会，尤其是到了后期，由于生产工具和技术的改进，出现相当多的剩余产品，诞生了近代商业性保险。

然而，人类社会生产力水平大幅提高，商品经济得以迅速发展，还是在进入资本主义社会之后。资本主义社会的商品经济高度发达，剩余产品极大丰富，保险业得到了空前的发展。商品经济的发展使得生产逐步社会化，生产、分配、交换、消费成为社会生产总过程中不可分割的经济链条，每个环节都有可能遭到自然灾害或意外事故的侵袭。处于各个环节中的众多经济单位都希望以较少的费用支出，求得较大的安全保障，从而为商业保险的发展奠定了重要的经济基础。

3.保险产生的数理基础——大数法则

所谓大数法则，是指用来说明大量的随机现象由于偶然性相互抵消所呈现的必然数量规律的一系列定理的统称，主要包括切比雪夫大数法则、贝努利大数法则和普阿松大数法则等。大数法则为保险经营利用统计资料来估算损失概率提供了理论基础，为保险活动中的损失分摊提供了合理、准确、科学的方法，是保险产生和发展所必需的技术基础。

二、中国保险业发展的历史沿革

早在夏朝后期，人们已经意识到自然灾害发生的不可预料特征，《逸周书文传》就有着"天地四殃，水旱饥荒，其至无时，非务积聚，何以备之"的记录。孔子、墨子、荀子等古代大思想家很早就已经产生储备剩余粮食以备荒年以及扶助鳏寡孤独和残疾者的思想。古代中国也曾有仓储、镖局以及长生会、长寿会、老人会等原始保险形式。但是，由于商品经济不发达，中国的原始保险思想和形式没有演变成现代商业保险。近代的中国保险业是随着外国资本主义势力的入侵而出现的。1805年，英国保险商在广州开设了第一家保险机构，称为"谏当保安行"。1865年5月25日，中国人自己创办的第一家保险公司——"义和公司保险行"在上海诞生，打破了外商保险公司独占保险市场的局面。之后的中国保险业在曲折中发展，并随着新中国的成立进入了新的历史发展时期。

1.新中国保险业的诞生

1949年10月20日，中国人民保险公司在北京成立，揭开了中国保险业发展的历史新篇章。中国人民保险公司的资金统一由中国人民银行"保本运营"，以支援国家建设，这也标志着一个具有国家制度特征的保险市场的建立。

新中国成立后，早期的保险业基本上以财产保险为主。截至1950年5月，在全国各类保险公司的总保费收入中，国有公司占70%，华商公司占8%，外商公司占22%。中国人民保险公司由于其特殊的资本背景，信誉空前，起到了保障国民经济、领导全国保险市场的作用，并结束了新中国成立前外商资本长期操纵、控制、垄断中国保险市场的局面。

在新中国成立之初的三年经济恢复时期，中国国营保险业基本依照苏联模式，依据政府支持，办理强制保险。1951年2月3日，中央人民政府政务院做出了《关于实行国家机关、国有企业、合作社财产强制保险的决定》，确定中国人民保险公司为办理强制保险的法定机关，县以上国家机关财产的绝大部分也都投保。

随着"一五"期间社会主义改造的逐步完成，我国的国民经济成分逐步单一化，最终只存在国有经济和集体经济，所以，人们对保险是否还有必要在我国继续存在产生了怀疑。1958年12月，武汉全国财贸会议正式做出决定："立即停办国内保险业务"。中国人民保险公司历年积存的4亿元人民币（新币）准备基金分别下拨各省、自治区、直辖市财政各400万~600万元，留下5 000万元作为继续办理涉外保险的基金，剩余部分全部上缴国家财政。在随后的20年里，除上海、广东、天津、哈尔滨等少数几地还坚持办理少量国内保险业务外，我国的国内保险业务基本上处于停滞状态。

2. 国内保险业的恢复

随着我国实行改革开放政策，中国人民银行在1979年2月召开的全国分行行长会议上，提出恢复国内保险业务。1979年4月，国务院批准《中国人民银行分行行长会议纪要》，做出"逐步恢复国内保险业务"的重大决策。中国人民银行立即颁布《关于恢复国内保险业务和加强保险机构的通知》，对恢复国内保险业务和设置保险机构做出具体的部署。1979年11月，全国保险工作会议对1980年恢复国内保险业务的工作进行了具体的部署。随后，中国人民保险公司在全国各地恢复了分支机构，同时经营产险和寿险业务。中国人民保险公司分支机构接受总公司和中国人民银行当地分支机构的双重领导。从1984年1月开始，其分支机构脱离中国人民银行，改由总公司直接领导，实行系统管理，但是，保险监督管理机构仍为中国人民银行。据统计，1980—1985年，我国累计保险费收入85亿元，赔款支出33亿元，税收18.8亿元，积累各种准备金28亿元，同期的涉外保险费收入11.7亿美元，与120个国家和地区建立了分保和代理关系。

随着我国经济体制改革的不断深入，传统保险体制的制度性障碍日益明显，影响了保险业的发展，这就要求保险体制要实行与经济体制相适应的改革。1982年，香港民安保险公司经中国人民银行批准，在深圳特区设立了分公司。1986年，中国人民银行批准设立新疆生产建设兵团农牧业保险公司，专门经营新疆生产建设兵团农场内部的种植业和养殖业保险（即"两业"保险）。1987年，中国人民银行批准交通银行及其分支机构设立保险部。1988年，平安保险公司在深圳成立。1991年，中国人民银行要求保险业与银行业分业经营、分业管理，批准交通银行在其保险部的基础上组建中国太平洋保险公司，成为继中国人民保险公司之后成立的第二家全国性、综合性保险公司。1992年9月，平安保险公司更名为"中国平安保险公司"，成为第三家全国性、综合性保险公司。随着保险市场主体的多元化，我国保险市场发生了重大变革，保险经营的垄断体制不复存在，并逐步形成了垄断竞争的格局。

1995年10月1日，《保险法》正式实施，对保险业产生了深远影响。1996年7月，经国务院批准，中国人民保险公司改组为中国人民保险（集团）公司，下设中保财产保险有限公司、中保人寿保险有限公司、中保再保险有限公司，实行产寿险分业经营。1998年10月7日，国务院又批准《撤销中国人民保险（集团）公司实施方案》，将中保财产保险有限公司更名为中国人民保险公司，将中保人寿保险有限公司更名为中国人寿保险公司，将中保再保险有限公司更名为中国再保险公司，将中保集团所属的其他海外经营性机构全部划归香港中国保险（集团）有限公司管理。1996年，为继续探索寿险与财产险分业经营的发展道路，中国人民银行批准设立新华人寿保险股份有限公司、泰康人寿保险股份有限公司等专业寿险公司以及华泰财产保险股份有限公司、永安财产保险股份有限公司、华安财产保险股份有限公司等专业财险公司。1998年，中国保险监督管理委员会正式成立，标志着新的保险监管体制的形成。

3. 保险市场的开放

中国保险业是较早引进外资主体参与国内市场竞争的金融行业，从1980年起就允许一些外国保险公司设立代表处。1992年7月，中国人民银行颁布了《上海外资保险机构暂行管理办法》，对外资保险公司的设立条件、业务范围、资金运用以及外资保险公司的监管等做出了较为明确的规定。1992年9月，美国国际集团（AIG）的全资子公司友邦保险公司和美亚保险公司获准在上海设立分公司，经营人身保险业务和财产保险业务，标志着我国保险市场开始对外开放。1995年，美国友邦保险和美亚保险在广州设立分公司，标志着我国保险市场对外开放的区域已从上海扩大到其他城市。

在中国加入世贸组织之前，外资保险公司经营范围主要包括：境外企业的各项保险和境内外商独资企业的财产保险及其相关的责任险、外国人和境内个人缴费的人身保险业务以及上述两项业务的再保险。从我国保险市场对外开放到我国加入世贸组织之前的十年间，共有29家外资保险公司进入中国市场，对外开放的积极作用逐步发挥，并得到了全行业的广泛认同。

4. 加入世贸组织与中国保险业的发展

中国于2001年12月11日正式成为世贸组织（WTO）成员国。我国加入世贸组织时对外承诺的关于保险业的主要内容有经营区域、业务范围、公司组织形式、法定分保等，承诺在五年内取消外资保险公司的地域限制和大部分业务限制，并取消法定分保。随着加入世贸组织五年保护期的结束，中国保险业已进入全面对外开放时期，并进入了一个新的发展时期。

总之，经过三十多年的快速发展，经过十多年的保险市场对外开放，我国保险市场的经营主体、资本规模、保险覆盖面等已在不同程度上得到扩张。同时，保险市场结构也不断完善，经营活动更加理性化，经营效率不断提高，保险市场正趋于稳定发展。

无论从保费收入、保险深度，还是从保险密度指标分析，与保险业发展历史悠久、发展较快的国家或地区相比，中国保险业的发展水平均显落后。同时，这也意味着中国保险业未来发展存在巨大的潜力。

三、保险企业全面风险管理的核心方法

保险企业全面风险管理建立于一些核心概念之上，它们就是风险值（Value At Risk，VAR）、经济资本（Economic Capital）或风险资本（Capital at risk），以及风险调整后的资本收益率（Risk Adjusted Return on Capital）。VAR指出了计量由各种风险产生的潜在损失的方法，是潜在损失的风险所需的资本，衡量经风险调整后的收益大小，进而衡量资本的使用效益。通过将风险转换成对应的风险资本占用，风险管理人员既可以在事后就已经发生的风险承担进行绩效评估，衡量和比较现有风险的价值贡献，也可以在事前就是否承担某种风险，承担多少风险以及以什么样的条件承担风险等进行优化决策，从而实现股东价值增加。从风险计量到风险资本要求，到风险调整后的收益，再到股东价值增加，这四个环节构成了全面风险管理的完整链条（图1-5）。

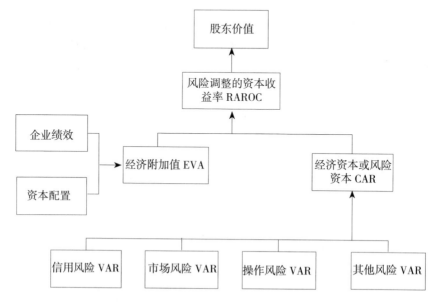

图 1-5　全面风险管理方法

（一）VAR 方法

VAR 指只有在所有可能事件中某一给定部分的情况下才会被超过的潜在损失值。这个给定的部分一般以百分比表示，称为"容忍度"。要评定那些潜在损失的具体数值，就必须指定一个容忍度。容忍度越低，VAR 则越高。

1. VAR 是重要的风险计量工具

VAR 计量方法是强大的风险管理工具，其用途包括：第一，在业务部门、客户和产品类别的层次上评价风险；第二，在业务部门、客户和产品类别的层次上设定限额，即设定所允许的最大 VAR，对交易的风险进行控制；第三，以 VAR 作为风险尺度，评价风险业绩。与传统的风险评价方法相比，VAR 有许多明显的优势：第一，它以价值形式表现；第二，它高度综合；第三，它是可替代的，便于比较；此外，VAR 方法可用于定义 CAR，把应用范围扩展至资本充足性的问题上。

要确定 VAR 值，必须首先确定以下三个系数：

第一个系数是持有期限。它是衡量回报波动性和关联性的时间单位，也是取得观察数据的频率。如巴塞尔委员会出于审慎监管的需要，选择了两个星期的持有期限。

第二个系数是观察期间。它是对给定持有期限的回报的波动性和关联性考察的整体时间长度，是整个数据选取的时间范围，有时又称数据窗口。如巴塞尔委员会目前要求的观察期间为一年。

第三个系数是容忍度或置信水平。现实中，置信水平一般选在 95%～99% 之间。

2. VAR 计算方法

确定了以上三个系数以后，VAR 值计算的关键在于估算出保险企业资产组合在未来一定时期内的收益率的概率分布，它是通过收益率的历史数据对未来数据进行模拟得出的。目前，推算组合风险因子收益分布的方法主要有四种，分别为方差 - 协方差法、历史模拟法、蒙特卡罗模拟法和混合方法，从而可计算出四种不同类型的 VAR：

方差 - 协方差方法（DGVRT）假定所有风险因子都遵从正态分布，并且投资组合收益是一系列正态分布参量的线性组合，所以投资组合收益的分布也是正态。在这一假设前提下，投资组合的方差就简单表示为各个组分的方差矩阵和协方差矩阵之积。只要计算出各个组分的方差和组分间的相关系数，我们就很容易得出方差矩阵和协方差矩阵，投资组合的方差就迎刃而解了。这种方法的优点是易于建模、计算快捷，缺点是无法捕捉肥尾（Fat Tail）现象和非正态的高级项扰动，只有一级精度，所以只适用于资产结构简单、线性的小公司。人们在 DeLb- 正态方法上做了一些改进，进一步考虑除股票价格以外其他因素如利率等的影响以及高级项的影响。这样就变成了 DGVRT 方法，即 Delta-Gamma-Vega-Rho-Theta 法，精度可达二级。

历史模拟法则以历史数据为基础，假定历史总在重演，利用风险因子的历史变化来构造一组历史情形，研究投资组合在这些历史情形下的分布情况，从而得到在险价值。这种方法的优点是能够捕捉肥尾现象和非正态的高级项扰动，可以分析某些历史情形对投资组合的影响。但它对历史重演的假设令人质疑，而且对数据依赖性太强，在市场变化很快时不太奏效。

蒙特卡罗模拟方法基于随机分布法。首先假定风险因子遵从某种随机分布，利用历史数据来估计出分布参数。然后用蒙特卡罗模拟产生大量样本，通过分析样本分布，得到所需的在险价值。蒙特卡罗模拟方法具有易于实现、能够研究高级扰动的优点。但缺点是需要一定的分布假设，并且计算量很大，计算系统成本很大。分布假设不当还可能会引发模型风险。

混合方法则聚集以上各种方法的优点，使用 Deha- 正态法研究线性头寸；利用模拟方法处理复杂的非线性产品，如衍生产品等。在蒙持卡罗模拟中嵌入历史模拟，一方面提供更多的灵活性，另一方面可以更好地拟合历史数据。这种方法非常适合于大型企业的风险计量。

（二）经济资本（Economic Capital）

经济资本（Economic Capital）又称风险资本（Capital at risk），代表吸收非预期损失所必需的资本额。经济资本或 CAR 为计算公司为抵御潜在的未预期损失而需要准备的资本提供了一种在一定的置信区间内的量化方法。在从风险计量到风险优化的过程中，经济资本概念起着桥梁作用。借助经济资本或 CAR，风险管理人员可以大致知道一项风险占用多少经济资本，并据以评估该项风险对股东价值的影响，即它是在增进股东价值，还是在破坏股东价值。

经济资本的概念先是为银行所采用，在蒙特利尔银行，风险管理部的负责人 Michel Maila 博士，认为"如果你要决定最大化风险调整的股东价值，那么经济资本是唯一的工具能帮你始终如一地实现这一目标的唯一工具。"不断增长的竞争压力使保险公司意识到它们需要更多的风险信息，以判断自己的定价策略是否正确。

1. CAR 与 VAR

CAR 也是一个强大的风险管理工具，CAR 建立在 VAR 方法体系之上。它解决了关于保险企业偿付能力的两个基本问题：第一，在一定风险下资本是否足够？第二，在可用资本一定的条件下，风险能否接受？当风险一定，资本的水平就决定了保险企业的偿付力风险，因此，保险企业可以调节资本直到这个偿付力风险达到可接受的水平；当资本一定，风险的水平决定了容忍度，因此，可以调节风险直到容忍度达到可接受的水平。使用 CAR 必须明确几个具体问题：第一，它应该是就整个保险企业的组合计算出来的；第二，它应该是就所有类型风险的总风险计算的；第三，容忍度是保险企业偿付力水平目标的函数。

CAR 和 VAR 都可以用于衡量潜在损失，但两者是不同的概念。CAR 与 VAR 的区别在于：CAR 是对总风险的反映，是在风险分散化之后在全局整体层面上的一种特殊的风险资本，因此只能应用于风险金字塔的最顶层。而 VAR 则适用于管理过程的任何中间层次。CAR 是关于银行的偿付能力和生存能力的风险量度，本身具有相当的冒险性，因此其适用的容忍度要比 VAR 更严格。

2. 经济资本的计算

要计算经济资本，一个公司需要分析它面临的潜在可能的损失及其出现的可能性，从此来量化其在一个阶段内所面临的风险。计算时公司还需要考虑其股东及投资者的风险偏好，来决定他们是否愿意因为承担更高的风险而得到更高的回报。

对于以上风险的经济资本的计量，可以在单笔交易的层面上展开，比如一项产品和一笔交易所对应的经济资本；可以是加总的经济资本（aggragated economic capital），反映总体的经济资本占用情况，比如按照风险类别计量的每一类风险的经济资本，或者是保险企业全部风险所占用的经济资本；也可以是某一个组合所对应的经济资本。但若要在组合的层面度量经济资本，则需要有较高的技术和大量的数据支持。对于不同资产相关性的研究，一直是摆在风险管理者面前的一大难题。

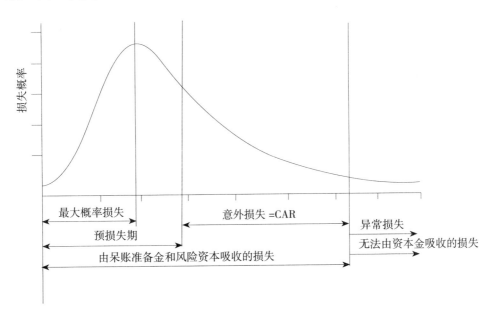

图 1-3　预期损失（平均损失）、非预期损失（意外损失）与异常损失

图 1-3 简要地说明了计算和识别未预期损失的关键考虑要素，这些要素是计算经济资本所需的输入量。它们涉及损失的特征、预期损失和置信区间。经济资本对应

于特定的置信区间，置信区间以统计语言表示的损失发生时，损失额小于经济资本的可能性。这个区间值的设定取决于公司的风险偏好、市场预期及监管当局的预期。

经济资本是设定风险限额的基础。不管是敞口规模还是风险值，都可以转换成对应的经济资本占用，反过来，也可以将经济资本转换成对应的风险值或敞口规模。预期的风险资本回报决定了最终的资本分配结果。不过，在设定风险限额时，经济资本并非唯一依据，监管资本的约束更加重要。监管资本反映了监管当局允许承担的风险水平。内部设定的风险资本水平不应高于监管允许的水平，否则，需要重新估计监管资本的风险构成，使其达到监管要求。此时，可能不得不削减限额，并重新估计限额分配。

（三）风险资本 RBC（Risk Based Capital）

1. 经济资本与监管资本（Regulatory Capital）

经济资本不同于监管资本。监管资本是监管者要求的资本水平。虽然经济资本与监管资本都是风险缓冲，但前者是由企业管理者从内部来认定和安排这种缓冲，反映了股东价值最大化对企业管理的要求；而后者则是由监管当局从外部来认定这种缓冲，反映了监管当局对股东的资本要求，体现为股东的资本费用。

监管资本体现了监管当局要求，它不能代表保险企业实际吸收非预期损失的能力。监管规定不一定反映特定企业的风险特征，而且风险加权资产不能作为全部风险的正确测度。而 CAR 或经济资本反映了市场及保险企业内部风险管理的需求，它是承担风险真正需要的资本，完全反映了保险企业自身的风险特征。

2. 资本充足性监管：风险资本 RBC

保险业监管者也意识到经济资本的好处，并用它作为改进监管资本的有用参考。

美国全国保险监督官协会（NAIC）于 1993 年起草了风险资本要求（Risk based capital Requirments），其目的是根据保险人的规模和风险状况来评估其资本和盈余的充足性。风险资本要求背后的原理是：风险更大的保险公司，例如投资于垃圾债券的保险公司，就应持有比风险小的公司，例如主要投资于投资级债券的公司，执行更高的资本和盈余标准。风险资本要求中包括了一个计算保险公司应具有的资本和盈余的公式，监管者用此公式来评估一个保险人财务报告中的法定资本和盈余，以便监管部门能够发现资本和盈余水平不足的公司。对寿险和非寿险公司，RBC 的管理有所不同。借鉴银行风险资本的监管要求，NAIC 提出一个风险资本体系（Risk based capital）：其中 C1 代表资产风险，反映资产的质量和可变性；C2 描述潜在的保险定价风险，反映保险公司无力支付索赔的可能性；C3 则代表利率风险；C4 体现一般商业风险。

NAIC 规定保险公司必须每年提交 RBC 报告，根据 RBC 比率的范围，采取不同的监管措施。RBC 公式计算的结果被分成 5 个"行动等级"，它们分别是：

（1）不行动（No Action）：要求风险资本比率超过200%。

（2）公司行动级（Company Action Level）：风险资本比率在150%～200%之间，这个级别要求保险公司在45天内向监管机构提交一份详细的解释报告和一份行动计划，采取增加资本金或降低风险的行动。在这个等级保险公司的财务状况并没有差到需要施以直接的监管措施的地步，但公司仍需要向监管当局做出财务状况恶化的解释。

（3）监管行动级（Regulatory Action Level）：风险资本比率在100%～150%之间，这个级别也要求保险公司提交一份改善状况的行动计划，但同时监管当局会对其进行财务检查。

（4）授权控制级（Authotized Control Level）：风险资本比率在70%～100%之间，归入这一级别的保险公司将被置于监管当局的监控之下，但保险公司仍有一些自由决定权。

（5）强制控制级（Mandatory Control Lever）：风险资本比率低于70%，在该级别，保险监管当局将采取强制措施将保险公司置于其严格的监管控制之下。

RBC标准以及保险公司提交的详细解释报告，能帮助监管当局和保险公司找到财务状况恶化的问题所在并估计出现问题的大小，由此建立一个风险预警体系。它对于不同财务状况的分层管理使保险监管当局在处理有问题的保险公司时有很大的灵活性。同时，"强制控制级"手段确定了一个保险监管当局应该采取强制控制措施的明确界限。RBC标准使保险公司的资本金与公司的风险紧密联系起来，风险大的公司需要更多的资本金，风险小的公司只需较少的资本金。这种资本金的动态管理增强了保险公司防范风险的能力，也加强了保险监管的有效性。

（四）风险调整的资本回报率（RAROC）

RAROC是由美国信孚银行（Bankers Trust）于20世纪70年代提出来的，其在不断完善的过程中得到国际先进商业银行的广泛应用，已逐渐成为当今世界上公认的最核心和最有效的全面风险管理技术和手段。

RAROC关心的是经济风险资本的回报率，即强调风险控制基础之上的高回报，而非单纯追求回报。同样通过这个标准，可以调整分配投资资金，提高资本运作效率，从而进一步提高企业整体盈利能力。

Oliver Wyman最近开发了一套产险经济风险资本回报系统，这套系统使用RAROC，考虑产险公司资产的信用风险、市场风险，负债业务的风险以及商业环境风险。通过模拟各类风险分布，分析风险之间的相关性，研究各种风险对企业盈利收益的影响，这种影响可由以下这种RAROC的定义来衡量：

$$RAROC=\frac{保险现值+投资收入-索赔额现值-费用支出现值}{经济资本的现值}\times（1-税率）$$

RAROC 可以帮助企业更好地控制风险，提高投资效率。根据对风险回报率的比较，进行资金管理、财务预算、投资管理、资产负债管理和风险管理。利用风险回报来评估业绩，鼓励健康的业务项目，培养企业的风险管理意识和文化，最终达到提高整体盈利水平的目的。尽管 RAROC 思想很有价值，潜在的应用也很广泛，但它在寿险业尚未得到大力推广。

RAROC 不仅将风险带来的未来可预计的损失量化为当期成本，直接对当期盈利进行调整，衡量经风险调整后的收益大小，并且考虑为可能的最大风险做出资本储备，进而衡量资本的使用效益，使企业的收益与所承担的风险直接挂钩，与企业最终的盈利目标相统一。这一概念的应用为保险企业各个层面的业务决策、发展战略、绩效考核、目标设定等多方面经营管理提供重要的、统一的标准依据。

由于 RAROC 框架采用了一致的风险度量方法，所以保险企业各部门能够使用一种共同语言来评价风险和交流经验。而且更重要的是，由于 RAROC 是建立在风险评估的资产组合框架基础上的，其结果可以被管理者和各业务部门用来分辨、评估和度量资产组合的风险，并因此有助于形成对市场风险、信用风险、操作风险和流动性风险政策的整体认识，最终将不同类型的风险转化为一致的形式并加总。经风险因素调整后，将风险调整后收益目标细化分解到所有的地区、行业、产品、客户等各级各类风险敞口，使所有承担和经营风险的分支机构、部门和个人都用尽可能少的资本去创造收益，这样才能在风险和收益的动态平衡中实现资本的保值增值以及股东和企业价值最大化。

第三节　保险企业内部风险管理状况分析

一、我国保险企业内部控制演进

1999 年，保监会发布《保险公司内部控制制度建设指导原则》，此原则对保险企业提出了建立健全公司内部控制制度以防范经营风险的要求，保证保险业健康、持续的发展。

2002 年，保监会发布《保险公司高级管理人员任职资格管理规定》，确保保险公司经营得更为稳健，同时对保险公司的高级管理人员提出了更高的要求。

2004 年，保监会发布《保险资金运用风险控制指引（试行）》，此举是为了更好地防范保险公司的风险，同时积极推动保险公司加强保险资金运用管理。

2005 年，保监会发布《保险中介机构法人治理指引（试行）》和《保险中介机构内部控制指引（试行）》，以期促进保险中介机构加强法人治理和内部控制建设，防范经营风险，提高专业化运作水平。

2006 年，保监会发布《寿险公司内部控制评价办法（试行）》，以规范和加强对保险公司内部控制的评价，推动寿险公司加强内部控制建设。

2007 年，保监会发布《保险公司风险管理指引（暂行）》，指导我国保险公司加强风险管理建设。

2008 年，五部委联合发布《企业内部控制基本规范》；2010 年 4 月份，五部委又发布了与该"基本规范"相配套的"三个指引"，它们是《企业内部控制审计指引》、《企业内部控制评价指引》及《企业内部控制应用指引》。

2010 年 8 月，保监会发布《保险公司内部控制基本准则》，在五部委相关法规的基础上，进一步制定了具有保险行业特点的内部控制规范。

2010 年 10 月，保监会发布《人身保险公司全面风险管理实施指引》，以提升人身保险公司全面风险管理水平，加强人身保险公司的全面风险管理。

从我国保险公司内部控制发展历程可以看出，我国保险公司内部控制与风险管理是分别构建的，而二者在本质上是一致的，二者分别行使职能，造成保险公司机构重叠，增加企业成本，浪费企业资源。因此，我国保险公司内部控制应通过包括识别、评估、设计程序等手段在内的控制程序有效管理风险，建立以风险管理为中心的内部控制体系，以更好地指导我国保险公司的内部控制实践。

二、保险公司经营特点

保险公司是一类特殊的金融服务型公司，与一般的行业有着不同的经营模式，同时它也与银行、证券等其他金融公司不同，所以保险公司的经营有着自身的特点，具体体现在以下几个方面：

1.交易特殊

保险公司的核心业务是风险性业务，以被保险人的风险为业务对象。保险公司经营好坏不仅关系到公司和投资人的利益，还关系到广大投保人的利益，同时对社会和金融秩序的稳定也会产生深刻影响。国际保险监管核心原则（2003）指出："保险与其他多数金融产品不同，其生产过程是逆反的"。保险费是在保险合同签订时收取的，只有特定事件发生时，才会产生赔付。保险市场是非即时清结市场，保险单的签发，看似保险交易的完成，实则是保险保障的开始，最终的交易结果则要看双方约定的保险事件是否发生。保险产品消费者在购买保险产品时还需具有一定的条件，即投保人不仅具有支付能力，而且对保险标的应具有保险利益。保险公司应避免和防止保险消费者的道德风险是，保险经营中的重要环节与内容。

2. 资本结构特殊

资本结构作为一种公司融资比重的选择，不仅会影响公司价值，而且其所包含的股权与债权融资的不同比例，也往往意味着股东和债权人对公司的不同控制力和在公司治理中不同的角色与作用。保险公司特别是寿险公司对被保险人所负债务期限可以长达几十年，收取的保费及其投资获得的金融资产可能很快达到公司资本金的数十倍甚至上百倍。保险公司这种高比例负债的资本结构和控制权掌握在股东手中的现实，很可能会带来经典的股东－债权人代理问题。这是因为债权人获取的是固定比例的投资回报，股东为追求高额的风险回报，往往偏向于投资风险大的项目而侵害债权人的利益，并因此而强化保险公司管理者从事高风险项目的激励和能力。一旦少数股东利用公司圈钱或是公司经营出现问题，有限资本无法偿还巨额负债，最终损害的还是投保人利益，甚至波及行业安全和社会稳定。同时，作为主要债权人的被保险人极端分散，且不具备专业知识，难以对保险公司的经营形成有效的监督。当保险公司的财务状况超出被保险人的风险预期，债权价值就难以得到保障，这种事后信息不对称激励着保险公司的经营者对高风险资产进行投资，从而使被保险人的债权承担了额外的风险。

3. 经营性质和管制特殊

保险经营具有广泛的社会性，公司经营的好坏不仅关系股东利益。更关系广大被保险人的切身利益。随着社会不断发展，风险所造成的影响也越来越大。因而，有学者提出"风险社会化"，即某种风险的存在，其影响涉及整体的社会福利。因此，风险的社会化要求不仅要求保险公司必须有足够的承保能力以及处理自身风险的能力，改变或调整保险经营方式，而且应同时考虑整体社会的福利，增加保险公司的社会责任。

保险公司在日常经营活动中要面对非常烦琐的业务，从承保到给付理赔，频繁的现金流入流出，大量的客户信息，共同构成了保险公司复杂的经营风险，故而内嵌在经营管理之中的内部控制比其他行业更加艰巨和复杂。

4. 风险特殊

保险公司承担的风险是双重的，包括自身经营的风险和被保险人转嫁过来的保险风险。这两种风险相互作用就会出现所谓的乘数效应，会造成非常严重的后果。所以，对保险公司来说，必须要对这两种风险加以有效控制，体现其经营特有的双重性。

第二章　保险企业内部风险管理目标和要素

第一节　保险企业内部风险管理的目标

一、保险企业内部控制的目标

1.行为合规性目标

行为合规性目标即保证保险公司的经营管理行为遵守法律法规、监管规定、行业规范、公司内部管理制度和诚信准则。例如，保险公司文化建设和管理层诚信方面的内控。

2.资产安全性目标

资产安全性目标即保证保险公司资产安全可靠，防止公司资产被非法使用、处置和侵占。例如，保险资金的合理安全使用，合法合规且确保投资活动保值增值方面的内控。

3.信息真实性目标

信息真实性目标即保证保险公司财务报告、偿付能力报告等业务、财务及管理信息的真实、准确、完整。例如，保险公司准备金计算的公允合理且透明披露相关的内控。

4.经营有效性目标

经营有效性目标即增强保险公司决策执行力，提高管理效率，改善经营效益。例如，追求保费增长的管理过程中，一定需要内部控制提供有力的保障。

5.战略保障性目标

战略保障性目标即保障保险公司实现发展战略，促进稳健经营和可持续发展，保护股东、被保险人及其他利益相关者的合法权益。例如，保险公司逐步与同一金融集团内的银行、资产管理和信托等子公司的协同效应方面的内控。显然，建立健全保险公司的内部控制体系，本质上是为了保障保险公司内部（股东、管理层、员工等）和外部（投资人、被保险人、客户、合作机构等）利益相关者的合法权益。这与国内外各国监管机构中对于企业建立健全内部控制体系的期望和定位是高度一致的。

这里需要着重强调的是：内部控制体系的贯彻落实，是覆盖从企业董事会、监事会、公司高管，到各职能部门、子公司、各级分支机构。及各类业务流程、管理流程第一线员工的全员管理体系。各级机构和员工都肩负着内部控制的相关职能和责任，并非只是企业高层和风险及内控管理职能部门的责任和工作。

作为国内金融监管机构重点监管的三大类金融机构之一，保险公司除了具有一般企业运营管理的共性之外，还具有其独特的业务流程和风险特征。这决定了保险公司在建立与这些特有风险特征相适应的内部控制体系之时，需要具备额外的考量要点。这些风险特征主要体现在：

1. 相对于风险主要来自于资产业务的银行和证券交易商而言，保险公司所面临的风险因素更加全面、更加复杂。其风险不仅来自于投资业务中的市场风险、信用风险和操作风险，更来自于负债业务所蕴含的人的寿命、人的过失和犯罪、意外事件以及自然灾害等方面的风险。全面而复杂的风险因素使得保险公司风险的管理和内部控制也更加复杂，技术要求更高，难度更大。

2. 保险公司负债业务的不确定性，使得保险产品定价和损失准备金计提风险突出，因此精算风险管理和再保险管理成为保险公司风险管理和内部控制的重要内容之一。

3. 由于寿险公司负债具有长期性，成长风险容易被忽视，寿险公司长期的不确定性负债使得保险公司面临的利率风险非常突出。全球的投资市场普遍缺乏长期投资产品与寿险公司长达30～50年期限的负债产品相对应，更遑论中国市场。同时保险负债产品缺乏二级市场和流动性，这使得寿险公司对与资产及负债的匹配管理相关的风控要求不仅非常重要，而且非常复杂。

4. 保险公司的分公司、中支、支公司直至营销服务部，网点众多。国内排名前10位的保险公司（集团），其全国网点在3 000家以上的不在少数。如此众多的机构和长达四到五级的管理链条，无疑是对总部原本设计好的内部控制在下属各级机构中贯彻执行的重大挑战。

因此，保险公司在建立健全内部控制体系时，既要遵循一般企业的内控管理共性要求，又要根据保险业务经营的流程特点和风险特征，采取有针对性的内部控制措施和活动，建立"由董事会负最终责任、管理层直接领导、内控职能部门统筹协调、内部审计部门检查监督、业务单位负首要责任的分工明确、路线清晰、相互协作、高效执行"的内部控制组织体系。这一体系包括四个层面：

一是公司治理层面。保险公司董事会对公司内部控制负最终责任，对公司内控的合理性、健全性和有效性进行定期研究和评价。监事会对董事会、管理层履行其内部控制职责进行监督。管理层根据董事会的决定，建立健全公司内部组织架构，完善内部控制制度，组织领导内部控制体系的日常运作，为内部控制提供必要的人力、财力和物力保障。

二是职能管理层面。保险公司内控管理职能部门负责对保险公司内部控制事前、事中的统筹规划、组织推动、实时监控和定期排查。该部门一般是保险公司的风险合规部门。

三是执行层面。保险公司直接负责经营管理、承担内部控制直接责任的业务单位、部门和人员，对内控负首要责任，应当参与制定并严格执行内部控制制度，按照规定的流程和方式操作。同时对内部控制缺陷和经营管理中发生的风险问题，按照规定的时间和路线报告，直至问题得到整改处理。

四是监督问责层面。保险公司内部审计稽核部门对内部控制履行事后检查监督职能，应当定期对公司内部控制的健全性、合理性和有效性进行审计。同时应建立内控问责制度，根据内控违规行为情节的严重程度、损失大小和主客观因素等，明确划分责任等级，规定具体的处理措施和程序。

二、保险企业风险管理目标

1.企业与组织及成员的生存和发展

风险管理的基本目标是：企业和组织在面临风险和意外事故的情形下能够维持生存，风险管理方案应使企业和组织能够在面临损失的情况下得到持续发展。实现这一目标，意味着通过风险管理的种种努力，能够使经济单位、家庭、个人乃至社会避免受到灾害损失的打击。因此，维持组织及成员的生存是损失后风险管理的首要目标。

2.保证组织的各项活动恢复正常运转

风险事故的出现会给人们带来程度不同的损失和危害，进而影响或打破组织的正常状态和人们的正常生活秩序，甚至可能会使组织陷于瘫痪。实施风险管理有助于组织迅速恢复正常运转，帮助人们尽快从无序走向有序。这一目标要求企业在损失控制保险及其他风险管理工具中选择合适的平衡点，实现有效的风险管理绩效。

3.尽快实现企业和组织稳定的收益

企业和经济单位在面临风险事故后，借助于风险管理，一方面可以通过经济补偿使生产经营得以及时恢复，尽最大可能保证企业经营的稳定性；另一方面，可以为企业提供其他方面的帮助，使其尽快恢复到损失前的水平，并促进企业尽快实现持续增长的计划。

4.减少忧虑和恐惧，提供安全保障

风险事故的发生不但会导致财物损毁和人身伤亡，而且会给人们带来严重的忧虑和恐惧心理。实施风险管理能够尽可能地减少人们心理上的忧虑，增进安全感，创造宽松的生产和生活环境，或通过心理疏导，消减人们因意外灾害事故导致的心理压力。因此，它也是风险管理的一个重要目标。

5.通过风险成本最小化实现企业或组织价值最大化

总体而言，由于风险的存在而导致企业价值的减少，构成了风险成本。纯粹风险成本包括：① 期望损失成本；② 损失控制成本；③ 损失融资成本；④ 内部风险控制成本。通过全面系统的风险管理，可以减少企业的风险成本，进而减少灾害损失的发生和企业的现金流出，通过风险成本最小化而实现企业价值的最大化。这是现代企业风险管理的一个非常重要的目标。

第二节　保险企业内部风险管理的要素

保险公司在构建有效内部控制体系时，应基于五大要素的落实，即内部环境、风险评估、控制活动、信息与沟通及内部监督。其中内部环境属于内部控制的基础，风险评估和控制活动属于内部控制程序，信息沟通和内部监督属于内部控制的保证。各要素在保险公司的具体含义包括：

一、内部环境

内部环境是保险公司实施内部控制的基础，一般包括治理结构、机构设置及权责分配、内部审计、人力资源政策、企业文化、信息系统等。例如：

1.建立规范的公司治理架构对于现代企业风险管理控制非常重要，公司董事会、监事会和管理层是否勤勉尽责，直接影响授权、运作、决策、执行、监督等内控职能的认真履行。

2.合理的组织架构应体现便于管理、易于考核、简化层级、避免交叉的管理原则，明确职责分工，明晰报告路线。

3.与内部控制需要相适应的人力资源政策，应确保关键岗位的人员具有专业胜任能力并定期接受相关培训，考核、薪酬、奖惩、晋升等人力资源政策应当与内部控制成效挂钩。

4.建立安全实用、覆盖所有重要业务环节的信息系统，可以尽可能使各项业务活动信息化、流程化、自动化，减少人为干预和操作失误。

二、风险评估

风险评估是保险公司及时识别、系统分析经营活动中与实现内部控制目标相关的风险，合理确定风险应对策略。例如，保险公司应当对经营管理和业务活动中可能面临的所有风险因素（比如信用风险、市场风险、运营风险、保险风险、合规风险、声誉风险、战略风险等）进行全面系统的识别分析，发现并确定风险点，同时对每一风险点的发生概率、诱发因素、扩散规律和可能的损失进行定性和定量评估，确定风险应对策略和控制重点。

此外，需要指出的是，欧盟保险偿付能力监管标准Ⅱ（Solvency Ⅱ）针对保险公司对风险定量评估和计量提出了更高要求，值得我们关注其影响，借鉴其所长。

三、控制活动

控制活动是保险公司根据风险评估结果，设计实施相应的控制措施，将风险控制在可承受范围之内。例如：

1. 根据风险识别评估的结果和重要性排序，合理划分内部控制活动的重点和层次，合理设计内嵌于业务活动的内部控制流程，将风险控制在预定目标或可承受的范围内。

2. 保险公司的销售控制涉及的主要流程和内容包括销售人员和机构管理、销售过程管理、销售品质管理、佣金手续费管理等活动；运营控制涉及的主要流程和内容包括承保管理、理赔管理、保全管理、收付费管理、再保险管理、业务单证管理、电话中心管理和会计处理等活动；基础管理控制涉及的主要流程和内容包括战略规划、人力资源管理、计划财务、信息系统管理、统计分析、行政管理、精算、法律和风险管理等活动；资金运用控制涉及的主要流程和内容包括资产战略配置、投资决策、交易行为、资金存管等活动。

四、信息与沟通

信息与沟通是保险公司及时、准确地收集、传递与内部控制相关的信息，确保信息在企业内部、企业与外部之间进行有效沟通。例如：

1. 内部控制相关信息在企业内部各管理级次、责任单位、业务环节之间，以及企业与外部投资者、债权人、客户、供应商、中介机构和监管部门等有关方面之间高效的信息和沟通机制，有利于促进公司信息的广泛共享和及时充分沟通，提高经营管理的透明度，防止舞弊事件的发生。

2. 重要的相关管理和内控信息在总公司、分公司、中支公司、支公司直至营销服务部都得以及时传达、贯彻。

五、内部监督

内部监督是保险公司对内部控制的建立与实施情况进行监督检查，评价内部控制的有效性，发现内部控制缺陷并及时加以改进。例如，加强对内部控制的审计检查，定期根据检查结果对内部控制的健全性、合理性和有效性进行评估，并按照规定的报告路线及时向审计对象、合规管理职能部门和上级领导进行反馈和报告。建立多层次、全方位的监控体系，实现对内部控制活动的事前、事中、事后有效监控，为实现内控目标提供合理保证。

以上要素基本涵盖了保险公司内部控制体系建设的各个方面。此外，需要补充说明两点非常重要的内控相关内容：①保险公司应当充分运用信息技术加强内部控制，这不仅体现在建立与经营管理相适应的信息系统，促进内部控制流程与信息系统的有机结合，实现对业务和事项的自动控制，减少或消除人为操纵因素等方面，还体现在利用信息、技术打造内部控制信息、管理平台，建立风险识别及控制活动数据库，收集关键风险事件和统计信息，实现风险内控监控和报告功能等。②保险公司应当建立内部控制实施的激励约束问责机制，将各责任单位和全体员工实施内部控制的情况纳入绩效考评体系，发挥绩效考核的指挥棒作用，引导各级机构、部门、员工认真落实相关内控管理制度和要求，促进内部控制的有效实施。

第三节　保险企业风险管理及内部控制特殊性

一、保险公司风险管理的特殊性

保险公司的风险管理的特殊性源于其经营特点，即保险行业金融产品、资金运用、财务管理以及业务经营等方面所存在的固有风险。相应地，风险管理的方法和过程与一般企业相比也会有所不同。

（一）保险公司风险特征

寿险公司、财险公司等保险公司主要是在一定期限内向投保人提供专业化风险管理服务，通过不同渠道销售金融产品获取相应的保费收入，当不确定性事故发生时，保险人针对可保风险及保险标的负有保险赔偿或给付商业保险金的责任。此外，在满足偿付能力的基础上，进行多元投资，实现资金的保值增值。

经营管理的特殊性决定了其风险管理的特殊性，主要表现在：金融产品中定价不足风险、参数变动风险金融衍生工具使用风险等；资金运用存在的投资风险，如流动性风险、利率风险、清算风险、财务管理中存在的资产和负债结构的匹配风险；业务风险和决策风险等。

1. 金融产品风险

保险公司的经营范畴是以无形金融为主的经济保障活动。为了实现等价交换的经济关系，在交易过程中应使投保人风险与其交付保费相匹配。精算部门需要制定出相应的保险费率，根据不同投保需求推出相应的保险产品。

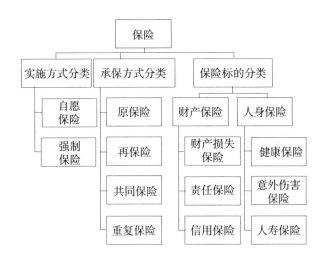

图 2-1 保险分类图

保险金融产品以保险合同的形式呈现，其明显特点在于长期保障，未来赔付存在不确定性。同时，一份保险合同是多种金融工具的综合运用，涵盖了期权、储蓄、投资以及保证等因素，对利率的预估、费用率、投资收益率、死亡率以及退保率的判断都需建立在一系列的精算假设之上。这就决定了保险合同基于各种风险假设定价的复杂性，当合同中利率预定过高，虽然可能有助于拓展市场，但是一旦利率政策出现变动，会使公司承担利差损失。若预定费用率过高，可能导致开发的各种寿险产品滞销；反之，不确定性因素的存在会导致产品定价过低从而使得保险准备金不足，存在偿付能力风险。

2. 资金运用风险

保险公司用于投资的资金来源于保费收入，是扣除提存的责任准备金、相应成本及业务管理费，利润分配后的净额。通常保险公司会通过可运用资金和年保费收入的比率反映资金运用规模，根据 2017 年度保监会公布的统计数据报告，截至 2017 年 2 月保险业资金运用余额为 138 521.65 亿元，较年初增长 3.44%。

表 2-1　　　　　保险公司不同形式投资额的发展情况（单位：亿元）

投资形式	2013 年	2014 年	2015 年	2016 年	2017 年 1-2 月	占　比
银行存款	22 640.98	25 310.73	24 349.67	24 844.21	25 809.65	18.63%
债券	33 375.42	35 599.71	38 446.42	43 050.33	45 176.39	32.61%
股票和证券投资基金	78 64.82	10 325.58	16 968.99	17 788.05	17 967.54	12.97%
其他投资	12 992.19	22 078.41	32 030.41	48 228.08	49 568.07	35.79%

（数据来源：中国保险监督管理委员会）

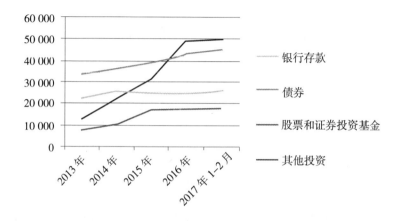

图 2-2　保险公司不同形式投资额的发展情况

　　从上图来看，保险公司为获取稳定收益，一般选用长期债券投资，对于债券的投资比例日趋增长，相对地，股票因具有较大的风险性，占比较小，但收益率往往超过固定债券，保险公司对此项投资比较谨慎，一般以优先股投资为主。对于二者的投资常存在流动性风险，主要指投资资产不能在恰当的时间以恰当的方式变现的风险，倘若发生流动性风险，公司需要意外举债和以非预期的低价出售资产。

　　此外，利差损失常存在于寿险公司的资金运用中，当投资收益率低于保险合同中的预定利率而造成的损失，属于寿险公司的超额负债。倘若盲目地扩大业务规模，追求保费收入，对于投资渠道单一的寿险公司而言，当银行存款利率下调时将导致支付危机。

　　3.资产负债不匹配风险

　　资产负债匹配的风险来源于其资产和负债的特征，保险公司资产负债结构中负债所占比重较大，同时准备金的计量与偿付能力有着紧密联系。

（1）资产负债的特征

a.资产的特征在于其资产结构组合的特殊性。其资产结构组合中占比最大的为货币资金，占比较小的为投资类资产，如交易性金融资产、衍生金融资产等。其资产结构组合的特殊性是由于金融产品的保险和投资功能以及保险合同期限较长等原因需要相应的资金积累，同时包括保险公司的资金运用渠道受限等原因。

b.负债的特征：第一特征是流动性。保险公司在保费收入中提取相应的责任准备金以备用，其在运营过程中必须保证充足的现金流。第二特征是长期性。保险合同大多是长期合同，由于未来风险事故发生的不确定性导致负债核算滞后。精算部门会根据未来预期收益对保险合同成本进行预测和产品定价，因此负债常以预测值在财务中出现。第三特征是利率敏感性。

（2）保险准备金

保险准备金是指从保费收入或盈余中提取的与其所承担的保险责任相对应的一定数量的基金，但其并不属于一项收入，而是潜在的需要履行的义务，具备"或有负债"的性质。当准备金不足时，其将无法履行对保单持有人的债务。

正因保险公司财务管理的特殊性，保险业会存在资产与负债不匹配的风险，其包括：① 期限不匹配风险，寿险公司的资产及负债期限通常指的是剩余到期期限，通常也存在流动性风险，及资产的现金流和负债的现金流部匹配的风险等。② 利率结构不匹配风险，利率敏感性导致的资产负债不匹配风险，诸如前文提到的利差损风险。③ 违约造成的资产负债不匹配风险：当市场利率上升时新旧保单预定利率差值给保户带来的利益大于退保所需耗费时，可能会出现保户集体挤兑退保情况。

4.业务流程风险

保险业的业务经营环节主要为：销售，承保，理赔。

（1）销售过程中的风险

销售指在前期市场调研的基础上，进行保险理赔或投资产品的开发设计再到进行渠道销售，流程包括发展潜在客户，确认准保护需求，提供保险方案并促成签约。此过程中，可能存在由于销售人员的培训欠缺而引起的销售误导风险。

（2）承保过程中的风险

承保是对签约后的投保人相关申请做出审查核实，决定承接保险责任的过程。其主要流程包括核实投保申请、做出不同的承保决定、制单、复核签章并收取保费等。核保质量无法保障、不能准确评价核保标的风险程度、签单不规范等都会导致短期内退保率的增加从而引发承包过程风险，同时包括与选择和批准拟承保的风险标的相关的财务损失风险。

（3）理赔过程中的风险

理赔是指保险标的发生事故后，处理被保险人的索赔要求的过程。理赔风险包括公司的理赔制度不完善、理赔程序不严谨、对于被保险人的骗保行为不能有效识别等风险，该类风险都会造成不恰当的赔付，给公司的经营带来损失。

5.偿付能力风险

偿付能力风险是指到期无法按保险合同规定履行给付义务的风险。偿付能力主要是衡量保险公司资金水平和所承担的给付赔偿责任的匹配程度，偿付能力不足对于保险公司的经营有着致命的影响。其产生原因大多综合了上述原因，如准备金不足、资金管理不善、资产和负债不匹配等风险最终导致公司无力赔偿和给付。

以上从金融产品、资产匹配、资金运用、业务管理、偿付能力五个方面简述了保险公司的风险特殊性，这是由保险行业本身经营风险的特性所决定的。归纳起来，保险公司的业务主要包括具有经济保障功能的保险负债业务和具有投资获利功能的投资业务，因此可将上文中的风险归纳为两类：负债类风险和投资类风险。

（1）负债类风险

负债类风险是与保险业务经营直接相关的风险，如资产负债匹配风险，产品定价风险，信用风险等，如何保障和提高偿付能力是保险公司首先需要解决的问题，也是为了满足保监会的监管要求。

（2）投资类风险

投资类风险主要是资本市场波动导致的风险。对于通货膨胀或利率调整等资本市场波动所导致的潜在损失风险，包括利率风险、汇率风险、市场风险等。为此，保险公司应该做好压力测试，对于不同渠道的投资做好谨慎性的考评和准备。

（二）保险公司风险管理过程

风险管理的过程包括以下几个环节：

全面风险管理的评估检测程序中涵盖了风险偏好范围体系、风险评估和控制程序、风险管理指标体系等。评估检测风险更注重控制成本及效益与风险的匹配原则。风险识别的方法主要包括压力测试，敏感性分析和情景分析法。针对保险行业风险事故发生时的实际支出值与预期值不符导致的损失，压力测试要比后两者在企业实践中更为常用。在风险管理控制实施中公司通常会制定风险管理策略、风险责任机制、公司内部重大风险应急机制以作为制度保障。对于固有风险，公司应在历史经验的基础上规避或参照行业内同类风险事件处理方案解决；对于已相应处置后的风险，，保险公司会根据自身风险容忍度，可选择风险预留、转移或选择使用合适的风险工具应对，尽最大努力使风险和收益相平衡。

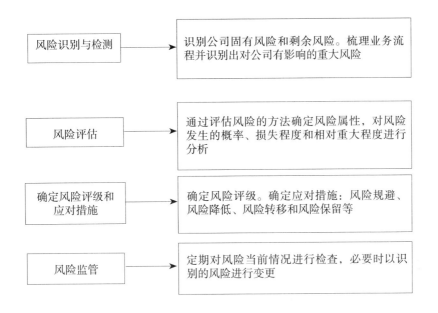

图 2-3　风险管理流程示意图

（三）保险公司可控风险的管理

在承保过程中保险公司会对投保人的资料进行评审，根据死亡率和疾病率的高低将风险划分为标准风险、优质风险、弱体风险、不可保风险 4 个不同等级，其中前三项为可控风险。保险公司在事前控制不利因素，一般会采用控制型风险管理工具，其包括：① 规避风险，即从根源上彻底上避免或舍弃现存的风险单位，但缺点在于可能规避掉带来潜在收益的风险。② 损失预防，在风险事故发生前减少相关不利因素。③ 抵制属于事后控制，对于已经造成的损失，防止二次损失的发生并降低损失程度。

（四）保险公司不可控风险的识别及管理

保险公司的不可控风险是指该类风险由于其发生的随机性，难以准确被预测且在识别后也在公司可控范围之外。针对无法避免的风险，企业采用财务型风险管理工具做好应对，即以企业后备基金作为财务支持，弥补发生相应损失来保障企业的正常运转。主要方法包括：① 风险自留：该类操作分为主动自留和被动自留。主动自留主要目的在于节省相关开支，降低预防成本。企业在选择自留风险时必须事先考量自身承压能力和留存风险单位数量，再给予财务支持。② 风险转移：形式分别为财务型非保险转移和财务型保险转移。前者以经济合同的方式，将风险损失以经济核算的方式转移给其他单位。后者属于再保险范畴，由再保险公司承接风险，保障原保险人的权益。

二、保险公司内部控制的特殊性

（一）组织机构控制

企业设立内部控制制度的前提条件是组织架构，是评价内部控制体系有效性的最直观的影响因素。组织结构的规划决定了内部控制管理的初期架构和流程框架。具体而言，企业首先需要建立规范的法人治理结构；其次根据不同的组织结构类型进行职能划分，明确管理层、职能部门以及业务部门、基层单位的职责权限，做到权责分明；再次，梳理组织结构以使企业员工了解各自的岗位描述和权责分配情况；最后梳理组织结构图、业务流程图以便发现组织架构中可能存在的问题，在试运行期间及时反馈并修正。

（二）授权经营控制

为了满足保险公司提高运作效率的需要，多数保险企业引进了授权经营模式，各分级机构仍由总部直接管理，但性质是面向当地市场的独立的授权营业部。由分级机构产生的业务及管理费用，在申报后统一从总部直接支付提供财务支持。授权经营部的独立决策权由负责人、财务人员、出单人员组成的组委会决定。在财务控制上，其应设置单独的账套，具有经营报表查询权；对于保险中的理赔环节，总公司需要向经营部配备理赔服务人员负责勘察勘定理赔服务，理赔费用由总公司承担。

（三）财务会计控制

对于财务会计控制，通常保险公司会制定内部会计控制制度，旨在确保财务报告信息质量，保证保险资金的安全、完整。内部会计控制制度中规范了核保、保费收取、数据流转、财务审核等环节，形成了固有程序，从总公司到分公司执行统一的财务管理和会计核算制度，形成了系统的会计控制程序。

（四）资金运用控制

保险资金运用控制主要应对保险公司在投资过程中由非系统性原因造成的资金运转问题，通过建立风险管理导向的内部控制降低预估或已存风险可能对保险资金的安全性及流动性的不良影响，控制获益能力降低或偿付能力困难情况的发生。资金运用控制是内部控制机制的重要部分，资金运用的组织架构需要建立保险资金运用的组织机制和决策机制，将其实施程序系统化，明确不相容职位分离，严控资金运用流程，防范风险。

（五）业务流程控制

与其他行业不同，核保业务流程是保险业业务的中心环节，属于预防风险的第一线，其中包括投保初审的风险判断归类、核保决定环节的合同条款控制、保单打印环节的细节控制等。在审核中对需要控制的内容设置不同的确认标准，分为自动核保标准、人工核保标准等。每一步业务流程应当在事前明确控制对象和内控目标，继而与既定标准比对，在整体范围内巡查业务控制漏洞，防止由细节疏漏而导致的操作风险。

（六）稽核监督控制

保险公司制定内部稽核制度是对内部控制实施过程的监督和对实施效果的评价及反馈。公司设置稽核部门在查核各单位的过程中发现和收集相关内控缺陷信息，并定期考核各业务部门的自查绩效。内部稽核在审核查验的同时，需要衡量公司整体的运作效率是否满足战略需要，根据核查情况以报告形式向管理层提供内部控制的改善建议及决策信息，切实保障内部控制机制的有效运行。

除上述六项内控机制，保险公司还应做好单证和印鉴管理控制、人事和劳动管理控制、计算机系统控制、信息反馈控制、其他重要业务和关键部位的控制。

第三章　保险企业内部控制方法

第一节　行政管理控制

一、采购管理

保险公司的采购业务管理，应当完善采购业务相关管理制度，统筹安排采购计划，明确请购、审批、购买、验收、付款、采购后评估等环节的职责和审批权限，按照规定的审批权限和程序办理采购业务。同时，通过建立价格监督机制，定期检查和评价采购过程中的薄弱环节，尽可能实现集中统一采购等管理措施，从而在确保物资采购满足保险公司生产经营需要的前提下，尽可能降低采购物品或者服务的使用周期总成本，防范舞弊风险。

（一）请购

请购，或者称为采购申请，是采购活动的源头。围绕请购控制点的设计，都是为了确保"所采购的货物或者服务，均是公司业务所需要的"。主要的关键控制点包括：

1. 保险公司应当建立采购申请制度，依据购买物资或接受劳务的类型，确定归口管理部门，授予相应的请购权，明确相关部门或人员的职责权限及相应的请购和审批程序。

2. 保险公司应建立合理的集中采购框架，体现集中和分散采购的结合，以及配套的监督控制机构。大件的固定资产、无形资产以及服务的采购权限由总公司管理，分公司有权采购小金额的、非标准的固定资产及部分办公用品等。

3. 保险公司应当建立采购业务的岗位责任制，明确相关部门和岗位的职责、权限，确保办理采购业务的不相容岗位相互分离、制约和监督。采购业务的不相容岗位至少包括以下岗位之间不兼容：

（1）请购与审批。

（2）供应商的选择与审批。

（3）采购合同协议的拟订与审批。

（4）采购、验收与相关记录。

（5）付款的申请、审批与具体支付。

4. 每年，采购归口管理部门应当对需求部门提出的年度采购需求进行审核，并进行归类汇总，统筹安排保险公司的年度采购计划和预算。具有请购权的部门对于预算内采购项目，应当严格按照预算执行进度办理请购手续，并根据市场变化提出合理采购申请；对于超预算和预算外采购项目，应先履行预算调整程序，由具备相应审批权限的部门或人员审批后，再行办理请购手续。

5. 保险公司可以根据具体情况对办理采购业务的人员定期进行岗位轮换，防范采购人员利用职权和工作便利收受商业贿赂、损害保险公司利益的风险。

（二）采购管理

保险公司应当根据市场情况和采购计划合理选择采购方式。对于信息不对称产品的采购应当采用招标方式，合理确定招投标的范围、标准、实施程序和评标规则；对于信息对称产品的采购、一般物资或劳务等的采购可以采用询价或定向采购（竞争性谈判等）的方式并签订合同协议；小额零星物资或劳务等的采购可以采用直接购买等方式。

采购是否采用招投标或者竞争性采购方式的决定因素在于采购方和供给方的信息对称程度。对于一般成熟的、信息对称的大宗产品，即使不熟悉，采购方也可以从互联网上获得各种资讯，对相关产品的成本结构、价格及变化规律等都能够基本掌握，对众多的供应商也都能够有所了解，其中不乏长期合作的供应商。所以，没有必要一味地追求所谓的竞争方式，去花费额外的成本和时间履行采购流程，走很多的形式；另外，对新技术、新设备和新产品，采购方无法得到准确的价格/成本信息，竞争也不充分，才需要坚决地引入竞争机制，通过竞争来降低采购价格，保护购买者的利益。

1. 非招标采购询价

对于非招投标方式的采购，询价是非常重要的步骤之一。询价相关的关键控制点只有一条：通过对几个供货商（通常至少3家）的报价进行比较以确保价格、服务等具有综合竞争优势，并且留下书面痕迹。

2. 招投标采购

《中华人民共和国招标投标法实施条例》是规范招投标活动的最高指引。尽管该法规当时的出台背景主要是针对国有资金使用以及以基建工程为主的招投标活动，但是，其中一些对于舞弊风险防控的手段和控制，对于保险公司仍然有着重要的借鉴意义。

应用招投标方式采购产品，可以增加采购活动的透明度，在一定程度上减少采购人员或经办人员的舞弊行为。但是，我们应当辩证地理解，即使是采用招投标方式采购，依然存在局限性。譬如，在工程项目招投标时，往往存在多家投标单位联合采用"围标"的方式由某一家强势中标，再由该家中标单位将获取的项目分包给其他合作方，通过各自轮流坐庄的违规操作坐享利益分成。又如，在物资采购招投标时，即使企业在招标文件中明文指定了物资的品牌，最终由中标单位实际提供的物资也只是"贴牌"产品，这些单位利用了供应商信息不对称的漏洞，以极其低廉的成本与质量牟取暴利，却由企业最终承担质量失控造成的恶果。

因此，在招投标过程中，保险公司需要关注的关键控制活动包括：

（1）保险公司应当建立评审小组机制和责任追究制，提高投标人筛选、投标及招标机构评标的质量。

（2）重视对投标对象的资质审查，对投标文件中的资信、业绩进行验证，防止投标人提供虚假资料或者有意隐瞒资料，围标、串标、陪标，搞不正当竞争，扰乱招标市场。

（3）合理设置综合评分法的各项内容和权重，既反映招标人需求导向，又可以避免通过规则排他的错误做法。

（4）招投标过程公平公正，做好供应商评选过程的保密工作。

（5）注重投标预算的评审考核，对投标价进行清标，不合理的价格按照规定程序予以剔除或修正。

（6）在必要时，需要寻求第三方专业机构进行价格评估以求公平。

（三）采购验收

采购验收是确保"我所买的货物或者服务符合我的需求"的一个重要环节。尽管保险公司不是制造型企业，对于采购验收的重要性相对降低，但是，仍然需要关注以下关键控制活动：

1. 保险公司应当建立严格的采购验收制度，确定检验方式，根据采购的不同类型，由专门人员会同需求提出部门对采购项目相关内容进行验收，出具检验报告、计量报告或者验收证明等，必要时还应进行专业测试。

2. 验收过程中发现的异常情况，负责验收的机构或人员应当立即通过采购部门向供应商反映，责成其查明原因并及时处理。

（四）采购和付款

采购和付款是单笔采购交易完成的最后一道程序，其核心是三单匹配，即合同、验收凭证以及发票之间的核对。三单匹配在现代保险公司，除了手工控制以外，往往是通过信息系统执行两次"二单核对"予以完成。不管哪种形式，付款前的关键控制点并未发生变化，包括：

1.保险公司应当加强采购付款的管理，明确付款审核人的责任和权力，执行"三单匹配"运作，即严格审核采购预算、比对合同、验收凭证或相关报告，以及发票三单之间的一致性，审核无误后按照合同规定及时办理付款。

（1）在付款过程中，应当严格审查采购发票的真实性、合法性和有效性。发现虚假发票，应查明原因，及时报告处理。

（2）重视采购付款的过程控制和跟踪管理，发现异常情况，应当拒绝付款，避免出现资金损失和信用受损。

（3）应当合理选择付款方式，并严格遵循合同规定，防范付款方式不当带来的法律风险，保证资金安全。

2.保险公司应当定期与主要供应商核对应付账款、应付票据、预付账款等往来款项。从供货商处收到的对账单与应付账款明细账中的供应商定期核对且进行相应的调整，并对差异原因进行调查，及时处理。

（1）对于货物权属已经转移给保险公司的采购行为，财务部门应当加强与采购部门和使用部门之间的信息沟通，确保及时确认应付账款。

（2）费用支出经过妥善授权，并具有准确依据：在报销固定资产以及费用时，应将申购单、合同、发票及其汇总清单、入库单、出库单等文档原件交由财务部审核确认，再经过公司领导最终确认后，出纳按照收款人及金额通过网上银行付款。付款完毕后，信息系统自动制作会计凭证。

（五）供应商管理和评估

供应商管理和评估是采购供应链管理的核心内容之一。从内控上说，供应商管理有助于防范虚假供应商、不合格供应商等侵害保险公司利益的现象发生。

1.定期对现有供应商提供物资或劳务的质量、价格、交货及时性、供货条件及其资信、经营状况等进行实时管理和综合评价，根据评价结果对供应商进行合理选择和调整。必要的时候，委托具有相应资质的中介机构对供应商进行资信调查。

2.运用信息系统管理供应商数据库，建立白名单和黑名单制度。系统内的供应商维护和更新流程受控，相应的录入和查询权限应当被妥善分配。

3.当供应商资料发生新增或变动时，由具体业务经办人员获悉相关信息，收到相关信息后由业务人员及其主管领导审核信息准确性和完整性，填写《内、外部供应商维护表》，表格要求申请人声明信息准确性和真实性，并愿意承担因出现相关错误而产生的法律责任。再交由供应商维护人员在系统中进行维护，由经办人检查账户信息的录入是否正确完整。

二、合同管理

合同管理是指保险公司对以自身为当事人的合同依法进行订立、履行、变更、解除、转让、终止以及审查、监督、控制等一系列行为的总称。其中订立、履行、变更、解除、转让、终止是合同管理的内容；审查、监督、控制是合同管理的手段。合同管理应当是全过程的、系统性的、动态性的。保险公司在建立与实施合同协议管理内部控制过程中，至少应当强化对下列关键方面或者关键环节的控制：

1. 实行分级授权，归口管理。
2. 签约主体资格及合同协议订立的程序、形式、内容等应当合法合规。
3. 合同协议履行、变更或解除应当得到有效监控。
4. 合同协议违约风险应当及时识别和有效处理。

（一）合同的订立

合同订立相关的关键控制点包括：

1. 合同订立前，充分了解合同对方的主体资格、信用状况等有关内容，确保对方当事人具备履约能力。对于影响重大、涉及较高专业技术或法律关系复杂的合同，应当组织法律、技术、财会等专业人员参与谈判，必要时可聘请外部专家参与相关工作。

2. 根据协商、谈判等的结果，拟订合同文本，按照自愿、公平原则，明确双方的权利义务和违约责任，做到条款内容完整、表述严谨准确、相关手续齐备，避免出现重大疏漏。应当对合同文本进行严格审核，重点关注合同的主体、内容和形式是否合法，合同内容是否符合保险公司的经济利益，对方当事人是否具有履约能力，合同权利和义务、违约责任和争议解决条款是否明确等。

3. 保险公司对影响重大或法律关系复杂的合同文本，应当组织内部相关部门进行审核。相关部门提出不同意见的，应当认真分析研究、慎重对待，并准确无误地加以记录，必要时应对合同条款做出修改。内部相关部门应当认真履行职责。

4. 保险公司应当按照规定的权限和程序与对方当事人签署合同。正式对外订立的合同，应当由保险公司法定代表人或由其授权的代理人签名或加盖有关印章。授权签署合同的，应当签署授权委托书。

（二）合同的履行

合同履行相关的关键控制点包括：

1. 保险公司负责合同归口管理的部门应当整体监控合同协议的履行情况。合同协议履行过程中，如对方可能发生违约、不能履约、延迟履约等行为的，或对方自身可能无法履行或延迟履行合同协议的，应当及时采取应对措施，并向有关负责人汇报。

合同协议到期时，应及时与对方办理相关清结手续，了结权利义务关系。

2. 合同管理部门应当加强合同登记管理，充分利用信息化手段，定期对合同进行统计、分类和归档，详细登记合同的订立、履行和变更等情况，实行合同的全过程封闭管理。

3. 建立合同履行情况评估制度，至少于每年年末对合同履行的总体情况和重大合同履行的具体情况进行分析评估，发现合同履行中存在的不足，应当及时加以改进。

4. 健全合同管理考核与责任追究制度。对合同订立、履行过程中出现的违法违规行为，应当追究有关机构或人员的责任。

（三）合同的纠纷处理

随着我国保险业高速增长，保险合同纠纷大量涌现。保险合同纠纷出现的原因主要有：保险展业不规范，保险公司经营管理不成熟、保险合同条款制定不合理、客户对保险合同不了解、保险法制不完善、保险合同纠纷解决机制不健全等。

合同纠纷处理的关键控制点包括：

1. 设置预防性的合同条款控制，通过倡导运用经过法务审核的标准合同，以及严格控制非标合同的审批流程的方式，控制整体的法律条款风险；同时，保险公司应当定期复核标准合同中的条款，并根据最新行业动态以及法院判例情况进行调整和修订。

2. 对于保险合同中规定的保险公司的很多告知义务，应当采取专人送达、专邮送达等方式，统一规范送达和告知方式，积极做好工作记录，妥善保存相关证据，从而保护公司利益。

3. 保险公司应当由法务部门或者具有同等经验的部门，归口管理所有的合同法律纠纷处理工作；该部门应当本着保险公司利益最大化的原则，灵活使用包括诉讼、仲裁、庭外和解等多种手段，合理维护保险公司利益。

4. 负责合同纠纷处理的部门应当和品牌宣传及媒体应对等部门形成联动工作机制，在防范合同法律风险的同时，综合考虑、合理把握媒体舆论风险，保护公司声誉。

三、印章管理

一般来说，保险公司各项业务均有业务用章，各部门都有部门章。例如，财务部往往有财务专用章、发票专用章、现金收讫专用章、现金付讫专用章、转账收讫专用章、转账付讫专用章、机构负责人章等；理赔部门往往有意健险理赔专用章、车险理赔专用章、财产险理赔专用章等。客户服务部往往有保单专用章、保卡专用章、保存章等。

在保险公司传统的印章保管和使用模式中，保险公司印章由专人保管和使用，并且上收一级专管，原则上是风险可控的。但是，在实务中，我们往往看到如下的问题存在：

1. 为图方便和省事，有时将需要审批同意后才可盖章的文件不送审就直接盖章，并且事后也不上报备案。

2. 分支机构管理人员越权代办、违规操作或管理人员利用职权之便私盖印章等。

3. 没有强制性的印章使用记录，无法保证印章使用记录真实，事后审查无法落实，责任不明，印章使用记录统计查询困难。

4. 印章管理制度中的风险防范完全依赖于人的职业道德，而没有任何技术性的风险防范措施，上级管理部门无法做到实时有效的监控。如果碰到某单位的管理者和印章保管人联手作弊、私盖公章、违规操作时，问题会更加严重，导致人情印、关系印、权力印、腐败印屡查屡犯。

印章管理的控制活动应当紧密围绕印章的生命周期，在申请刻制、日常保管、使用控制以及记录和销毁等环节有所要求。另外，随着电子手段的进步，逐步推进无纸化，运用电子印章取代实物图章，是管好印章的重要的努力方向。

印章管理的关键控制点包括：

1. 各部门的印章保管人均需要签署《印章管理责任书》，业务章由部门主管指定两位正式员工为印章保管人，即第一保管人和第二保管人，第一保管人外出，暂交第二保管人进行保管。两位印章保管人不得同时外出，印章不得交给两位保管人之外的任何人代管，柜面设有多枚柜面业务专用章和理赔业务专用章，由柜面人员各自保管，一般不进行交接。各二级机构第一责任人如有变动，需及时重新签署保单专用章管理责任书并上报总公司办公室备案。若第三、四级机构的第一责任人有变动，上报二级机构行政部门备案。

2. 印章保管部门每月进行印章盘点。

3. 根据不同的用印内容，需要经过不同级别的有权签字人审批后才能用印，并根据用印内容不同决定是否需要进行用印登记。对于需要用印登记的，在用印完毕后须在"用印登记本"上进行登记，记录用印时间、用印事由、审批人、经办人等信息，并归档保管。

4. 公司总部各种专用章、银行预留印鉴章由公司行政部门负责按照公安机关规定标准进行刻制，并送交印章保管人在"印章保管、交接登记本"上进行登记。

5. 业务和财务专用章、银行预留印鉴章销毁按照当地公安机关规定的程序销毁，销毁前应将印章上缴清单与实物进行核对，核对无误后方可按规定销毁，并由销毁经办人和监销人员共同在销毁清单上签字确认并填写"销毁印章清单"；经印章所属单位财务部负责人、行政部负责人、分管副总审批后备案；银行预留印鉴章还须经过法定代表人审批。

6. 印章如发生丢失，应迅速查明原因，及时逐级上报印章管理部门及涉及的业务主管部门，同时向丢失印章所使用范围的单位发出原丢失印章申请作废的通知，并按当地公安机关要求登报声明作废。为保证业务正常进行，需按程序补刻新章。

四、文件及档案管理

保险公司的档案，主要是指在承保、理赔（给付）、防灾防损等保险业务工作中直接形成的各种文件、材料、单证、图表、照片、录音（像）带等。

目前，保险公司往往采取纸质文件和电子文件双轨运行和双套保存的策略，电子文件还同时保存多套备份。同一份文件的不同载体形式，不同备份的再处理和保管过程中可能出现不同的风险和问题。其中的关键控制活动包括：

1. 保险公司档案部门必须建立健全保密制度、库房管理制度、档案借阅制度、档案统计制度等管理制度和档案工作人员岗位责任制。

2. 保险赔案、保险凭证、会计档案，以及其他文书、审计、声像、基建等各种档案应于形成之后的次年六月底前向档案室移交。

3. 保险公司必须设置与本公司档案业务发展相适宜的档案库房；定期检查档案保管情况，对破损或变质的档案要及时采取补救措施进行抢救；保险公司的档案部门要重点保护好永久和长期档案。

4. 临时性机构撤销时，其档案应向本公司上级档案部门移交。档案管理人员调动工作时，应当在离职前办理好交接手续。

5. 可以对纸质档案进行影像扫描，使纸质档案与电子档案并存，更好地保护档案实体；对于电子档案，一方面要通过多种备份形式转移风险，另一方面，卓有成效的IT灾难恢复系统的建立也有助于降低风险。

6. 调阅档案一定要遵守档案借阅制度，履行档案借阅和归还手续，严格执行相关的登记与审批制度。对借出原件除复印留存外，还应确定归还期限及续借手续。

7. 为了保护档案原件、提高档案查阅效率，只要有电子影像的，优先查阅电子档案；对于没有扫描的档案，作为一项专门的项目完成历史档案补扫描工作。

第二节　运营控制

一、产品控制

保险公司的产品控制主要是指对于产品调研和开发阶段制定的内部控制活动。整体上说，产品控制中最重要的是，保险公司应当根据市场需求调查结果，从市场前景、盈利能力、定价和法律风险等方面对新产品进行科学论证和客观评价，从而体现以客户需求为导向的产品开发。

产品控制的核心在于设计好关键控制点，使得产品开发活动满足"三原则"：市场性原则、效益性原则、合规性原则。

1.市场性原则

市场性原则是指在保险险种的设计、开发、销售上，按市场的需求来建立和规范。任何设计出来的保险产品最终目的均为向客户销售并且获取利润。没有市场的产品是没有生命力的产品。当今信息化时代，社会每天都在以惊人的速度飞速发展，故在考虑保险产品的市场性时，需要高瞻远瞩，提前预判未来的形势，设计出基于公司现状又能够符合未来客户需求的产品。

2.效益性原则

效益性原则是指保险产品的开发既要适应市场需要，又要在承担合理风险的情况下追求商业利润最大化。对某些"既定性亏损"险种以及没有发展前途的险种则不能开发。中国国内目前新开发的险种数量、种类不可谓不多，而真正形成规模、有效益的险种寥寥无几。新开发的保险产品要取得可观的经济效益，必须注意处理好三个关系：第一，社会效益和自身经济效益的关系；第二，产品开发与销售推广的关系；第三，眼前利益与长远利益的关系。这是讲究效益性最基本的体现。

3.合规性原则

合规性原则是指保险产品开发的任何阶段都必须符合本国的主要法律法规以及适用于保险产品目标客户的法律法规和社会道德要求等。

上述三原则的实现，需要在开发新产品时建立一套有效的保险产品开发机制，实行流程标准化、规范化的管理体系和审批机制，在提高防范保险经营风险的能力的同时，把握市场变化的机遇。

好的产品设计，一定要有目标客户和市场的细分，结合特定时间段（例如高通胀时代）以及产品差异化定位的理念；以目标客户群的偏好来设计主险和附加险的组合菜单；考虑目标客户的渠道偏好（例如电子化保单在旅游意外健康险方面的运用）等。因此，好的产品设计是一个系统化工程，更可延伸为一种销售行为。

另外，合理的内部审查和批准机制，也是产品质量的保障和风险控制的重要要求。建立良好的不相容职责分离和分层授权审批机制，以及将其与销售、市场、渠道等部门参与的高效专题产品会议相结合的管理体系，是产品质量控制的良好基石。

尽管产、寿险公司产品开发的流程和技术要求截然不同，但是从内部控制的角度说，产品调研和开发过程的风险和关键控制活动是趋同的。因此，我们以下将主要对寿险公司的产品开发活动进行介绍，适当兼顾产险。保险公司在产品控制领域应当实施如下一系列的关键控制活动：

1. 市场部按公司销售发展战略制定年度产品战略报告并提交分管销售领导审批，经分管销售领导与领导班子成员讨论后定稿。

2. 市场部根据年度产品战略报告的指导方针，分析现有产品组合下存在的保费缺口、同业竞争及监管规定后提出新产品创意。

3. 个险新产品开发和上市准备的工作需经过产品管理委员会审批方可实行。

4. 市场部针对大型险种（非查漏补缺产品）进行专项调研，调研内容包括竞争情况分析、消费者反应分析、销售渠道反应分析以及销售量预测等并提交调研报告。

5. 精算部门每年根据经验调整并出具 NBEV 考核假设，由精算负责人审核后，提供精算假设指引供子公司参考。

6. 备案材料中含精算责任人声明书，由总精算师保证产品精算假设和精算方法符合一般精算原理及中国保监会精算规定，计算结果准确及利益测算方法符合一般精算原理和中国保监会有关规定。

7. 核保部负责制定契约录入、投保、核保及保单打印等规则，视产品需要修改投保单和保单格式等，并经核保部负责人审批。

8. 产品上市后，专人负责跟踪新产品推广期的销售业绩、推广效果和机构问题反馈等，制定日报或周报，并在产品上市后进行市场推动总结。

9. 产品部负责审核产品说明书、统一开发的产品行销辅助品及培训资料中有关产品的内容，确保与定稿条款一致。机构设计的行销辅助品及培训资料正式下发前必须经总部主管部门审批，取得统一编码后，方可安排打印。

二、承保控制

承保是指保险人在投保人提出要保请求后，经审核认为符合承保条件并同意接受投保人申请、承担保单合同规定的保险责任的行为。承保的基本目标是为保险公司安排一个安全和盈利的业务分布与组合。承保工作中最主要的环节为核保，而核保是保险经营中确保合理的承保利润的重要环节，其目的是避免危险的逆选择，实现企业有效益地发展。核保活动包括选择被保险人、对危险活动进行分类、决定适当的承保范围、确定适当的费率或价格、为展业人员和客户提供服务等几个方面。

无论产、寿险，其承保的业务流程主要可以分为交单、接单初审、资料确认和录入、收费、核保以及保单发送六个主要环节。其中，"收费"环节我们将在后续的收付费流程中讨论。以下，我们以寿险的承保为例，讨论其余的五个环节。

（一）交单

客户需要进行保险时，由客户提出投保需求。保险代理人员向客户推荐公司的寿险产品以及相应的险种条款。客户接受后，由代理人员指导客户填写投保资料。投保资料的内容包括：个人人身保险投保单、投保人/被保险人声明书、人身险投保提示、未成年人特别约定书等。业务员将客户的投保资料交至所在营业区柜面进行初审。

业务员在审核时需要注意保单原则上禁止漏填、涂改及代签名。确认后，业务员应在投保单上签字盖章。如是通过银行等承保，还应当要求银行在保户提交的资料上加盖"原件已审核"等字样的图章。

（二）接单初审

营业区柜面初审人员负责接收投保资料后完成初审。初审结束后初审人员于投保单初审栏签章。柜面人员将当天接收并完成初审的所有投保申请进行简单的系统录入后，制作投保信息明细清单，将相关投保资料送达分公司。分公司营运部将送达的投保资料与投保信息明细清单上的信息进行核对，核对无误后在投保信息明细清单上签名。营运部留存其中一联，并将另外一联返还营业区柜面。

初审应关注的内容包括投保人信息、被保人信息、要约内容、受益人信息的真实性，客户签名是否符合要求、资料是否齐全等。

（三）资料确认和录入

营业部对营业区送达的所有投保资料，确认数量后，将保单资料扫描至系统。然后由集中处理的后援中心负责系统录入的职员按照保单的扫描信息在系统中进行手工录入。正确无误的资料将进入下一核保环节，发生错误的资料将直接退回营业区要求进行调查及更正。

1.公司需建立复核和确认机制，确保营业部门的负责职员每天将收到的保单及时、毫无遗漏地输入系统中。同时需要确认投保资料是否正确输入系统。

2.公司应在系统中设置合理的权限，具有权限的员工才可以接触到系统，并特别注意对于未经授权访问的监督和防范。

3.公司应对所有业务的保单进行抽检。通过确定抽检比例，每天从系统中导出录入保单清单，运用在系统中的原件影像与录入数据做比对，将审计结果予以记录，并将该审计结果发送相关领导，以及运用于进一步的培训等。

（三）核保

核保分为电脑核保和人工核保两类。目前多数保险公司的核保系统中设置了自动核保的功能，系统根据事先设定的筛选条件，对符合条件的投保申请可自核通过，自动审核无法通过的投保单需进行人工核保。人工核保完毕后，核保人员在核保核赔的两核系统中对投保单做出核保结论。

1. 公司应定期按比例抽检人工核保通过的投保申请，确保签发保单的相关风险已经控制在合理的水平下。

2. 公司应在系统中设置核保权限，并且对于权限的使用情况进行随时检查，确保仅具有权限的员工可以接触到系统并只能进行授权操作，对于协助的员工账户应进行定期清理。对于产险，更应该分险种赋予核保人员不同的权限。

3. 根据实际出险情况以及分险种的盈利情况，公司应定期对系统自动核保的条件进行复核和修订，确保持续有效。

4. 从客户满意度角度出发，保险公司应建立从投保资料录入到承保完成每个业务环节的处理时限规定，并纳入相关处理人员的考核。

5. 对于产险，如果应保户要求需要对保险条款进行特殊约定的，需将这些特殊约定内容上报相应权限的审核人员审批。严禁系统外、保单外的书面承诺。

（四）保单发送

负责保单出单的职员将生效的保单信息发送至出单中心进行成品保单制作及打印。打印完成后，打印中心会对成品保单的质量进行抽查。出单管理岗每周对收到的成品保单数量进行一定比例的质量抽查。抽检完毕后由业务员邮寄给客户。

1. 利用信息系统手段，确保只有通过核保的投保单才可打印保单。

2. 保单的打印和发送集中受控，大力推广电子印章的使用，并且在条件成熟的险种中推广电子保单（例如旅游意外险等）。

3. 公司规定成品保单的抽查比例，按照比例严格进行抽查。电话中心应当每日对承保的客户进行回访。

三、理赔控制

理赔是保险公司执行保险合同、履行保险义务、承担保险责任的具体体现。和核保对于承保一样，核赔是理赔控制中最为重要的技术环节。只有确保被保险人利益，依据保险合同合理地给付被保险人应有的损失补偿，保险的职能作用才可能发挥，保险公司信誉才可能提高。

理赔和承保，一出一进，构成了保险公司业务收支主要的两个环节。而核赔和核保，又被统称为"两核"，是确保产寿险公司承保利润来源的最关键控制环节。

产寿险公司的理赔流程较为接近。理赔的基本流程和相关控制主要分为以下五个阶段：报案、申请受理、理赔调查、核赔、给付。

（一）报案

客户在出险后主要选择以下两种方式进行报案：通过客户服务台电话中心报案和通过各机构柜面现场报案。

1.电话中心第一时间处理被保险人的报案信息，座席在接到报案电话后询问报案人，要求其提供事故的基本信息；系统对于此出险事件分配一个唯一的报案号，用以确保理赔案件受理的完整性。

2.各险种核赔手册与电话中心规范用语等规定接报案的技巧与工作流程。所有的电话受理过程都被录音并被保存一段时间，每天进行抽检。

3.公司管理层制定有关接报案质量监督评分标准，涵盖录入客户信息的正确率、完整性、规范程度等要求并打分。每月将电话中心报案工作形成品质监控处质检工作报表，汇报给客服相关领导审阅。

4.品质监控人员每天对接报案电话实施抽检，包括录入信息是否完整、信息是否准确等，并对质检样本进行打分并记录。报案质检小组组长对质检情况按比例进行抽检复核。

（二）申请受理

机构柜面现场审核理赔申请人资格及材料的全面性和真实性，不满足申请人资格要求的，不予受理理赔申请。

1.申请资料有效性的审核

在机构柜面接受理赔申请时，除确认申请人资格外，还需要核实申请人提交的所有资料的真实性。例如，需要审核理赔申请制式单证内容填写的准确性、医疗单据的准确性与匹配性和客户身份的真实性等。

2.理赔受理信息系统录入的审核

在接受客户理赔申请资料后，柜面或者后台处理人员应根据保单信息、客户身份信息等登录内核系统，并根据理赔申请书录入受理信息内容。由于部分受理信息的关键性，在机构的理赔申请柜台处一般有理赔人员驻场，对部分受理资料进行二次审核，确保所有资料的真实性及一致性。

（三）理赔调查

在申请受理后的初审或复审过程中，如果发现一些重大、复杂或较可疑的赔案，需对保险事故的真实性进行核查，以确定事故的性质、原因、程度、结果。

1.公司利用信息系统，对部分理赔案件发起调查。以车险为例，应当在系统中提起调查，并按规则将案件分配给出险车辆所属地域的机构或者公估点的调查人。

2. 调查人到现场进行调查，填写调查报告或者调查笔录；调查复核人通过系统审阅调查报告或笔录等资料，在系统中给出复核意见后结案。

3. 保险公司应该针对指标口径不一致的情况设定统一标准。比如对于未决赔款指标，公司应规定是以立案还是以报案为起点来统计；对于赔付率指标，公司应明确规定是使用简单赔付率、综合赔付率、满期赔付率、历年制赔付率还是保单项下赔付率等。

另外，公司每月统计各分公司运营指标，包括理赔的及时立案指标（即出险时间到系统立案时间的差值）、构成赔付率、时效率等指标，并按时下发各分公司，由其对自身运营指标进行分析改进，以提醒和帮助提高赔案处理效率，增加客户满意度。

（四）核赔

保险公司在收到理赔案件的影像资料后，应首先根据不同险种审核相应的理赔申请材料是否完整，随后及时在系统中录入相关信息。如果遇到申请资料不齐全等导致必录项目无法录入的，以"次品单"形式下发机构后，根据机构回销意见处理。对于所录入的理赔基本信息，一般由理赔部门进行核对、修正，对费用进行分类录入，并且对案件进行初步判断，随后交由审核 / 核赔。

核赔人员在收到所有的理赔信息后，应查询案件的基本信息，以便确定案件申请的基本情况。随后，应核实保单的有效性以及所有录入信息的准确性。在录入信息的准确性得到核实后，再根据理赔影像资料的检查结果，进行责任范围的审核。当所有信息确认无误、保险责任判定完成后，核赔人员在其授权范围内对相关理赔案件做出核赔决定。

在审核过程中，可以对重大赔案发起新的现场调查申请，进一步核实有疑问的部分信息。

1. 保险公司依照金额重要性水平设置审核权限。重大 / 特殊案件需要通过审核岗提请总部理赔部门进行审核，并由总部理赔部门做出核赔决定。

2. 保险公司为了达成效率和客户满意度，规定核赔岗位可以审核超出自身审核权限的理赔案件，但是此类案件需要接受抽检岗一定比例的抽检，以确保核赔结果无误。

3. 理赔部门内部设立抽检人员。除了达到系统设置规定一定比例抽检的案件（如金额较大、审核岗超权审核等）以外，还会按照既定的比例对审核后的理赔案件进行抽检。当抽检发现质量不合格的理赔决定时，再次审核，并对核赔人员记差错处理。

4. 公司使用 KPI（Key Performance Indicator）指标体系每月对理赔人员的工作绩效做出量化考核。KPI 指标包括综合赔付率、件均结案时长等。

5.在需要第三方独立意见的财产理赔案件的核赔过程中，专业人员会审核由第三方所提供的包含事故详尽原因、经过的相关事故报告；缺失独立报告的出险理赔案件均不能通过核赔流程结案。

6.在产险出险后，公司会和被保险出险人进行协商，根据保险条款确认保险标的是否存在残值，供后续理算步骤参考，并且与未来残值回收的管理举措联动。

（五）给付

在整个理赔案件审核结束后，电话中心应根据实际结果从系统中抽取理赔给付类清单，并通过电话通知理赔申请人。随后，根据系统任务表对已结理赔案件进行通知书、批单、收据的打印：对转账给付类案件，打印理赔通知书；对现金给付类案件，打印人身险理赔收据；对拒付类案件，打印人身险理赔单等。

1.充分利用信息系统实施理赔给付控制。例如，结案时，系统自动在财务模块生成付款通知单。保险公司按照投保人或被保险人提供的银行账号和相关信息在系统中填写支付信息，最终赔付金额及案件基本信息则从核心业务系统中自动流入。其中付款金额不能大于结案理赔金额；付款信息自动从核心业务系统的业务模块转入财务模块进行相对应的会计核算，批量生成会计凭证及清单。

2.领款人身份的确认。柜面经办人员须核实领款人身份证明及是否有授权委托书，以核实领款人的有效身份。

3.对于转账给付类案件，给付岗位在核实银行账号和给付对象信息后，在系统中进行银行转账给付通知确认处理，系统自动进行转账处理。

4.委托授权领取赔款，应该由业务人员或财务人员通过电话或书面形式与被保险人直接联系，确认委托的真实性；严格规定在领取赔款授权书上必须填列"收款人名称"，以确保赔款支付的资金走向和安全性。

四、保全控制

保全是指为保持保险合同的效力而进行的一系列售后服务工作。主要包括合同关系人变更、基本信息变更、复效、挂失补发、保单迁移、保险金额的增加或减少、退保、保费垫缴、减额缴清、缴清增额、保单质押贷款、保单利差返还、保单红利派发、满期给付、账户型险种的账户管理等服务项目。

（一）保全申请的审核

投保人提交诸如合同关系人的变更、退保、保单贷款等申请时，业务员应当对申请人的基本信息进行确认。同时，由于不同项目的保全申请涉及的保全主体不同，业务员还应当对主体的资格进行审核，严把保全业务中申请人资格的审核关。资格审核无误后，要留存申请书、申请主体及代办人证件复印件并与其他相关证明等资料一同归档；对于无法确认申请人或者保全主体身份资格的保件，不予办理相关的保全手续。

同时，公司应当确认申请的保全事项是否为合同条款或合同约定事项、是否违反国家法律及公司有关规定、是否会影响合同的公平、是否会侵犯合同其他当事人或关系人的合法权益以及是否会损害公司利益。

1. 对于不涉及金额变动的客户信息进行变更的保全申请，公司应建立服务标准，并且一个工作日内完成保全业务处理。对于涉及金额变动的保全活动，公司应设立保全业务权限与风险等级对照表，按照金额 / 风险大小设定审批权限。

2. 信息系统处理中，当投保人与被保险人非同一人时，还需提供被保险人身份证件、经被保险人签名的相关文件等。

3. 系统中的保单执行过"撤件""退保""犹豫期退保（契撤）"等操作后其状态应自动更新，保单失效后应不能进一步操作；期满金领取的保单在系统中自动标识，标识状态不能随意修改。

（二）保单质押贷款

保单质押贷款的申请主体应为投保人，申请时应当提供有效的证明材料。业务员应当严格审核申请人是否具备保单质押贷款的资质。符合资质要求的，在公司规定的贷款限额内，按照固定的利率发放贷款。保险人在贷款逾期时，应及时告知投保人还款。若通知后投保人仍未偿还贷款的，当其未偿还累计本息达到保单现金价值时，保险人应终止保险合同，并书面告知投保人。

1. 系统中针对不同保单贷款的金额以及支付方式，须由相应授权的客服人员在线授权后方可进行下一步操作。

2. 系统自动判定当保单质押贷款的未偿还累计本息达到保单现金价值时，给出提示。随后保险公司保全人员根据系统提示执行终止保险合同操作，并书面告知投保人。

（三）保全业务的检查

公司严格执行保全业务复核审批规定，超权限业务需上报总公司审批。各分支公司可在总公司授权的金额范围内进行业务处理，大额给付、退保、贷款等可设置为超权限业务，并通过系统上送至总公司进行审批；通融复效、挂失补发等可设置为超支公司权限业务，并通过系统上送至分公司进行审批。

1. 保全事中质检。质检人员每天从系统中随机抽取一定比例的审核通过的保全申请，重新复核。质检比例由质检主管按照保全类别、经办人员、所属机构等要素决定，并按照风险管控的目标不定期更改。每周归纳事中质检结果，并反馈相关领导审阅。

2. 保全事后质检。品质控制人员定期按照一定的选样要求提交数据采集需求、进行抽检。抽检结果交相关领导审阅。

3. 每日抽取电话回访件模块中需要回访的电话回访件清单，并根据实际情况对客户进行二次电话回访，根据实际处理结果输入系统；在系统中抽取人工亲访件，根据实际情况分发给业务员直接进行处理。

4. 除信函投诉以及简易案件外，在受理客户投诉时，应留存客户投诉相关资料，或者客户的书面情况说明，以及相关证据材料，需要客户亲笔签名确认并签署日期。投诉处理中的各个环节均应在投诉系统中保留记录。

五、收付费控制

收付费是指保险公司向投保人收取保险费、支付退保金和向被保险人或受益人给付保险金的行为。收付费包括现金收付费和非现金收付费两种方式。现金收付费是指保险公司直接或通过第三方以现金的形式收付费。非现金收付费是指保险公司不以现金的形式，而是通过银行等资金支付系统收付费。

（一）收付费管理流程

保险公司目前主要通过银保通、银行转账以及银邮代扣三种方式收款付费，主要通过银行转账（含网上银行）进行。

1. 银保通

投保人交纳保险费、领取保险单后，其所交纳的保费通过自动转账方式直接转入保险公司指定的银行账户内，银行每天应自动通过终端将收费数据传输至核心业务系统中。

2. 银行转账

保险公司的银行出纳收到客户开出的支票、汇票后，应跟踪记录收款情况，将支票/汇票信息录入核心业务系统的票据收款管理模块中，待支票到账后，在系统中进行确认。若客户直接汇款至公司银行账户，出纳收到银行收款回单后应按照银行回单将客户的银行到款信息录入核心业务系统中。

3. 银邮代扣

保险公司职员每天在综合业务系统中操作生成扣款信息，综合业务系统应自动将扣款信息传递至银邮的扣款系统/集中代收付系统中并生成相应数据。当扣款成功后，收费信息应自动传递到保险公司的综合业务系统中。

4. 现金收付费管理

保险公司应制定收付费管理制度，要求代理人收取现金必须开具现金收款凭据，及时交与保险公司，并由其回销该收款凭据。

5. 除下列现金收付费方式外，保险公司应采取非现金收付费方式。

（1）保险公司在营业场所内进行现金收付费。

（2）保险公司委托保险代理机构在保险代理机构营业场所内进行现金收付费。

（3）保险公司在营业场所外通过保险公司员工、保险营销员收取现金保费，依照保险合同单次收取不超过一定金额的人民币（如1 000元以下）。

（4）中国保监会规定的其他现金收付费方式。

6. 及时准确办理首期、续期和保全业务的现金和进账单业务以及监督检查业务员相关款项的收支等；并每日与核心业务系统进行业务数据核对。

7. 当日将所有业务收支单据与系统数据进行核对后，与会计办理交接手续，核对出现的差异，要求在当日解决。

8. 每个工作日及时、正确、完整登记现金日记账、银行存款日记账以及单证押金、单证管理、其他押金等辅助台账。

9. 严格执行日清月结制度，每个工作日进行现金盘点（并由会计进行监盘），若发现差异须当日处理完毕。

10. 不论每月是否有交易，在当月月末应对公司所有银行账号进行银行余额调节表的编制和独立审核。

11. 对于每个工作日发生的银行转账抽档，应将抽档文件交付公司出纳。出纳在收到银行转账结果文件当日需与抽档清单进行核对并进行相应的系统处理，若有差异须当日处理完毕。

12. 财务部有专人在每个月末对当月已确认但未复核的收款进行检查，并形成月结报告。针对未及时复核情况，公司授权人员应扣除问题所在机构或后援作业中心相关人员的绩效考核分数。

（二）不相容职责分离

不相容职责分离是内部控制最主要的控制措施之一，其控制核心是"内部牵制"，通过将不相容岗位/职责相互分离，对各项业务运作予以制约和监督。一般通过建立合理的组织架构，制定明确的岗位责任制等方式，将不同部门、不同岗位、不同人员的职责和权限加以明文确定。不相容职责分离体现在收付费管理上，即收付费业务的发起/申请、收付费业务处理以及财务记录/入账等职责（包括在系统中的操作权限）必须进行充分分离，不能由同一人兼任。

另外应明文规定，不能由同一人进行生盘（一般由财务部资金管理人员出纳执行）和回盘回销（一般由财务部资金管理的主管执行）的操作。

（三）收付费时的身份核对

保险公司或其指定的代理机构/代理人在进行收付费时，需对投保人、被保险人、受益人或实际领款人的身份进行识别。

1. 保险公司原则上采取非现金收付费方式。

2. 现金收付费要对投保人、被保险人、受益人或实际领款人的身份进行识别，确保收付费主体合格。

3. 非现金收付费要核对投保人、被保险人、受益人或实际领款人的账户信息，确保在非现金收付费流程中资金不受保险公司员工、保险营销员、保险代理业务人员的控制，防止侵占和挪用等行为，确保资金安全。

4. 保险代理机构、保险代理业务人员和保险营销员不得接受投保人委托代缴保险费、代领退保金，不得接受被保险人或受益人委托代领保险金。

（四）应收保费管理

保险公司的应收保费，除了极大地影响着保险公司现金流的正常运行之外，还有一个重要的关注内容，即保费应收期内一旦出险理赔，就会造成套取保险资金的事实，也会影响财务数据的真实性。除了保监会推行车险见费出单之后，杜绝了绝大部分车险的应收保费问题以外，其他大部分非车产险的险种，尚存在应收未收情况，因而均有必要对应收保费加强管理。

1. 业务系统的财务模块自动按照承保日与生效日孰晚的原则确认保费收入。系统自动计算应收保费的账龄。每月财务部从系统中生成应收保费账龄报告并发送至相应业务部门主管进行催收工作。

2. 将应收保费率列为考核分支机构负责人业绩的一个重要指标。

六、再保险控制

再保险是指保险人为了减轻自身承担的保险责任，而将其不愿意承担或超过自己承保能力的部分保险责任转嫁给其他保险人或保险集团承保的行为，又称分保。因这种办理保险业务的方法有再一次进行保险的性质，故称再保险。再保险业务是国际保险市场上通行的业务，它可以使保险人特别是产险的保险人避免风险过于集中，不致因一次巨大事故的发生而无法履行赔款支付的义务，对经营保险业务具有稳定作用。

（一）合约再保

再保险人员首先拟订初步再保方案，经部门经理审核后向再保险公司询价，然后再保险人员根据再保计划中的要求对各家再保险公司的报价进行比较，并提交采纳建议，供审批决定选择哪家再保险公司。首席再保险人负责再保合约条款的拟订；再保险人员对合约条款审核后，提交各级领导审批，审批通过后再签署正式再保合约。

1. 涉及再保险方案时，应对自留风险实施谨慎的控制。再保险合同以及分保账单等再保险文件须经经办人员和授权人员的双重复核，再保险合同由公司分管领导确认签字，分保账单由部门负责人签字后方能发送给再保人。

2. 在选择再保险的分保方时，原则上应当从已经审批的合格保险公司名录中选取。如遇必须从新增的保险公司中选取的情况，管理层应当对此设立特别审批程序，从严审查。

3. 选取保险公司时，管理层应对分保的限额进行有效管理，合理地将风险在各个保险公司中间分摊，避免发生将所有鸡蛋放在一个篮子中的情况。

4. 再保险系统中，合约维护与合约出账（起复核作用）的权限不能授予同一个用户。

5. 再保险系统按照预先设定的分保规则，自动将分保合约与各保单进行匹配，生成分出比例、摊回比例、自留额等信息，相关人员通过清单报表状态检查是否存在计算错误情形，并采取相应更正措施。

6. 再保险部制定文档管理办法，设有专人负责再保文档的收集、整理、保管和统计。再保资料的原件不得借出，只有经过相关人员同意，才可复印。

7. 收到再保险人再保要约时，对要约进行初步审核，常见的审核资料包括保单、条款资料、最新的风险勘察报告、近三年以上的损失记录、直接保险公司的自留情况、机构核保人的核保意见等（需根据不同业务情况，获取不同资料），进行风险初步评估。再保险部有权直接拒绝条件不佳的分入要约，对于初步审核通过的再保险要约，上报总公司核保部审核。基于核保意见，与再保险人再度商榷，确定最终分入条款后，相应人员双签后寄出接入函。

（二）临时分保

核保部将需要临时分保案件的相关资料提交至再保部门，再保险人员根据案件情况转发给对应的再保险公司进行询价。再保险公司会发送书面报价函，相关报价信息录入再保管理系统，确定承保后向再保险公司发送承保确认函。其关键控制活动大致与合约再保险相同。

（三）再保险人信用评估

保险公司应制定相应的信用评估制度以及评级标准，并要求再保险部门在选择再保险人时严格按照评级标准进行挑选。再保险部门定期对再保人的信用评级进行跟踪，同时关注信用降级对合约的影响情况。

1. 再保部制定再保险人信用评价标准，每季度予以评估、跟踪和调整，并指导合约再保险和临时分保的实际工作。

2. 再保险人的评级选择标准原则上应为获得标准普尔等国际一定评级以上（含）的再保险公司，选定后的再保险人，连同再保合同需经过相关领导的同意确认。个别未达到上述标准的国外再保险人，需报送至相应领导，由其审阅定夺。

（四）再保险款项收付

再保险系统每月生成再保数据，该系统与财务系统直接对接，财务部通过接口读取数据并自动进行账务处理。再保险系统定期运行再保险计算程序，再保险人员进行逐单检查计算是否正确，清单校验完毕后，在系统中生成或录入账单，打印正式账单，经过审批后寄送给再保险人。

1.所有再保险人发生的信息交互函件、电子邮件、分保协议、账单、确认函等文件应及时妥善归档，并对账单支付情况进行追踪和核查。

2.每月末，根据再保险信息系统预设的分保规则计算出包含分出保费等信息的账单数据，经审核后，发送至财务部。由其与再保信息系统生成的业务账单进行核对，然后系统自动制作凭证。如果核对有差异，相关部门共同寻找差异原因。

3.对合约分出业务进行收款时，将再保人信息、相关凭证等与财务系统数据相核对，核对一致后入账。如核对出现差异，财务部需通知相关部门共同寻找差异原因并解决，然后由财务部结清该再保应收款。

4.合约分出业务付款时，再保部需要向财务部提供根据权限签署完毕的付款清单。对于大额的付款，根据公司规定的审批权限，财务部需要获得分管公司总经理的审批签字。

（五）年度合约回顾、政策检讨

再保险部门每年至少对再保险合约的运行情况进行一次整体评估，审核合约的可操作性、对公司是否有利，与以前的合约进行比较，提出需要修改的合约和流程，并根据分析结果完成合约回顾报告。再保险方案的调整需以内部签报方式提交各级领导审批；对于需要调整的再保险安排，向再保险人发送回顾函。同时，再保险部门一般在每年年终前完成再保险政策检讨报告，并提交公司风险管理委员会审核。

1.每年，再保险部根据当前的市场情况和公司整体发展计划，制定年度再保安排和可行性报告分析，提交公司相关委员会及下属的再保险管理小组审核，审核通过后实施。

2.再保险部编制业务分析报告，定期对合约再保业务情况进行概述，并对实际业务与年度计划进行比较分析，该报告交给相关领导审阅。

3.每年末，再保险部对再保险合约的运行情况进行一次整体评估，审核合约的可操作性、对公司是否有利，与以前的合约进行比较，提出需要修改的合约和流程，并根据分析结果完成合约回顾报告，再保险方案的调整需提交审批。

七、业务单证控制

保险公司的单证，是保险公司进行保险业务活动的依据，是与展业、承保、保单服务、理赔等核心业务流程直接相关的制式化单证。各类单证及由此形成的契约、经济合同既是取得各项业务收入的基础，更是承担经济责任、履行经济义务的重要法律依据。

　　单证管理的对象一般分为一般单证及有价单证。一般单证是指出具后不具备直接法律效力的单证，如各类投保书、条款、宣传单或折页等；有价单证是指出具后具备相关法律效力，若出现遗失等情况将会给公司带来一定影响的单证，如发票、定额保单、空白保单等。由于每一份有价单证都是潜在风险源，如果管理不善，都会给保险公司带来巨大的潜在风险。所以对保险公司来说，对有价单证，特别是有价单证中的保单进行重点管理是控制风险的必要手段。

　　目前，保监会在对保险公司基础工作的日常监管中，对于单证的管理关注点比较多（包括单证管理信息系统的建设，对单证的入库、领用、回销的管理等），以防止保险公司在经营过程中，可能由于单证管理上的疏漏出现某些违法、违规操作。单证管理中存在的主要问题随着保险需求的不断扩大，保险公司的产品品种逐渐增多且需用单证数量较大，特别是为了方便客户，又出现了定额保单、激活式卡单等保险单证的形式，这些都对单证的管理提出了更高的要求。

（一）单证管理中存在的主要问题

1.单证入库和领用手续不完善，管理混乱

　　单证的管理手续烦琐、工作量也比较大，而且产品品种繁多，由于单证管理人员的重视程度不够或责任心不强，可能导致单证的出入库交接手续不完整，致使责任不清、库存混乱。

2.单证的使用过程失控，系统内外账实不符

　　目前，大多数保险公司对大部分业务都通过系统出单处理，对单证也进行系统核销，但由于操作失误或对系统的认识不足，也可能导致系统数据与实际不符。同时，也有可能出现恶意系统外出单的情况，因此，应加强分析、实时监控，防止违法、违规行为的发生。

3.存在"鸳鸯单"的情况

　　保险单证特别是财产保险公司的单证一般为一式多联，按规定应一起填写，但在实际工作中，有的保险公司为了逃避监管或为了非法的目的，存在各联次不一致的情况，也就是业内所称的"鸳鸯单"。鸳鸯单通常无法在第一时间查出，多是通过后续的客户投诉发现。

4.存在私印单证的情况

　　保险单证一般由总公司统一印刷或由总公司授权若干集中的分支机构或者制单点印刷，但有的保险公司分支机构，在未经上级同意的情况下私印单证，以逃避监管，达到转嫁风险或非法占有的目的。

5.存在以遗失单证为借口的恶意截留保费的情况

　　在保险公司的单证管理中，对遗失单证情形未制定明确的惩罚责任的情况下，若

业务人员以保险公司的名义代收了客户的保险费，不及时上交公司，在保险到期后，再以单证遗失为借口申请注销保单，可能会达到占有保费的目的。

6.部分保险公司未能对单证的物理安全予以足够重视

（1）部分单证没有封包，亦没有明显标识。

（2）空白单证的摆放并不统一，部分空白单证锁在档案柜里，部分空白单证封包放在另一个未上锁的房间内。

（3）空白单证封包和部分待销毁的单证封包堆放在一起。

（4）单证存放的房间没有上锁，可任意出入。

（二）单证管理中存在问题的原因及控制措施

1.对单证管理的认识不足，内控制度缺失

近年来，保险市场的竞争过于激烈，个别保险公司通过单证的注销、损毁等来达到规避监管、换取竞争资金目的的案例也有耳闻。而保险公司自身即使没有纵容授意，对单证管理的认识不到位、内控制度的缺失，也是导致单证管理出现问题的另一个主要原因。

2.单证管理信息系统不完善

随着保险业竞争的加剧，保险公司的产品不断创新，单证的品种、数量等也在不断增加，而在系统建设中，忽视单证管理系统的开发，导致单证管理系统只能进行简单的入库、出库，而不能提供单证流转的全过程记录及预警、统计功能，弱化了单证管理的职能，这也是单证管理向系统化管理转型过程中出现的突出问题。

3.法律意识不强

"鸳鸯单"、私印单证等违法、违规行为的出现，也反映了行业内部分人员法律意识的淡薄。保险公司应当不断加强学习培训，增强法律意识，同时加大处罚的力度，以有效遏制此类行为的发生。

（1）制定有效的单证管理制度以及建立完善的管理系统。

第一，保险公司应制定有效的单证管理制度，明确各部门的单证管理职责，同时对违反单证管理规定的行为，制定严格的处罚措施。

第二，应建立完善的信息系统，提高单证管理的效率，满足单证管理的需要，特别是应当做到单证系统与核心业务系统的对接。单证的印刷流水号是印刷厂提供的印刷序列的连续编号，由单证管理员输入单证管理系统内，系统设定输入的印刷流水号必须唯一且连号。单证通过核心业务系统打印出单时，与保单号码一一对应，实行双号关联。

第三，明确单证管理系统权限，在各级机构设立专岗负责单证的登记入库、发放复核和核销工作。

（2）加强事中控制与管理。

第一，应建立账实分开的单证管理模式，系统管理与实物管理分开，并定期核对系统账与实物及实物台账是否相符，减少单证管理中的错误，有问题及时彻查。

第二，加强有价单证的印刷管理。应由总公司集中统一编号、印刷或授权分公司印刷，严格要求申印申请得到适当审批；并且与印刷厂签订保密协议，要求只接受来自于特定对口单证管理员的印刷申请，并保留印刷明细以供核对。

第三，加强单证流转过程的管理，建立详尽的单证管理台账，完善交接手续，明确管理责任；定期编制单证报表，及时掌握单证的入库、出库、使用、作废、销毁的具体情况。

第四，公司应当实施"定量控制、差额领用"的发放原则，定期由分公司业务部门根据各支公司实际业务量对支公司提交的单证申领审批表进行初步审核，然后由单证管理员根据单证台账核对已领用单证的使用、交回情况，按大致核定数量差额发放。

第五，定期或不定期进行单证盘点，保证账实相符，对不一致的情况及时查明原因，进行处理。

第六，对于尚未领用的空白单证，应由各级机构单证管理员按照印刷流水号妥善保管。出单后，各业务部门对保单复本按照单证印刷流水号进行归档。各种过期不能使用或者停止使用的空白单证，应该按顺序整理，并在显著位置标明"作废"，待销毁的单证应予以封包，并在封包上签字确认。

第七，已使用的单证，由各级机构的业务部门与档案部门按照档案管理制度进行分类整理并按顺序归档。已打印、填制单证作废的，应加盖"作废"印章，与有效单证的留存联合并保存。

第八，对单证使用情况进行监督和检查。在经营管理过程中，应加强对单证管理的内部审计，尽早发现管理漏洞，有效防止违法、违规行为的发生，将单证管理风险控制在可承受的范围之内。

八、反洗钱控制

跨入 21 世纪以后，反洗钱（Anti Money Laundering，简称 AML）逐步成为我国金融行业防范金融犯罪的工作重点之一。2006 年 10 月，中国人大通过《中华人民共和国反洗钱法》作为里程碑式的事件，标志着我国开始有了反洗钱的基本大法；随之，中国人民银行在同年 11 月发布了《金融机构反洗钱规定》。该规定明确了设立中国反洗钱监测分析中心的要求，并明确了中国人民银行拥有的反洗钱调查、报告、移送公安机关等一系列权力，并且要求包括保险公司在内的金融机构，建立以下几方面的控制体系：

1. 金融机构应当按照规定建立和实施客户身份识别制度。这包括对要求建立一次性金融业务的客户身份进行识别，要求客户出示真实有效的身份证件或者其他身份证明文件，进行核对并登记；按照规定了解客户的交易目的和交易性质，有效识别交易的受益人等。

2. 金融机构应在规定的期限内，妥善保存客户身份资料和能够反映每笔交易的数据信息、业务凭证、账簿等相关资料。

3. 金融机构应按照规定向中国反洗钱监测分析中心报告人民币/外币大额交易和可疑交易。

4. 金融机构应按照中国人民银行的规定，报送反洗钱统计报表、信息资料以及稽核审计报告中与反洗钱工作有关的内容；发现涉嫌犯罪的，应当及时以书面形式向中国人民银行当地分支机构和当地公安机关报告。

简单地说，反洗钱就是在资金流的每一段流向的起点和终点，均导入身份的校验并留下痕迹，辅以异常、大额交易的报告机制。

保险公司应当高度重视反洗钱工作，通过制定相关的内控制度和反洗钱流程，建立相应的关键控制活动。

1. 总公司应该统一制定反洗钱监控管理制度，经过授权人员审批后下发，要求各分支机构建立健全可疑交易上报制度、客户身份识别和交易记录保存制度等反洗钱内部控制措施。在总公司制度范围内，各分支机构可根据当地的监管要求制定各自的实施细则，并按要求报当地人民银行、保监局及总公司备案。

2. 根据预先设定的取数规则，反洗钱管理职能部门定期获取当日发生的大额及可疑交易数据。根据大额及可疑交易发生的频率，通过人民银行系统向监管机构上报大额可疑交易数据报告。上报成功后人民银行系统会产生电子回执，可以通过人民银行网站及密钥进行查询。此外，各分支机构亦可以通过报告将可疑交易上报总公司。

3. 总公司相关职能部门定期制作非现场监管报告，经过审批后上报相关监管机构。

4. 总公司相关职能部门定期对各分支机构进行反洗钱培训。

5. 总公司相关职能部门定期对各分支机构反洗钱工作的开展进行常规或专项检查，确保各分支机构严格执行反洗钱监控管理制度。

第三节　资金运用控制

根据保监会发布的《保险公司内部控制基本准则》第三十三条，保险资金运用是保险公司经营活动中相对独立的组成部分，是内部控制的重点领域之一。资金运用控制是包括资产战略配置、资产负债匹配、投资决策管理、投资交易管理和资产托管等活动的全过程控制。保险公司应当以安全性、收益性、流动性为中心，按照集中、统一、专业、规范的要求，组织实施资金运用控制活动。同时，保险公司应当针对资金运用的不同环节，制定相应的管理制度，规范保险资金运用的决策和交易流程，防范资金运用中的市场风险、信用风险、流动性风险和操作风险及其他风险。

一、资产战略配置控制

当代保险公司对保险资金的运用，往往是通过保险资产负债（管理）委员会（Asset and Liability Management Committee or Asset and Liability Committee，简称 ALCO）和 / 或投资管理委员会（以下简称"投管会"）制定章程，明确其在投资管理方面的管理和监督职能，并通过授权其旗下的资产管理机构，制定日常的投资管理制度和操作指引，并由资产管理机构的有关投资部门遵照执行。在此过程中，保险公司作为出资方和委托方，其所属的资产管理机构作为实际投资方和受托方，看似两个机构相互独立运作，但双方的合作实质并不完全是基于市场经济行为的信托责任关系。保险公司作为委托方，应当行使一定的监督职能，并对资产管理机构在组织架构、人员职责、授权体系、业务流程、风险管理、信息技术平台等方面给出管理的要求或者标准，从而降低或防范保险资金运用 / 投资的相关风险，力求获得相对持续、稳定的收益。

（一）投资策略的制定

投资策略的制定是指，保险公司及其所委托进行投资管理的资产管理机构根据中长期投资战略，协同管理"安全性、流动性、收益性"三大目标的过程。具体来说，保险公司应当首先关注资产 / 负债匹配策略的管理，这也是保险系资产管理机构与其他类别金融机构的最大区别，即以负债驱动的资产管理。ALCO 制定资产配置基准，并通过定期沟通、评估和检视资产负债情况，达到资金与负债在总量、资产类别、久期、流动性、收益率、税务策划、现金流等方面的整体匹配。此外，投资风险管理目标，包括监管法规要求、分散投资要求、回购风险限额、信用风险限额等，资产配置基准及波动范围等也是投资策略需要考虑的内容。

在投资策略的制定过程中，需要关注的重要风险有：精算、投资与企划、财务等方面缺乏畅通高效的协作及制约机制；缺乏畅通的沟通传达机制和有力的执行平台，最终导致公司统一部署的投资战略未得到准确、清晰传递或没有得到有效贯彻执行，这是一个很大的风险。此外，投资审批 / 授权制度体系及标准不完善，审批流程设置不合理，各审批环节责任不清、沟通不畅，导致风险不受控或决策缺乏效率，没有完全做到决策权 / 运营权 / 监督权相互分离和相互制衡，监督执行不力，也是内控设计过程中需要予以积极关注的风险。

（二）投资指引的厘定与执行

投资指引的厘定是指根据投资策略的要求，资产管理机构协助委托方起草投资指引，通过与委托方的沟通，资产管理机构和保险公司的 ALCO 和 / 或投管会等制定分账户的年度投资指引。委托方及保险公司管理层应通过定期会议和报告，及时了解年度投资指引的执行情况，并在需要时对年度投资指引进行有针对性的调整；同时，资产管理机构则会及时调整月度资产配置计划，来满足年度投资指引的要求。

在投资指引的厘定过程中，保险公司需要关注是否存在违背资产负债管理原则制定投资指引，以及战略资产配置计划及投资方式不符合监管标准、公司战略、投资者及保单持有人利益等风险。保险公司还需注意到，若没有及时按照不同保险组合的不同负债特性，量身定制不同的投资策略；或者，当保险组合负债特性或投资市场环境发生重大变动时，没有及时修订投资指引，也会制约资产管理机构优化投资组合、防范投资风险、确保资产保值增值等功能的发挥。

（三）投资组合的管理

投资组合的管理，是希望在中长期通过多元化投资分散风险，如逐步加大海外与非资本市场投资力度。短期内，可以通过组合的设计来平衡股东预期收益、资金成本和资本市场预期收益。投资组合管理主要包括战略性资产配置（Strategic Asset Allocation，简称 SAA）及战术性资产配置（Tactical Asset Allocation，简称 TAA）的制定和审核，并且对于重大的突发事件制定了相关的应对和应急预案机制，有一系列合规性程序来确保审批流程的有效性及员工行为的规范性。另外，应对委托人及时反馈受托资金运作的相关信息。

在投资组合的管理过程中，需要关注的主要风险有：

1. 资产负债错配风险。SAA 制定不合理，导致资产负债、久期和收益率不匹配。

2. 合规风险。投资资产类别和组合配置未能符合保监会最新发布的有关保险资金投资 / 运用等相关法律法规的要求。

3. 对投资收益产生负面影响的风险。保险公司未能通过制定和执行月度 TAA，从而不能有效落实 SAA 的投资目标，导致投资收益受损；或者当市场反应与策略分析不一致以及市场发生重大变化时，公司内部未能迅速做出反应，及时更新 TAA，从而错失最优配置调整的时间窗口，影响投资收益。

（四）资产战略配置的关键控制

为了防范上述风险，保险公司应当高度重视运用保险资金进行资产战略配置的相关内部控制体系的建设。主要的关键控制点应当包括：

1. 保险公司成立 ALCO 和 / 或投管会，由其制定工作章程，负责审议投资策略，并对保险资产的投资管理进行监督和检查。

2. ALCO 和 / 或投管会应是独立于资产管理机构运作的投资决策机构，由来自不同职能部门的高层领导组成。日常跟踪与监督工作可设立投管会秘书处完成。

3. ALCO 和 / 或投管会负责制定整个公司的投资管理政策和投资策略，并根据市场情况予以调整和更新。

4. ALCO 和 / 或投管会对资产管理机构提交的年度投资策略和投资指引进行审批和授权，并授权资产管理机构负责日常投资。

5. 资产管理机构应加强与委托方的沟通，投资策略不仅要根据市场以及负债情况的变化进行调整，还应考虑到对委托方的产品策略和营销策略等会产生影响，在需要时也应做出相应调整。

6. 在制定 SAA 的过程中，资产管理机构与委托方就金融资产的持有意图和会计分类进行书面确认；SAA 经受托方和委托方双方确认后，需由各责任部门先会签。然后再由法律部门对法律性及合规性进行合理审查，最后根据公司的审批权限对 SAA 进行最终审批。

7. 资产管理机构应成立 TAA 委员会，由其检查和评估中短期资本市场的投资方向，并且每月确定战术层面资产的配置方向。

8. 公司应在与投资相关的各系统中，设置 TAA 规则。如果资产投资超过了该资产配置规则的要求，则系统会进行预警或者禁止。

9. 当发生重大突发性事件（如保险组合负债特性、投资市场环境发生重大变动、监管环境发生重大变化）并且与 SAA 存在明显冲突时，经委托方同意，应及时调整投资指引，并由 ALCO 或投管会审议通过。

10. 对于资本市场投资，ALCO 和 / 或投管会召开每月例会，讨论审议投资风险管理月报，监控实施资产负债管理策略过程中面临的风险。对于已预警或发现的风险事件，应督促有关部门及时整改并向 ALCO 和 / 或投管会汇报整改结果。

11. 每年，资金运用部门制定下一年的资金运用投资指引，经公司首席财政官或财务总监审批后发给资产管理机构。

12. 公司精算、资金、财务、风险管理等部门，以及资产管理机构品种部门共同对年度投资策略以及投资决策所需要的要素进行讨论。投资策略制定各参与方应于每年年初及时编制投资指引，投资指引应覆盖所有账户，指导全年的投资活动。投资指引需要上报给资产管理机构领导以及相关部门领导、公司 ALCO 和 / 或投管会审议通过。

二、资产负债匹配与投资决策管理控制

（一）资产负债匹配

从广义上理解，资产负债管理属于风险管理的范畴，它是从整个保险公司的目标

和战略出发，结合保险公司的业务特点，以偿付能力、流动性和法律约束等外部条件为前提，以一整套完善的组织体系和技术，动态地解决资产和负债的价值匹配问题以及保险公司层面的财务控制，以保证保险公司运行的安全性、提高公司的盈利能力和资金的流动性，促进保险公司健康发展。

资产负债管理的相关负责部门一般由两个层面构成。以寿险为例，一是宏观政策层面，主要是由 ALCO 或者类似机构来建立资产方和负债方的正式沟通和决策的桥梁；二是具体执行层面，是指精算 / 财务部门与投资部门对日常的资产负债管理事宜进行及时和定期沟通。ALCO 一般由公司高层管理人员组成（包括保险公司精算和投资部门负责人），依照公司当前可运用资金总额及市场变化，视公司经营发展需要及负债情况，制定公司的资产负债管理策略（包括资产负债匹配管理、投资种类及投资限制、资产分配范围和基准等），并监督其执行情况。

由于寿险保单往往属于长期合同，如果产品是在高利率环境下发行的，预定利率往往较高，那么一旦市场利率下降，投资收益下降，可能出现资产收益率低于债务成本的情况，寿险公司将面临巨大的利差损。此外，由于中国市场的特殊情况，负债匹配的问题在中国寿险产品中尤其突出。因为中国传统的寿险产品基本属于储蓄型产品，市场利率的波动对投资收益影响极大；同时，中国的寿险市场竞争非常激烈，寿险产品的预定利率设计也对市场利率极为敏感，过低的预设利率会使公司的产品在竞争中失去市场；另外，寿险公司也会面临既有被保险人要求退保的压力，从而使得原有的资产与负债的数额匹配、期限匹配、流动性匹配、成本匹配完全失效，投资活动的稳定性和持续性就难以保证，从而严重影响投资收益。

从风险的角度来说，保险资产和负债的长期性、复利性和不确定性是导致寿险公司破产和失败的三大内在原因。

1. 长期性

寿险资金来源于在一定预定利率基础上制定的寿险保单的保费收入（即负债），寿险保单存续期一般都长达 20 年左右，相应地，在资金运用中要考虑较长存续期的投资（即资产）与之相匹配。

2. 复利性

复利性指资金运用的收益率是按照复利方式计算的。由于寿险资金大部分投资于固定收益资产，对利率的变动非常敏感，特别是存续期长的固定收益资产，由于久期较长，对利率的敏感性更高，市场利率的微小波动就会导致资产价值的较大变动。

3. 不确定性

保险条款赋予保单持有者退保、现金价值垫缴、减额缴清等一系列选择权，这些都加大了现金流的不确定性。

总的来说，资产负债管理的核心是应对利率风险。当市场利率发生波动时，资产价值的变化与负债价值的变化不同步，可能造成资产价值少于负债价值的情况，从而对公司偿付能力造成不良影响。对保险公司而言，满足负债需求或者说保持偿付能力，是正常经营的前提。在进行资产负债管理方面必须以实现资金运用安全性、流动性和营利性三者的均衡为目的，并根据环境的变化和公司的业务状况对资产和负债进行统一协调管理。

资产负债管理方面的主要控制点包括：

1. 保险公司应设计良好的 ALCO/ 投管会章程和程序，使其能够尽职地履行审核和监督职能，密切把握资产负债匹配的"四项基本原则"，即总量匹配、期限匹配、速度匹配（即偿还期对称的原则），以及资产性质匹配（即固定收益的资产与固定利率的负债匹配）。

2. 保险公司应当建立明确的精算或投资月度例会制度平台，由各相关部门对账户资产配置、账户投资策略、资产负债特性分析、未来利率走势判断等进行日常管理，并监控资产负债匹配情况，若发现重大风险及时向 ALCO/ 投管会报告。

3. 保险公司应当定期审视和评估其匹配缺口，并研究适当的方法使匹配缺口降至公司可接受的范围内，并根据自身的业务性质、规模和复杂程度来选择资产负债管理工具。资产负债管理工具主要包括缺口分析法、久期匹配法、现金流匹配法和动态财务分析法等。

4. 保险公司应当引入精算软件，协助精算师进行资产负债配比测试，明确资产负债配置要求；并可考虑引入风险控制系统来优化资产配置，通过将需要配置的内容分账户导入系统后计算风险和收益，并由系统给出配置建议。

除了上述的关键内部控制点之外，更重要的是通过管理和投资的创新，不断在市场寻求久期匹配的资产。例如，可以加强产品开发和投资的信息联动性，加大发展分红保险，如投资连接保险产品和万能保险等偏向于投资分红型的寿险产品。在保监会于 2010 年陆续放开险资投资的限制后，保险公司应当积极寻求公路基建、高铁、社会保障住房等传统上不在险资投资范围，但其久期又与负债端的偿付节奏更为贴切的投资项目。

（二）投资决策专业化

由于专业化管理的关系，投资决策大部分由资产管理机构负责。针对市场、信用、违规经营、人为舞弊、法规变化等风险，资产管理机构需要建立一系列的决策和授权体系、执行体系和考核监控体系，利用相关的管理系统 / 平台等，并结合保险资金集中统一管理体制和风险内控机制，通过事前（合规部门）、事中（风险管理部门）和事后（审计部门）的三道防火墙，防范和控制各种风险。

投资决策的过程包括了投资品种和交易要素的确定、投资指令的审批和下达、执行交易和反馈成交结果等一系列过程，涉及投资管理、投资研究、风险管理、交易等多个职能部门。资产管理机构的投资品种较多，主要包括权益类投资和固定收益类投资两种，同时也有外汇投资和项目直接投资等其他类型。在此将主要讨论权益类投资的投资品种和交易要素的研究，以及固定收益类投资的信用评估相关的控制。

1. 投资研究（以下简称"投研"）相关的关键控制点

（1）投研部门制定股票投资操作指引、股票基金投资和研究制度等来规范和标准化投研流程，这些制度由法律合规部门对合法性及合规性进行审查，并根据需要更新。

（2）投研部门的股票研究人员撰写研究报告，包括重要股票的投资建议、行业评级调整报告，经部门报告评审会议讨论、调研，然后报部门负责人审核；而投资策略报告、行业配置（调整）报告，则应报研究总监审核。

（3）股票研究员自主或由投资经理提出并经研究员同意后准备研究报告，报研究总监批准。重点股票库及核心股票库需要通过股票库评审委员会讨论。股票研究人员在投资审批系统中输入股票，风管部门在系统中对其审核，审核通过后完成股票库的入库。

（4）股票研究员根据市场变化调整股票库，出库调整由投资部门负责人、研究总监及投资总监审核后进行调出。股票研究部门每月通过评审会议对股票库的清单进行定期评估，决定是否对股票库的清单进行调整，对超出股票库个数需调出的说明理由。评审会议形成会议纪要作为调整的依据，然后通过投资审批系统，经过研究部门、股票部门主管审核，通过风控部门审批后进行操作，出入库操作后由风管部门复核。

（5）基金研究人员根据基金投资和研究制度的规定撰写基金研究报告，由基金研究部门长最终审核出具报告。

（6）基金部定期召开基金季度评级会议，讨论基金评级报告，确认基金评级，形成基金池，并形成会议纪要。

（7）基金部研究员对需要调整的基金出具书面投资报告，定期召开基金评价会议讨论，报告最终由基金部经理审核。基金部通过周报及月报对基金情况进行更新维护。

（8）资产管理机构投资经理在投资例会上向公司资金部门报告投资组合管理情况，说明市场情况、业绩表现以及下阶段投资策略，并形成投资例会会议纪要。

（9）风险管理人员制定禁选库的标准，部门长审核后上传 IT 系统，由系统根据要求筛选股票并进行每日更新。

（10）只有风险管理人员在投资审批系统中拥有维护证券池和股票池的权限。

（11）投资交易管理系统每天会自动下载与年金资产相关的证券池。这些证券池包含《保险资金运用风险控制指引（试行）》要求禁止投资的股票、基金和债券产品。下载的情况应被记录在接口日志中。IT系统应具备传输错误自动修复的功能，如果发生错误无法修复，则由系统管理员进行手工修复。

2. 信用评估相关的关键控制点

（1）信用评估部门制定信用政策指引，规范信用评估操作。在该指引之下，还有公司及其债券工具内部评级方法、结构性产品内部评级方法、交易对手授信管理办法和银行长期债权投资授信管理办法等具体制度，且每年根据需要及时更新。

（2）信用评估人员自主获取发债信息或由投资经理提出后，经研究员同意并准备研究报告。研究人员通过固定收益投资部门、券商、外部网络（一般通过中国债券信息网 www.chinabond.com.cn）、三大证券报等多种渠道获取债券发行信息。

（3）投资研究部门及信用评估部门通过相关渠道，如公司内部研究平台、相关业务部门、券商、外部网络、三大证券报获得与债券评级相关的信息。这些数据经过筛选及删减被引用到研究报告中，报告由研究部门经理进行整体复核。投资研究部门及信用评估部门研究人员根据公开信息设计问题清单并设定访谈对象，实施调研或采取其他替代程序，撰写调研报告及评级报告。

（4）信用评估研究人员根据自由获取的信息，确定拟评估对象。在评级完成后召开部门会议讨论受评对象的信用评级是否合理，对未通过的评级报告，研究人员需进一步收集资料，修改评级报告。评级报告最终由信用评估部门负责人复核。

（5）评级模板由部门人员讨论共同设置及维护更新。研究人员根据评级模板的信息撰写研究报告，信用评估部门负责人负责对报告进行整体性复核。

（6）信用评估部门负责进行交易对手的授信额度的确定和审批。一般每年进行一次授信评审，每半年进行一次跟踪评级。

（7）信用评估人员负责进行信用评级，若更改评级结果需重新走信用评估的流程。信用评级的终稿经研究人员上传，部门负责人复核同意后上传至投资研究系统。投资研究系统保存的时限为永久，信用评级的基础资料则由研究人员自己保存在电脑里，如果离职，交接给下一位员工。

（8）公司通过考核研究人员的关键绩效考核指标（KPI）来控制报送的及时性，研究人员的KPI与研究人员的报告产出、投资经理参考的比例和反馈有关。部门长监督报告的上传时限。

（9）信用评估的方法和参数应在公司的投资信用管理系统中进行相关设置，只有信用评估部人员在该系统中有权限进行基础数据设置和评估权重维护的操作。

三、投资交易管理控制以及信息化手段的运用

资产管理机构应当负责建立保险资金运用的风险控制体系并维持其有效性，应确定专门委员会负责风险控制制度的建立、评估和优化，负责风险控制制度的执行检查。制定规范的岗位责任制、严格的操作程序、畅通的信息传递机制和合理的工作标准，使各项工作规范化和程序化，防止风险控制的空白或漏洞。但同时，由于资金运用具有即时性、敏感性、波动性等特点，因此信息管理是一种必要手段。公司要有发达的信息网络，对外要与资本、债券、货币市场连接，随时了解市场变化情况；对内要与董事、总经理室成员、风险管理、审计监督、财务、业务部门连接，即时导入各种业务发生情况。该信息管理系统要为决策者提供第一手决策依据，为管理者提供及时翔实的分析数据，为监督者提供全面的交易资料，为投资者提供信息平台，同时真实记录交易情况，使风险和管理信息在公司各部门机构间充分交流。好的信息管理系统，还应当设定合规性和风险指标阈值，将风险监控的各项要素固化到相关信息技术系统之中，降低操作风险、防止道德风险。通过建立全面风险管理数据库，收集和整合市场基础资料，记录保险资金管理和投资交易的原始数据，保证信息在基于"按需授权"原则下的共享。

资产管理机构的投资，主要包括权益类投资、固定收益类投资、外汇投资和另类项目投资等。本节将以前两类作为保险资金的主要投资类型，讨论与其相关的交易环节的控制、交易中的监控，以及交易后的评估控制几个方面。

权益类投资主要包括股票竞价、权证交易和组合买卖、大宗交易、新股申购（网上和网下）和基金（封闭式和开放式）申购赎回等。其交易指令主要由股票/基金投资部门的投资经理和组合经理在投资审批系统内发起，并须经过投资管理、风险管理等部门的审批。

投资指令经审批后到达交易环节，投资经理对交易指令单打号记录时间和顺序，对于场内的权益类投资（股票竞价、权证交易和组合买卖、场内大宗交易和封闭式基金申购等），交易员接单后审单、录入投资交易管理系统，另一交易员在投资交易管理系统内复核、分发，被分发到的交易员与下达指令的投资经理电话沟通后执行交易。对于场外权益类投资（开放式基金申购、场外大宗交易和新股申购等），交易员准备相应的申购单据，并传真给基金公司或在 IPO 网下申购平台上提交。若干天后，交易员和后台运营管理部门应获取正式的申购结果。所有的投资明细在交易日志中体现。此外，投资经理也可以通过投资报表系统查询投资明细。

固定收益类投资主要包括国债、央票、金融债、企业债、存款等。其交易指令主要由固定收益投资部门的投资经理和组合经理在投资审批系统内发起，经过投资管

理、风险管理等部门领导审批，投资指令审批后到达交易环节。对于场内的固定收益投资（交易所债券交易、可转债申购等），交易员接单以后对指令单进行编号排序。二级市场债券交易流程同一般股票交易流程类似，可转债申购由交易员根据审批后的指令单填写申购说明书，另一人复核，然后传真至债券发行人，并和发行人电话确认收到传真。场外的固定收益投资主要包括：银行间债券交易、一级市场债券投标、企业债分销投标、存款等。以银行间债券交易为例，交易员接单以后审单并连续编号，由一名交易员在外汇交易中心平台上录入交易要素，另一人复核并执行交易。对于一级市场债券申购，交易员审单并连续编号，然后登录中央国债登记结算公司簿记系统投标界面录入投标要素，另一人复核录入的准确性并在该界面中确认。对于企业债分销投标和银行存款，接单后告知公司资金部门划款，后续再进行相应清算处理，所有的投资明细在交易日志中体现。此外，投资经理也可以通过投资报表系统查询投资明细。

不管是上述哪一类交易，其相关的关键控制点都应该有效分布在交易执行，以及交易中监控和交易后评估的各个环节。而保险资金运用信息管理系统可以极大地减少或者消除人为操纵因素，自动识别、预警报告和管理控制资产管理风险，确保实时掌握风险状况。

（一）交易执行环节

交易执行环节主要防范的是交易中的操作风险和合规风险，并通过建立防火墙，严格执行公平交易制度。该环节的关键控制点包括：

1. 投资管理职能和交易执行职能相隔离，投资交易应实行集中交易制度。保险资金运用的所有交易指令必须由独立的交易部门负责执行。

2. 公司制定危机事件处理及灾难恢复制度和股票投资重大突发事件管理办法等，以应对市场的重大突发事件，制度根据需要不定期更新。

3. 对于场内交易，所有的投资指令应经交易部门审核，确认其合法、合规后方可执行；对场外交易，资产管理机构应对经办人员建立有效的监督和制约机制，密切监控交易过程中的谈判、询价等关键环节；谈判、询价应与交易执行相分离。

4. 投资人在系统中录入指令后，系统应能自动警示或者禁止；对于警示类的投资指令，则需在投资审批系统中执行相应的审批流程。对于禁止类的交易，则不能执行。

5. 组合经理根据投资系统的原始数据加工测算（对 SAA 制定的参考），由另一位组合经理进行审阅，风险量化人员根据确定下来的配置比例进行风险预算。

6. 资产会计分类（国际分类）设置由投资经理在投资审批系统中下达指令时进行选择，只有投资经理拥有选择资产会计分类设置的权限。

7. 只有风险管理人员在投资交易管理系统中拥有维护投资组合风控规则的权限。

8. 如果投资风格相似的不同投资组合对于同一证券有相同的交易需求，公司应保证这些投资组合在交易时机上的公平性，以获得相同或相近的交易价格；对于交易所公开竞价交易，公司应严格执行交易系统中的公平交易程序。对于由于特殊原因不能参与公平交易程序的交易指令，应进行严格的公平性审核。

9. 在安排投资账户对应投资经理时，根据资金的来源和性质，依据投资风险管理指引的要求，严格区分不相容的职责，确保投资管理人员的独立。

10. 应完善非集中竞价交易的交易分配制度，保证各投资组合获得公平的交易机会。对于部分债券一级市场申购、非公开发行股票申购等以公司名义进行的交易，各投资组合经理应在交易前独立地确定各投资组合的交易价格和数量，公司应按照价格优先、比例分配的原则对交易结果进行分配。如有不同，需要经过严格的公平性审核。

11. 当市场反应与策略分析不一致或市场发生重大变化的时候，投资管理部通过电话、邮件等沟通形式与相关部门商讨并对 TAA 进行调整，调整后的 TAA 需经各部门领导审议通过。

（二）交易中监控

交易中监控的重点是通过完备的投资风险评估和控制系统，进行交易限制、阈值预警，当出现异常情况时，能够触发相关的审批流程等。所有相关信息均需要留痕以便事后的评估和考核。该环节的关键控制点包括：

1. 资产管理机构应建立集中交易监测系统、预警系统和反馈系统，集中交易场所应有完善的安全设施和严格的管理规定。

2. 前台负责交易输入，资金运营负责交易核实，资金中台负责市场数据导入；风险管理部门设定特别的程序检查导入系统的数据是否正确；通过市场风险监测数据、风险报告发现可能存在的系统错误，或者出现异常时及时进行清理并通过相关部门进行修改，并做书面记录；对于易出现错误的数据给予特别的每日监控。

3. 对于限价交易，交易员审核指令单并在投资交易管理系统中录入，另一个交易员（一般是中央交易员）复核并分发给别的交易员执行。执行交易的交易员不需要也不应有权限对已录入的投资指令要素进一步修改。

4. 风控人员在投资交易管理系统中设置与年金资产相关的风控规则，以及证交所的监管规则。投资人在系统中录入指令后，系统将自动警示或者禁止；对于警示类的投资指令，则需在投资审批系统中执行相应的审批流程。对于禁止类的交易，则不能执行。

5. 投资审批系统对资本市场的投资品种的风险进行实时监控，并对合规性监测的预警和风险进行提示；同时该投资审批系统提供风险控制所需的各类报表，使事中监控得以有效实施。风控人员在该系统中设置各种风控规则。当交易指令触发风控规则时，系统应可提示警示信息。

6. 对于持仓的证券，投资审批系统设置关于特定分类投资的后续交易阈值。例如，对于持有至到期的证券，投资审批系统自动设为禁止交易；对于可供出售的证券，投资审批系统设置换手率阈值等。

7. 当价格超过 SAA 上下限时，组合经理若继续交易，需和风险管理部门进行沟通，并经过审批流程，审批结果经风险管理部门确认。

8. 公司应在投资审批和管理系统中设置资产配置规则；如果资产投资超过了资产配置规则的要求，则系统应可进行预警或者禁止。

（三）交易后评估

交易后监控评估的重点是应当建立完善的交易记录制度，完整准确记录交易过程和交易结果，并且与考核等挂钩。

1. 资产管理机构应建立完善的交易记录制度，每日的交易记录应及时核对并存档；加强对投资交易行为的稽核力度，建立有效的异常交易行为日常监控和分析评估制度并建立相关记录制度，确保公平交易可稽核。

2. 公司应对非公开发行股票申购、以公司名义进行的债券一级市场申购的申购方案和分配结果进行审核和监控，以保证分配结果符合公平交易的原则。

3. 公司应根据市场公认的第三方信息，对投资组合与交易对手之间议价交易的交易价格的公允性进行审查。相关投资组合经理应对交易价格异常情况进行合理性解释。

4. 公司应对不同投资组合在交易所公开竞价交易中同日同向交易的交易时机和交易价差进行监控，同时对不同投资组合临近交易日的同向交易和反向交易的交易时机和交易价差进行分析。相关投资组合经理应对异常交易情况进行合理性解释。

5. 公司应对其他可能导致不公平交易和利益输送的异常交易行为进行监控，对于异常交易发生前后不同投资组合买卖该异常交易证券的情况进行分析，相关投资组合经理应对异常交易情况进行合理性解释。

6. 公司应将公平交易作为投资组合业绩归因分析和交易绩效评价的重要关注内容，对于发现的异常情况应进行分析。

7. 运营部门清算人员当日将已清算的场内数据转移至投资数据管理系统，并作为其他风险管理、绩效评估、财务报表相关系统的数据源。

8. 风险管理部门操作风险管理人员每周汇总部门人员所有系统操作日志（包括录入、修改及复核等），制成数据维护文档，由风险管理部门经理审阅。

9. 每月提交相应的绩效报告给内外部的委托方，使委托方及时了解受托资金的相关信息。

四、资产托管控制

2005年发布的《保险公司股票资产托管指引（试行）》，是保监会首次在保险资金管理中顺利引入了独立的第三方托管，具有里程碑式的意义。它借鉴了国际通行做法和国内成功经验，通过明确保险资金委托人、受托人和托管人的职责和关系，突出了银行机构作为托管人对保险机构投资者的监督职责，有利于提高保险资金运作的透明度，建立内部控制与外部监管、专业监督和社会监督相结合的监管体系。

保险公司作为委托人，对于托管人应当施加一定的内部控制和监督。当然，由于我国的托管人均为符合保监会基本准入条件的商业银行或者其他专业金融机构，因此风险相对较小。但是，这并不意味着保险公司就可以放弃有关托管人选择、协议、定期评估等方面的关键控制措施，包括：

1. 保险公司选择的托管人，应当符合保监会和银监会的相关法规；特别关注保险公司与银行之间股权纽带超过10%之后的回避机制。

2. 资产托管必须与托管人签订协议。协议中除了规定双方权利、义务、授权人员、服务内容以及费用、保密等常规条款外，还应明确托管人具有帮助委托人满足信息披露报告的内容，以及委托人具有对其托管资产相关的服务细节和使用的信息系统，以及对托管人内部控制有效性进行调查或者审计的权利。

3. 保险公司应当引入市场竞争机制，由相关部门设计综合打分评价机制，对现有以及备选资产托管人的资本实力、信用状况、托管能力、风险控制能力和绩效评估能力等进行年度的综合评估。

第四节　考核评价控制法

一、保险公司绩效考核方法选择

（一）绩效考核方法选择的因素分析

影响绩效考核方法的因素众多，分析不同的因素对公司绩效考核方法选择的作用机理，发现公司选择绩效考核方法时，应全面地选择、权衡影响绩效考核方法选择的相关因素。公司所面临的因素主要包括政治环境、法律环境、经济运行环境、公司内部组织架构类型、公司文化、公司战略。

为了正常发挥绩效考核的功能，在设计和运行公司绩效考核系统时，必须对影响绩效考核的因素进行分析，恰当地认识和处理这些因素对公司经营活动的影响和产生的问题。从而有针对性地选择合适的绩效考核方法，对公司实施有效的绩效考核。

公司的发展方向必须是在把握环境中的主要发展要素的前提下，提出公司的发展战略，公司的绩效考核方法正是公司适应外部环境的方向盘，它随时矫正公司发展过程中偏离环境方向的战略行为，确保公司在客观、准确认识环境的基础上做出清晰的战略调整、战略安排，确保公司战略有效地实施。公司是一个动态的、功能复杂的社会经济单元，其发展必然受到各种各样环境因素的影响和制约，因此制定公司战略时，我们必须考虑环境因素的重要影响。在公司战略实施过程中，如何在现实的环境中，按照既定的公司战略方案有效地推进战略，最终成功地实现战略目标，是公司需要考虑的重中之重的问题。现实中，很多公司都有战略，诸如五年计划，十年远景目标，二十年战略构想等，但是在具体战略实施过程中，很多公司却无所适从，没有可行的管理工具和方法，以至于在常规管理与战略目标之间产生矛盾，因为公司没有有效的战略实施方法，或者说公司未认识到战略的重要性，以致在常规管理中忽视了公司战略，在绩效考核方法选择时，必须考虑影响公司战略发展的环境因素。通过实施基于环境的战略绩效考核方法，才能有效地实现公司的战略目标。

（二）绩效评价方法的选择原则

1.可持续发展原则

绩效的执行需要在公司形成一个高度透明、全部人员参与的评价机制，这种全员参与和公开的绩效评价机制有利于调动全员工作积极性，在公司中形成有效竞争机制。在评价机制的执行过程中，要制定评价流程和原则，这样能够保证评价的透明和公开、公正，从而确保绩效管理为企业生产运营服务，保证公司战略目标能够有效实现。绩效评价方法的选择不但应该关注公司财务结果的实现，同时应该以公司的战略发展为指导，只有能够兼顾公司短期的发展评价和长期的发展保障的方法，才能有效地指导并推进公司的长远发展，保障公司的利益相关者的权益。考虑到保险公司现行绩效评价方法的不足，公司应该关注能够平衡公司短期利益和长期利益的基于KPI的绩效评价方法，作为协调解决公司现有问题的推动工具。

2.强化关键绩效导向原则

绩效评价指标要能够实现设计者最初的目标，整个设计过程要能够满足公司使用者使用。考核指标的设计中，必须紧紧围绕重点，不能全面开花，否则，将不利于完成考核的主要目的。关键指标确定的原则是要做到有的放矢，要把对实现公司目标起主要支撑作用的指标突出出来，这样才能实现公司长远经济利益目标。还要注意创新和发展，从公司长远发展考虑，只有不断创新，才能保持公司的活力和进步，所以在考核指标的设计中，要和公司的技术创新、管理创新相结合，紧紧围绕公司战略规划，在创新中求发展、求生存。

3.服务目标原则

公司存在的目标是绩效评价服务的方向，即公司的目标是协调各利益主体利益的标准。只有实现公司价值最大化，各利益主体的利益才能满足，各利益主体在绩效执行的过程中，首先应该考虑局部利益是否符合总体目标利益。所以，绩效评价方法的选择要能体现公司目标和部门目标的协调关系，部门目标必须是在公司目标的基础上的具体化。如果具体目标和公司目标出现明显冲突，绩效评价方法应该能够有效地对具体目标做出修正和调整。

（三）绩效考核方法的应用思路

绩效考核的实施中，方法最关键。应该采取什么样的方法，来进行有效的绩效管理，这需要建立规范的绩效管理指标体系，建立一种制度、一种规则，来具体实施绩效管理。具体的绩效管理方法主要有两种。

第一，绩效管理方法在绩效管理指标体系建立时的应用。建立绩效指标管理体系时，具体应用的绩效管理方法主要有平衡记分卡（BSC）、关键成功因素法（CSF）、关键业绩指标法（KPI）等；第二，在绩效管理实施应用考核时，可以应用绩效管理方法，如360度回馈法、等级评价法、关键因素法、目标管理法、强行分布法、配对法等，以上方法可以结合使用。

绩效管理方法的选择，可以从以下角度考虑。

1.绩效指标管理体系设计过程中绩效考核方法的选择

（1）绩效考核方法的选择取决于绩效指标体系目标：一个良好的绩效计划，是有效实施绩效管理的关键和开始，而制定一个绩效计划，绩效管理指标体系的认定非常关键。包括各项指标和指标值的确定，要具体根据我们绩效考核要达到什么样的目标，来确定选择什么样的绩效管理方法。比如，KPI方法比较适合于用数据来表达绩效管理的结果，平衡记分卡比较适合于建立在战略目标前提下的绩效管理体系的实施。

（2）绩效考核方法取决于绩效考核的特点：绩效考核指标体系确定以后，绩效考核方法的选择是如何有效实施绩效考核的关键。对此，不同的考核指标特点，决定采用不同的绩效考核方法，如在对绩效考核结果进行总体评价时，采用强制打分法是比较好的选择，对于一些不好量化的指标或者关于行为和态度的考核指标，比较适用于配对法、关键因素法等。

（3）绩效考核方法的选择取决于绩效考核方法自身的特点：单单一种绩效考核方法或者其中两种考核方法，并不能满足我们绩效管理实施过程中各种绩效管理的需要，因此，从以上分析可以看出，每一种绩效考核方法都有其优缺点和适用范围。所以，在选择绩效管理方法时，要根据企业实际需要，结合绩效管理方法自身的特点来进行选择。

2.选择绩效管理方法要从企业需要出发

选择适合企业的绩效管理方法，首先要考虑企业自身特点。企业特点要根据企业所处的外部和内部环境进行全面分析，我们主要从内部环境进行选择。

（1）企业管理体系：企业管理体系是根本，它决定着企业其他管理体系和管理方式，绩效管理体系的基础如果不建立在企业管理体系上，那么，就会脱离企业实际，变成一种理想化的东西。这势必造成绩效管理体系运行的失败，导致绩效考核就没有量化的办法来进行考核，这直接影响绩效管理的进行和真实有效性。

（2）企业领导者的风范和行为方式：绩效管理实施的好坏，直接取决于领导者的领导风格和行为方式。没有领导者的支持和鼓励，再完美的绩效管理体系也不能按照计划运行。领导者的风范和管理风格，对一个好的绩效管理体系的实施，起着推动和实现作用，在绩效管理过程中不会遇到太大的阻力。

（3）企业文化：企业文化代表一个企业的内涵，企业文化对绩效管理体系的成功实施，起着推进或阻止作用。与企业文化相适应的绩效管理体系，能够得到很好推广和应用，而与企业文化有冲突，那势必影响绩效管理效果。比如360度回馈管理方法，就比较适合管理严谨的尤其是国外企业，而对于我国企业，就不是很适用，因为这种方法不适合在提倡企业和谐的企业文化中使用。

综上所述，绩效管理要取得比较理想的效果，就要在绩效管理指标设计和绩效管理方法的选择时，结合企业管理体系特点、企业领导者特点和行为方式以及企业文化。

二、保险公司绩效考核指标设计

绩效考核指管理者和员工之间通过有效沟通，为衡量管理绩效和员工工作绩效，而在确定绩效目标的基础上，对员工按照绩效管理目标和标准进行评定，以此考察员工和部门的工作岗位履行情况和部门目标任务完成程度，作为部门和员工业绩考核的重要依据。绩效评估体系包括绩效评估的一系列指标、程序等，是实现企业战略目标的对员工和部门进行考核依据的指标体系。

（一）我国保险公司现行绩效考核体系

1.我国保险公司绩效考核经历的发展阶段

我国保险公司绩效考核主要经历了以下发展阶段：

（1）绩效考核体系的起步：在1999年我国财政部等四部委联合颁布《国有资本金绩效评价规则》及《国有资本金绩效评价操作细则》，在细则中制定了系保险公司绩效考核指标体系。指标体系的制定，为我国保险公司绩效管理提供了可靠依据，并促进了保险公司管理体系的完善，但其考核指标体系存在不足，绩效考核不全面，没有考虑企业管理以外的因素和非财务因素，主要着重考察企业盈利能力、偿债能力、资产经营能力和生存能力，没有从战略角度考虑企业长期发展。

（2）绩效考核的完善与进步：近年来，西方一些先进的绩效管理模式被引入保险公司体系的绩效考核中，保险公司开始在绩效考核方面进行一些初步的探索和实践，如平安保险股份有限公司在绩效考核中引入 KPI（Key Performance Indicator，关键业绩指标）绩效管理模式；人寿保险公司把平衡计分卡用于企业人力资源绩效管理中，取得了明显成效，但在实施过程中，还存在一些应用上的问题。

2.保险公司绩效管理存在的主要问题与现状

保险公司目前采用了一些西方国家先进的绩效考核方法，在一定程度上促进了保险公司的经济效益。保险公司需要保持长远持久的发展动力以及旺盛的竞争优势，从长远来看，用于提高经营业绩的绩效考核激励方法还存在需要改进完善的地方。

（1）绩效考核指标不完善：退保率反映公司实际经营业绩情况，而把退保率作为绩效考核指标的保险公司，目前在我国数量较少。保监会发布的《保险公司分支机构分类监管暂行办法》中把退保率作为重要的评估保险公司业务风险的重要内容，而作为考核公司业绩重要指标的退保率并没有被纳入多数保险公司绩效考核指标体系，绩效考核指标体系还有待于完善和充实。

（2）指标权重分布不合理：部分指标符合保险公司经营管理需要，却并没有被纳入绩效考核指标体系，造成绩效考核的不全面；还有部分指标在绩效考核时被分配的分值权重太低，没有达到实际考核的目的；或者部分公司没有将分公司和分支机的构违规做法纳入绩效考核标准之中，造成绩效管理失效。

（3）管理类绩效考核指标尚待完善：反映分支机构管理业绩的管理类指标包括客户满意回馈、电话回访回馈率、技术类员工占比等。大部分保险公司没有把管理类绩效考核指标纳入绩效考核指标体系，即使这类指标被纳入考核体系，在量化考核体系中权重也较低，通常低于5%，对分支机构机加强管理。

（4）营销人员考核缺乏量化指标：营销人员对公司的贡献不仅停留在靠营销人员数量取胜，大部分保险公司对营销员数量的绩效考核权重过高，达到40%之多，而没有把营销员实际工作业绩作为绩效考核标准，导致营销人员大量流失，原因主要在于保险公司对营销人员绩效考核没有确定合理的标准以及加以量化，公司管理粗放管理，没有走靠人员素质和工作效率取胜的绩效管理之路。

（5）考核体系不灵活：总公司没有针对各分公司以及下属分支机构对绩效考核指标进行调整，考核权限过于集中，考核体系缺少应变能力，不利于分公司结合当地实际文化差异等实施不同的绩效考核，影响了下属机构管理创新。

（6）绩效考核应与企业发展战略密切结合：绩效考核标准的制定，是为了实现企业战略目标，大多保险公司在制定绩效考核方式时忽视与企业战略目标相联系，绩效目标的确定还停留在经济效益评价，只把保费收入作为公司及其下属机构的分解绩效考核目标。这样做导致的结果是，公司把眼睛只盯在财务目标的实现上，不利于公司长远发展，没有切实提高企业的实际管理能力，导致公司目标短浅，绩效考核只限于表面，没有从内部管理和服务质量上真正强化。

（7）绩效考核指标缺乏科学性：绩效考核指标主要由财务部门参与制定和监督执行，这造成其他部门在绩效考核指标的制定过程中很少参与，导致绩效指标体系不完善和缺乏科学性。绩效指标过多地强调企业财务性，而较少涉及企业文化、内涵和学习。保险公司绩效考核指标的制定，要加强同公司各部门的沟通，在绩效考核指标体系中体现文化和企业成长因素，保证企业长期发展。

（8）绩效考核指标过多强调业务考核而轻视管理考核：各保险公司绩效考核指标中，以业务业绩指标为主，所占权重达到70% ~ 90%，体现业务质量指标和管理类指标比重不足30%，造成被考核人员工作中过多强调业务，而轻视管理，公司软件建设不足。

（二）保险公司绩效考核指标设计

通过对关键绩效指标（Key Performance Index，以下简称KPI）模式进行分析，我们了解，这一关键绩效指标管理策略，能够在满足企业战略管理目标的同时，实现企业持续成长，使企业能够长期稳定地发展。KPI指标体系，有助于企业有效实现企业战略目标。对保险公司来说，战略目标是如何更好更多提高公司保费收入、降低企业退保风险等，KPI指标可以使公司这一战略目标，层层落实到部门和个人，使各个分公司一起向着一个目标努力，有利于公司决策者和经营者及时发现经营过程中的问题，在增加企业财富的同时，把绩效管理和企业文化相结合，提高企业永续竞争力，实现企业战略目标和绩效考核目标。保险公司KPI绩效考核指标体系的建立，对保险公司具有重要意义：

1. 有效实现公司战略目标，改善公司经营业绩

通过KPI绩效考核指标，可以把公司战略目标贯彻落实到各部门和员工，通过激励措施，使部门和员工的利益与公司战略目标相一致，使员工在实现个人利益的同时，实现公司经营业绩的改善，顺利实现企业长期发展战略。

2. 便于不同岗位、不同部门间的合作

KPI绩效考核指标体系，成为联系公司战略目标和部门、员工努力方向之间的纽带。各部门、各员工不再只是为了各自的目标而努力，而是把所有努力方向全部围绕着公司目标。这有效增加了部门之间、不同岗位之间的团结协作，使其不会为了部门利益而损害公司整体利益。

3.传输并分解压力

保险公司面对来自于客户和市场的双重压力，就要通过不断提高业绩的提高来应对压力。通过KPI绩效考核指标体系，可以把压力以任务形式传递并分解到各部门、各岗位、各员工，使整个部门都以压力为导向，在共同目标的指导下，努力完成各自工作任务，同时顺利实现公司战略目标，并把公司面临的重重压力进行分解和传递。

（三）部门绩效考核体系设计

绩效管理就是要制定公司目标，战略目标要求具有强制性、连续性和可行性，在战略目标的指导下，使整个公司经营和公司战略、公司员工有机结合并统一起来，建立公司日常经营和长期发展战略、公司文化相结合，做到局部和整体，短期和长期的利益平衡。绩效管理指标在各个部门和员工的协作中，要落实到每一个关键环节、细节、动作等，不仅有助于把企业宏观战略目标分层落实到各部门、各岗位，而且对于核心企业竞争力的提高，都具有重要意义。

关键绩效指标体系是把企业战略目标转化为公司各部门和各员工的具体行为的标杆，是企业在管理过程中，对被考核者进行绩效评价和管理的定性的或定量的考核标准。通过具体的指标体系，使考核内容具体化、简单化和标准化。关键指标体系的设计遵循管理学中的"关键的少数和次要的多数"的原理，只要抓住关键的10% ～ 20%管理要素，就会完成80% ～ 90%工作目标，所以对影响工作效果的80% ～ 90%的关键要素进行设计，就抓住了工作的重点和中心，企业战略目标的实现也就很容易了。关键指标的设计需要遵循的基本原则有以下几点：第一，关键性因素原则。既然关键指标体系设计，要求关键的少数和次要的多数，那么能够完成公司战略目标的关键重要工作，就要在关键指标体系的设计中作为重点考虑的对象。各指标的选取要保证能够体现公司战略目标和部门目标，和公司的经营业绩紧密相连，体现关键岗位和关键职责。第二，目标兼容原则。关键指标KPI的确定，要充分考虑公司整体战略目标以及各部门、各层次的目标。这需要根据公司战略计划以及各部门的岗位职责和目标责任，把最高层次的战略目标层层分解成各部门的努力方向。各部门要结合自己所承担的任务、部门岗位责任和目标责任，在绩效考核中具体落实。绩效考核指标紧紧围绕近期目标，同时也要考虑公司长远发展目标。第三，控制原则。设计的关键指标KPI，要在部门考核可以控制的范围内，具体细化为部门和个人目标后，要具有可考核性。第四，量化原则。实际的关键指标KPI要具有可考量性，所以，在考核指标的设计时，要予以量化，便于数据的收集和考核结果的评价。第五，低相关性原则。设计KPI指标时，要考虑各指标之间尽量避免交叉、交融、包含等相关关系，使得评价指标简化，并切实可行，避免烦琐和重复。

1. 确定关键结果领域与权重

保险公司增强市场竞争力的关键是找出成功的最关键因素，通过对公司经营领域进行分解，分析公司中居于资源优势的关键因素。要保持公司在同行中的竞争优势，就需要在业绩指标中逐级分解，把公司经营业绩转化为可以有效评估的各种量化指标，即关键指标（KPI）。

KPI 绩效考核指标是公司重点战略指标，也就是实现公司战略目标的重要绩效考核指标，所以对部门影响大、对业绩影响大的业务或管理活动必然成为 KPI 首先考虑的因素。鉴于此，那些对公司目标和业绩影响不大的因素就不予考虑。

（1）关键绩效指标在地市级分支机构经理成员的分布及权重：对地市级分支机构经理成员绩效考核关键指标（KPI）的确定，要从其经营效果和管理成效来分析，因为分支部门经营是否成功，影响整个公司经营业绩的实现。

a. 从公司发展战略角度考虑公司发展战略的制定，决定着公司在经营过程中能否保持业务范围不断扩大，在市场竞争中能否保持一定的市场份额并不断扩大，能否持续改革，有效整合资源，拥有良好的发展势头和优秀的员工，人力资源管理能否市场化，增加员工稳定感及相应待遇，所以，绩效考核指标的制定要从公司发展战略出发。

b. 结合公司经营业绩目标的关键绩效考核指标（KPI）是为公司经营服务的。公司经营目标主要包括扩大业务规模、保持销售市场份额并不断扩大、管理水平不断提高、公司影响力不断提升和稳定提高员工待遇和薪资。制定公司经营目标时要考虑公司所处的宏观环境以及公司内部环境、潜在市场情况、竞争对手情况等，还要结合公司的市场定位、市场销售、利润、员工和客户关系等。

c. 确定关键绩效指标范围：分公司经理绩效考核关键指标的范围，是在公司战略指导下的，以部门岗位职责为依托的，能够对实现公司战略目标和提升公司竞争能力产生重大影响的领域。年度经营指标在关键绩效指标设计时作为重要考核指标，是一个部门岗位职责和公司战略目标相结合的产物，是部门需要完成的工作计划和任务。针对年度经营目标，地市级分公司经理在设计关键绩效指标时，需要注意：一是部门的经营效果，也称为经济效益或利润，这直接体现部门经营业绩，经营效果的好坏是影响公司整体效益和长期发展潜力的关键；二是管理成果，这一指标在部门经营中的好坏，反映了公司是否具有业务快速发展的持续动力，管理效果的好坏，直接影响公司经营效果，影响人力资源管理、员工工作动力。综合以上分析，地市级分公司经理人员的关键绩效考核指标范围应落实在与各自岗位职责直接相关的范围。因此，对于经理层面和销售方面的经理人员，与经营业绩有关的关键考核指标权重要略有提高，应该在 60% ~ 70% 的范围内，而非销售方面的经理人员，其管理效果考核非常关键，与管理效果有关的关键考核指标权重应该控制在 60% ~ 70% 范围内。

（2）关键绩效指标在部门负责人中的分布及权重：部门负责人的岗位职责是实现本部门经营业绩和管理效果的提升，以此提升部门和公司战略，并促进部门和公司在未来经营中获得长期发展优势。为此，部门负责人要与分管领导进行交流，通过对部门负责人的岗位职责和目标责任进行充分细致分析，在公司战略指导下，确定绩效考核指标的关键范围。需要分析的是，一要与公司的整体战略目标实现有重要关系；二要与公司或本部门的目标和责任相关；三要属于部门负责人工作权限和工作岗位职责范围；四要与上级的年度经营目标相适应；五要在部门负责人能够控制或影响的范围内，不能超过权限。对地市级分公司人力资源部经理来说，在确定关键指标设计范围及权重时，首先要分析公司及分公司经理业绩目标合同，其次，要分析人力资源部经理目标责任书或岗位职责。从管理效果和经营业绩方面确定分公司经营运转情况、管理行政支持保障基础、分公司或部门管理控制情况、人力资源管理保障情况、员工对管理效果满意度等关键绩效指标。从以上分析，可以把部门经营、人力资源整合、薪资管理、管理部门确定为关键绩效指标设计范围。以地市级分支机构人力资源部经理关键绩效考核指标为例，来分析关键绩效考核指标设计的权重。

a.首先，由省公司总经理决定，因为省公司总经理对部门，尤其是人力资源管理部门的岗位职责最清楚，有权根据各部门间的相关程度，来决定各部门绩效考核关键指标的权重评价值。

b.其次由省公司总经理室其他成员分别给分公司人力资源部经理的权值因子判断表打分，通过计算平均得分，得到经理室成员对每个关键结果领域的权值，再根据实际情况对权值结果适当进行调整，得到修正权值的最后得分。以上打分结果汇总后，由省公司总经理室与省公司人力资源部总经理进行沟通，并对计算出来的权重进行再次调整修正，最后确定各个关键结果领域权重。

2.设计关键绩效指标

设计关键绩效指标，首先应该弄清楚的是，部门岗位职责的内容，部门岗位职责的必要性、部门岗位要完成的关键任务。部门岗位在公司年度战略目标实现中的作用。关键指标的设计要考虑以上问题，同时，关键绩效指标设置应控制在 3～10 个左右，而且要结合部门目标以及公司目标，并在公司所能够控制掌握的范围之内。

（1）地市级三级分支机构的关键绩效考核指标（KPI），应该由省公司高层决策人员即总经理类人员，根据总公司战略目标进行分解。首先，要由省公司总经理和分公司经理进行协商沟通，绩效考核指标要能够充分体现总公司战略总目标，然后结合分公司岗位特点和部门目标，把战略目标层层分解为基本考核指标和专项考核指标。基本指标包括公司员工培训、财务决策、业务决策以及各业务销售渠道等。专项指标指反映公司经营业绩的各项指标，包括退保率、投资收益率、保费预算完成率、市场份额、业务计划完成率等。

（2）市分公司部门制定的 KPI 绩效考核指标是反映分公司经营业绩、分公司战略目标，分公司分管领导业绩的依据，是关键业绩指标在部门的进一步细分，是 KPI 在部门级的反映。例如，人力资源管理部门的关键业绩指标中，包括关键人员流失率、招、调、聘员工工作时效性等。作为人力资源管理部门，其管理效率直接影响人才的流失，而人才是否能够保留，也反映在人力资源管理部门关键业务指标中，如招聘员工的效率以及招聘、调整员工的效率和对员工考察效率等。调查结果显示，人才绩效管理直接影响员工的去留和工作积极性，所以，通过这种方法可以实现公司目标和部门目标的一致。

3.设定绩效考核标准

绩效考核标准是确定绩效考核时，达到不同考核标准的要求。要求被考核者如何做，做到什么程度，这是绩效考核指标和指标权重确定以后，一定要处理的问题。被考核者处于不同的水平，根据考核标准要达到不同的等级，如优秀、良好、中等、及格以及不及格等；要使得绩效考核公平，在考核过程中有章可循、有法可依，就要制定绩效考核标准，作为评估员工的标杆。为了避免考核过程中的主观影响，绩效考核标准要对每个层次和每个级别，给以明确标准，要注意把多数人能够达到的水平确定为中等等级，也就是确定等级的适可度，确保绩效考核的客观、公正、有效。

分析篇

第四章　保险企业风险管理的内部环境建设

第一节　内部环境概述

企业内部环境（Enterprises interior environment）是指企业内部的物质、文化环境的总和，包括企业资源、企业能力、企业文化等因素，也称企业内部条件。即组织内部的一种共享价值体系，包括企业的指导思想、经营理念和工作作风。

企业内部环境是有利于保证企业正常运行并实现企业利润目标的内部条件与氛围的总和，由企业家精神、企业物质基础、企业组织结构、企业文化构成，四者相互联系、相互影响、相互作用，形成一个有机整体。其中，企业家精神是内部环境生发器，物质基础和组织结构构成企业内部硬环境，企业文化是企业内部软环境。企业内部环境的形成是一个从低级到高级、从简单到复杂的演化过程。企业内部环境管理的目标就是为提高企业竞争力，实现企业利润目标营造一个有利的内部条件与氛围。

"内部环境"设定了企业内部控制的基调，对企业组织人员的风险意识产生影响，是企业内部控制所有其他构成要素，包括风险评估、控制活动、信息与沟通和内部监督等要素的基础，并为这些要素提供了道德伦理上的约束，赋予其正直的灵魂。具体而言，企业内部环境包括企业的风险管理理念、（整体）风险偏好、董事会的监督、企业从业人员的诚信、价值观和胜任能力、管理层对权责的分配、组织和发展企业员工的方式等。正如政治经济学中的"经济基础"和"上层建筑"之间的关系，构筑在一个好的"内部环境"基础上的企业，其内部控制将会是较为稳固和可靠的；反之，在一个"内部环境"上有缺陷的企业，即使各项制度和管理办法再多，其内部控制也将是根基不稳、漏洞百出的，是一个存在较大风险隐患的经营者。

一、我国相关监管法规中对于"内部环境"的阐述和比较

有不少企业在谈到内部环境的时候，要么觉得内部环境就是企业文化建设，太务

虚，要么认为企业文化、制度建设等整体性的内部控制环境已经做得很不错了，很难对本企业的内部环境有一个诚恳认真的态度并采取务实的行动来提升。

中国保监会 2010 年发布的《保险公司内部控制基本准则》认为内部控制体系包括以下三个部分：

1. 内部控制基础。包括公司治理、组织架构、人力资源、信息系统和企业文化等。

2. 内部控制程序。包括识别评估风险、设计实施控制措施等。

3. 内部控制保证。包括信息、沟通、内控管理、内部审计应急机制和风险问责等。

二、保险企业内部分析方法

企业内部环境分析的方法多种多样，包括企业资源竞争价值分析、比较分析、企业经营力分析、企业经营条件分析、企业内部管理分析、企业内部要素确认、企业能力分析、企业潜力挖掘、企业素质分析、企业业绩分析、企业资源分析、企业自我评价表、企业价格成本分析、企业竞争地位分析、企业面临战略问题分析、企业战略运行效果分析、核心竞争力分析、获得成本优势的途径、利益相关者分析、内部要素矩阵及柔性分析、企业生命周期矩阵分析、企业特异能力分析、SWOT 分析、价值链构造与分析、企业活力分析以及企业内外综合分析。

一般说来以上各种各样的分析方法可归纳成两大类：纵向分析和横向比较分析。

1. 纵向分析

即分析企业的各方面职能的历史演化，从而发现企业的哪些方面得到了加强和发展，在哪些方面有所削弱。根据纵向分析的结果，在历史分析的基础上对企业各方面的发展趋势做出预测。

2. 横向比较分析

即将企业的情况与行业平均水平做横向比较。通过横向比较分析，企业可以发现相对于行业平均的优势和劣势。这种分析对企业的经营来说更具有实际意义。对某一特定的企业来说，可比较的行业平均指标有：资金利税率、销售利税率、流动资金周转率、劳动生产率等。

三、保险企业内部分析角度

企业内部环境分析可以从企业内部管理分析、市场营销能力分析、企业财务分析和其他内部因素分析几个方面进行。

1. 内部管理分析

内部管理分析包括计划、组织、激励、任用和控制五个职能领域，它们互相依赖、互相影响，计划是其他四种职能的基础。

（1）计划：是企业在发展过程中对目标、实现目标的途径以及时间的选择和规定。计划集中于未来，是企业从现状向未来发展的桥梁。一个企业的计划能力如何，在很大程度上也决定了其能否有效地实施企业战略管理。因为计划不仅是制定有效战略的基础，而且是成功实施和评价企业战略的根本。企业计划工作的有效性取决于计划工作是否是自上而下地进行，取决于是否按照正式的计划程序进行，取决于能否通过计划工作获得"协同作用"的效果，还取决于能否了解环境变化并进行积极反应。

（2）组织：是在实现企业目标过程中有秩序和协调地使用企业的各种资源。组织的目的在于通过对企业各种活动和各种职位按照某种合理的结构加以安排，以提高企业的有效性和效率。组织工作的有效性在于企业是否合理地把计划中的各种活动和任务分配到每一个岗位，按照岗位的相似性将各个岗位组合成若干个部门，同时把完成任务所需的职权和责任分配到各个岗位。只有明确了每一岗位的工作任务、工作要求和岗位之间的分工与合作关系，企业战略的实施才有了保障，企业战略的评价才有了依据。组织工作的有效性不仅要求尊重一般的组织原则，而且要从企业的实际情况出发，处理好分工与协作、管理跨度的宽与窄、集权与分权等之间的关系。

（3）激励：是影响职工按企业要求去工作的过程。管理的激励职能包括领导、团体动力学、信息沟通和组织改变四个方面。企业的领导水平关系到企业职工是否被有效地激励起来，关系到企业各方面利益关系的协调。企业内部的非正式团体的行为规范对企业战略的实施有积极和消极的作用，企业管理者在战略实施过程中可以利用和管理这些团体以实现企业的目标。企业战略管理的成功与否和企业内部信息沟通的状况有十分密切的关系，在企业职工对企业战略的理解和支持下，战略制定、实施和评价工作可以更好地进行。企业战略是适应变化产生的，企业战略的实施又必然给企业带来巨大的改变，企业职工对组织改变的态度和适应能力可能成为企业的优势或弱点。

（4）任用：作为一种管理职能，有时又称为人力资源管理或人事管理，主要涉及职工的招聘、任用、培训、调配、评价、奖罚和其他人事管理工作。企业职工的素质常常关系到企业战略管理的成败。

（5）控制：包括所以旨在使计划与实际活动相一致的活动。企业管理者评价企业的活动并采取必要的纠正活动可以保障企业计划和目标的有效实现，减少可能出现的偏差给企业造成的损失。企业控制职能的有效性对于有效地进行战略评价和控制具有十分重要的意义。

2.市场营销能力分析

即从企业的市场定位和营销组合两方面来分析企业在市场营销方面的长处和短处。

市场定位是企业高层管理者在制定新的战略之前必须要回答的"谁是我们的顾客"这一问题。企业要为自己的产品和服务确定一个目标市场，从产品、地理位置、顾客类型、市场等方面来规定和表述。企业市场定位明确合理，可以使企业集中资源在目标市场上创造"位置优势"，从而在竞争中获得优势地位。企业市场定位的准确性取决于企业市场研究和调查的能力、评价和确定目标市场的能力、占据和保持市场位置的能力。

市场营销组合是指可以用于影响市场需求和取得竞争优势的各种营销手段的组合，主要包括产品、价格、分销和促销等变量。有效地使用营销组合要求设计适应目标市场需要的营销组合，还要求根据产品生命周期的变化及时地调整营销组合。

3. 企业财务分析

企业的财务分析可以从企业财务管理的水平分析和企业的财务状况分析两方面进行。

（1）企业的财务管理分析：就是看企业财务管理人员如何管理企业资金，是否根据企业的战略要求决定资金筹措方法和资金的分配，监视资金运作和决定利润的分配。企业的财务决策主要有三种：筹资决策，决定企业最佳的筹资组合或资本结构，企业财务管理者应根据企业目标战略和政策的要求，按时按量从企业内外以合适的方式筹集到所需的资金；投资决策，企业财务管理者运用资本预算技术，根据新增销售、新增利润、投资回收期、投资收益率、达到盈亏平衡时间所需等将资金在各种产品、各个部门以及新项目之间进行分配；股利分配决策，涉及分红和利润留成的比例问题。

（2）企业财务状况分析：是判断企业实力和对投资者吸引力的最好办法。企业的清偿能力、债务资本的比率、流动资本、利润率、资产利用率、现金产出、股票的市场表现等可能排除许多原本可行的战略选择，企业财务状况的恶化也会导致战略实施的中止和现有企业战略的改变。分析企业财务状况的常用方法是财务比率的趋势分析，财务比率可分成清偿比率、债务与资产比率、活动比率、利润比率和增长比率五大类。当然，财务比率因计算的依据为企业会计报表提供的数据以及通货膨胀、行业经营周期和季节性因素等而在解释分析能力方面存在一定的局限性，但仍不失为分析企业内部长处和弱点的有效工具。

4. 其他内部因素分析

企业文化是由企业成员所共同分享和代代相传的各种信念、期望、价值观念的集合。企业文化为职工提供了一种认同感，激励职工为集体利益工作，增强了企业作为一个社会系统的稳定性，可以作为职工理解企业活动的框架和行为的指导原则。企业文化规定了企业成员的行为规范，对于企业战略的实施具有十分重要的影响。

对企业内部因素分析的结果，用企业内部因素评价表这一战略分析工具进行反映，从而对企业在管理、市场营销、财务、生产、研究与开发等各方面的长处与短处加以概括和评价，为制定有效的企业战略提供必要的信息基础。

第二节 公司治理结构

一、我国保险公司治理结构存在问题分析

1. 没有体现保险行业的特色，对被保险人的利益重视不够

目前我国保险公司治理结构建设过分注重股东和经营者的利益，对被保险人的利益明显不够重视，没有将其纳入公司整体利益的范畴。目前，一些保险公司在治理结构建设中出现了较大的问题，个别股东追求短期利润、急功近利，甚至极少数股东企图用保险公司作为其在其他企业的融资平台。

2. 董事会制度不健全

目前我国保险公司普遍建立了董事会制度，有的已经运作了较长的时间，但是仍有许多方面不完善：一是部分保险公司董事会机构不健全，没有专门负责董事会事务的常设机构。二是部分保险公司董事长习惯于个人单一决策，不能保证董事会内部的制衡，使董事会真正履行对所有者的受托人的责任。我国很多保险公司的董事长与总经理由同一人担任。

二、保险公司治理结构之特殊性

由于保险公司所具有的特殊功能和其所在行业的特点，导致了保险公司治理结构除满足一般治理结构外，还要着力解决经营人资格审查、风险技术管理、合规经营、问责制度、损害补偿制度等问题。这是我们在推进保险公司治理结构改革时需要引起重视的地方。

1. 保险公司治理结构中委托代理关系更为复杂

就一般公司而言，在治理结构上所存在的信息不对称——委托—代理关系等问题主要发生在股东和高级管理人之间，而保险公司的信息不对称则要复杂得多。保险公司治理问题的复杂性主要是由于监管人、投保人的存在而引起的。信息的不对称，在股东与经理之间、投保人与保险公司之间、监管人与保险公司之间都有不同程度的表现。由此导致保险公司的治理结构比一般性公司复杂，除需要解决一般性的股东与董事会、董事会与经理人之间的信息不对称外，更需要解决投保人、监管人与保险公司之间的信息不对称问题。

2.风险的识别和控制对保险公司更为重要

把风险作为经营主业的保险公司，比其他类型的企业面临着更多的风险。各种类型的风险加大了保险公司经营失败的可能性。而且单个保险公司发生的危机也容易引发金融体系不稳。因此，保险经营既要重视风险，又要视风险为机遇，在权衡风险与回报的基础上，承担合理的风险。不重视风险的公司将会消失，不愿意承担风险的公司事业发展就会受到限制。因此，对于保险公司的经营风险，要在开展业务过程中严格进行筛选，鉴别不可承保风险，切实防范经营风险，提高公司的生存能力。但是最根本的还在于从公司治理的源头上加强制度建设，以防范金融风险为目标，切实把公司治理的各项制度加以落实，保证公司各项业务活动按照制度执行。

3.非制度因素制约对保险公司有更大的影响

非制度因素主要包括：来自资本市场的约束（对上市保险公司而言）、来自投保人的监督、来自政府的监督、来自会计师的监督、来自市场舆论的监督、来自行业自律组织的监督等。这些外部约束机制的存在使得它们在督促保险公司董事会改善公司治理和提高公司绩效方面发挥着重要作用。

4.公司经营的首要目标是保护投保人的利益而非股东利益的最大化

就一般公司而言，公司治理和运作的首要目的是实现股东利益的最大化。保险公司经营的产品实际上是一种以信用为基础、以法律为保障的承诺。其经营的特殊性，决定了承诺履行的优先性；从保险公司的功能看，保险公司除履行支付功能外，还担负着资金融通、经济补偿和社会管理的功能，这也决定了对不确定消费个体利益的优先保护。由于保险业的这些特殊性，在保险公司资金运用的过程中，决定了其首要的原则应是安全性而不是营利性。

三、完善我国保险公司治理结构的路径选择

1.引入多元化的投资主体，不断优化股权结构；淡化公司经营中的政治性色彩；建立有效的激励监督制度

保险公司在股权分散过程中，应着重培养一些稳定的战略投资者、机构投资者股东。投资主体的多元化必将带来股权的分散化，就会存在不同且相互制约的利益主体，从而使保险公司的产权管理更加明确。

在股权分散化的同时，应淡化保险公司经营的政治化。保险公司经理的任命以及其他高级管理人员的任命，都由政府指派，是保险公司经营政治化的典型表现。保险公司股权的分散化，是淡化公司经营政治化的基础。通过股权的分散，形成不同的利益主体，在公司治理结构上实现权力的相互制约与平衡。在此情况下，坚持公司经营的政治化，将会淡化公司股权分散的效果。我国部分保险公司引进外资、民营资本

参股，公开发行股票，实现股权的分散化，之所以没有达到预期的效果，在很多情况下，就是因为公司经营政治化色彩太浓。淡化公司经营的政治化，更直接的目的在于改进保险监管。保险监管的改进，实现保险公司更大程度的自治，主要在于更新监管理念，重塑监管目标。引进多元化的投资主体，优化公司的股权结构和淡化公司经营中的政治色彩是建立有效的激励机制的基础。建立有效的约束机制，必须要根据公司经理人员的经营管理绩效，实行基本工资、年度奖金、长期激励（如股票期权）相结合的激励报酬制度。同时，还必须建立与之相配套的保险公司经理人员约束机制。

　　2. 强化董事会的权力建构

　　公司治理结构的核心已经从股东中心主义向董事会中心主义转化。董事会的建设已经成为完善公司治理结构的核心，日益成为建立有效的公司治理规则的重要前提。从现代经济学的角度看，董事会发挥其作用和履行其责任面临着三大障碍。首先是逆向选择问题。在对自己管理能力的认识上，潜在的经理人员要比董事会更胜一筹。消除或降低信息的不对称是董事会选拔能干的 CEO 和其他高层经理的根本途径。其次是道德风险问题。董事会是否有足够的动机和动力促进企业价值的最大化？如何从制度上激励和约束董事会真正地管理约束管理层而不是与管理层"合谋"？对董事会的激励机制和约束机制的合理设计是董事会正常发挥作用所需解决的又一个问题。再次是信息传导机制的设计。董事会主要的甚至是唯一的信息来源是管理层，管理层可能会对董事会隐瞒、歪曲和误导信息。即使没有这种机会主义行为，由于决策角度和决策分析的不同，管理层诚实提供的信息也未必是董事会决策所必需的。

　　面对董事会发挥功能的三大障碍，从强化董事会权力的角度出发，应采取两个方面的措施：一是提高董事会的层次，包括知识、技能与经验。管理有效的一个最普通的常识就是管理者在总体上应该优于被管理者。唯有此，董事会才有可能对管理层的经营判断做出正确的评价，对管理层的信息做出正确的甄别。二是实行对董事会成员的有效的激励机制，让董事会有足够动力参与公司运作。

　　董事会的表现与公司的财务状况同等重要甚至更加重要。因此，如何监控好董事会是公司治理的重中之重。明确董事会的责任，从一方面讲，将会防范董事会的机会主义，使其能够对公司事务做出独立和正确的判断，有效阻断董事会与管理层的"合谋"。从另一方面讲，董事会责任的强化，势必又能防范管理层的机会主义。在董事会内，非执行董事的人数应当超过执行董事，而在非执行董事中，独立董事的人数应该占大多数。独立董事必须独立于公司之外，在公司战略、财务表现及其他事关公司的重大问题上做出自己的独立判断。特别是对于保险公司而言，加强独立董事的技术复合性，能够大大提高公司资本运作的效率，同时，能够增强公司的透明度，加强与政府监管的信息沟通，提高监管的效率。

3.进一步完善信息披露制度

保险公司作为特殊的企业，在公司治理过程中，其信息披露对其信息需求者来说无疑是必不可少的。除投资者外，更多的决策主体，包括监管部门、投保人、中介结构、评级机构等，对保险公司的财务和非财务信息存在内在需求。信息披露应做到真实、准确、完整和及时，要求保险公司在向监管部门提供与其他行业具有可比性的一般财务报告的同时，还应充分披露偿付能力指标、产品质量指标、盈利能力指标、产品线指标和经营稳健指标等财务指标，以保证保险公司的投保人和债权人的利益。同时，对非财务信息的内容，如经营业绩指标、保险公司的管理者对财务和非财务信息的分析、前瞻性信息、背景信息、保险公司人力资源信息、社会责任信息等也要进行披露，为保险公司各方当事人提供全面信息。要建立信息披露的程序及标准，利用定期报告、及时性公告等方式向独立董事、利益相关者（员工、客户）、投保人公开披露相关信息。

4.完善保险集团公司的多层治理

完善集团公司多层治理应把握以下几点：一是明确集团公司和子公司在法律上平等的主体地位，正确划分总分公司、母子公司的管理界限；二是明确股东会、董事会、监事会和经理层的职责，建立各负其责、协调运转、有效制衡的机制；三是集团公司履行国有资产所有者代表的职责，向子公司派出董事、监事，集团公司的产权代表要依法行使职权，按照《公司法》规范对子公司的管理；四是加强对派出董事、监事、财务总监的培训、管理和考核，建立企业经营业绩考核和决策失误追究制度，并按照激励报酬制度进行绩效考核。

第三节　企业组织架构建设

科学的组织架构是保险公司内控体系有效运作的保障，加强组织结构的控制，利于保险公司紧密和高效的管理。目前，国内保险公司已由过去大多采用职能式组织结构形式，逐步改变为采用事业部式的组织结构形式。这两种组织结构形式既有各自的优势，但也有不足之处。随着国家经济的不断发展，保险业竞争的不断加剧，优化组织架构、提高组织工作效率，是保证中资保险公司具有国际竞争力的有效措施。

一、国内外保险公司组织结构比较分析

（一）国外保险公司现行组织架构分析

自 20 世纪 90 年代以来，国外保险市场的发展主要呈现五种趋势：第一，保险业

发展势头强劲，市场竞争激烈；第二，保险企业并购重组频繁出现，金融综合性经营趋势明显；第三，新型风险不断出现，客户对产品需求多样化；第四，监管机制相对完善；第五，信息技术运用越来越广泛和深入。而这些发展趋势也使得国外保险公司的组织结构出现了以下变化：

1.以产品为导向的组织结构向客户导向的组织结构转变

由于风险类型的不断出现，客户对保险产品的需求也不断提高，适应客户其实就是适应市场，所以国外保险公司的组织结构多是以客户需求导向的。这样的组织结构能提高保险公司市场敏感度，及时调整营销策略并创新保险产品，同时，也能有效控制资源投入方向。以客户为导向的组织结构明显的特征就是公司内部有具体的销售渠道划分，以及时收集掌握客户信息并将客户进行分类管理，在提高服务质量的同时也对增强了销售部门对客户的掌控力度。典型的以客户为导向并结合渠道经营设置公司组织结构的公司有美国大都会人寿、ING保险、荷兰AEGON保险集团、忠利泛欧保险公司、美亚保险公司等。

2.根据业务流程特点确定权力分配模式

国外保险公司为降低成本，提高市场敏感度，大多对销售部门采取了适度分权的组织管理模式——事业部制组织结构。

事业部制组织结构是可以独立经营的组织单位，责、权、利划分比较明确，能较好地调动经营管理人员的积极性；同时也便于形成经济规模，各事业部自主经营，使得目标管理和自我控制有效，扩大了高层管理的幅度。英杰华保险公司、安盛保险、苏黎世金融服务公司都采用了事业部制组织结构，当然，要实行事业部制组织结构，就要求保险公司在运营中、后台理赔、客服方面有较强的支持平台，能实现承保、理赔、风控的集权。国外保险公司因为拥有先进的风险评估和风险定价技术，除少数较为复杂和规模较大的风险之外，已基本能借助于信息技术系统实现远程电子核保、核赔。苏格兰皇家银行保险公司在英国国内采用完全集中模式，美亚保险公司采用分险种集中模式，按照不同险种设立了若干个承保中心。在理赔管理方面，美亚保险公司专门设立了理赔事业部对其全球2 000多名理赔人员进行统一管理。苏格兰皇家银行保险公司借助信息技术系统，实现理赔流程的标准化和自动化。

3.外包部分经营管理活动

很多国外保险公司在设立组织结构之时，就将核心部门和非核心部门进行区分，将一些不具备竞争优势、简单、基础的重复操作性强的工作，如理赔查勘、收单理算、客户服务、财务支付等外包给效率更高的第三方公司。IBM咨询公司的调研结果显示，80%受访保险公司经理人员完全认同或部分认同保险公司将与外部第三方公司建立更多的合作关系的发展趋势。

4.充分发挥信息技术的作用

信息技术在保险领域的运用已达到了很高的程度，信息技术不仅能降低沟通成本，同时还能有效减少人力资源的投入。国内新兴的电话保险销售和网络保险销售，其实在国外早已经成为保险的主要营销方式了，也被大多数个人客户所接受和认可，这是因为国外保险公司的信息化管理程度较国内先进很多。同时，利用信息技术还可以有效支持保险销售中、后台的建设。安盛保险在集团层次专门设立的直销营销服务事业部和 AIG 集团下设的专门从事直销营销业务的 AIG 直销事业部都体现了信息技术的重要作用。

（二）国内保险公司现行组织架构分析

长久以来，国内保险公司多采用高度集权的职能式的组织结构，又称 U 型结构。这种组织结构形式以工作性质和职能范围为基础来划分部门，其本质是将企业的全部任务分解成分任务，并交与相应部门完成，各部门按其职能进行分工以达成公司目标。这种组织结构形式因为是高度集权，所以一般来说经营的决策、管理都集中在高层管理者身上，各部门没有独立自主的经营管理权限，只是成本中心，没有对外经营权。公司的整体运作和管理都依据高层制定的计划和要求进行，各部门在各自职权范围内开展工作，不对公司的整体目标和利润负责。

大多数国内保险公司之所以选择这种形式，是为了权力高度集中，强化了高层主管人员对组织的控制能力，减少各类资源投入和重复配置，有利于专业化技能的不断提高和有效利用。但是，此种结构容易导致人员对组织目标的认识限制，同时，增加了高层的协调工作量，并导致职能部门间缺少横向协调，降低了市场敏感度，无法应对业务和产品的多样化，导致公司内部缺乏创新性发展，最终失去客户和市场。

国内越来越多的保险公司已经逐渐认识到职能式的组织结构存在的问题，并已经在积极寻求解决的办法。很多公司开始效仿国外先进保险公司的组织结构模式，采用事业部制组织结构形式。这种组织结构形式实行的是分权式、多分支单位的组织结构形式，简称 M 型结构。事业部制组织结构是以市场和产品为导向的组织结构模式，拥有自己独立的经营管理体系，可以进行专门化经营管理，参与产品开发、销售、售后服务整个过程，并对其经营结果和利润形成负责，公司对其以效益指标进行考核。同时，公司在对事业部进行管理时，只需要对关键职能和岗位加强控制管理，既减少了管理消耗也拓宽了管理幅度，能有效整合资源，降低成本。

但也要明确，事业部是相对独立的，不是独立的法人，只是公司的一个分支机构，利润的形成依赖于公司所给的政策，从外部来看，无论是人事制度、公司形象、产品定价和服务方式都要与公司高度统一。当然，由于事业部的经营管理相对独立性与利润形成方式，事业部会与公司存在利益分配的矛盾。另外，事业部由于独立经营,所以也需要一套完善的职能机构支撑,于是事业部内部又会形成职能式组织结构。这样会导致公司机构庞大、同性质和岗位的人力资源重复,同时,因为各事业部拥有独立的经营权,就会导致产品线之间的整合与标准化出现问题,致使各产品线之间协调性差,面对市场竞争时不具有深度竞争能力和技术专门化的优势。

从以上可以看出,我国保险创新,其实重点就是优化公司内部的组织架构,调整战略导向,以提高公司效率和市场敏感度为前提,压缩管理层次和人力成本,通过信息技术的不断更新加强沟通,实现公司的统一管理和专业化经营,成为国际先进的保险公司,积极参与国际竞争。同时公司也要把鼓励创新体现到各项规章制度中去,加强培训和宣传引导,让公司治理更规范、更符合市场发展的要求。

二、影响组织结构设计的因素

从以上对组织结构的研究可以发现,企业的组织结构是在诸多因素的共同作用和影响下形成和发展起来的。研究组织结构的影响因素,可以使我们更好地把握组织结构设计。企业的组织结构设计,就是以企业总目标为基础,完成企业管理要素的合理配置,确定流程及方式,形成相对稳定的、科学的、适合企业发展的管理体系。企业组织结构设计的根本要求就是要符合企业的目标,从企业的实际情况出发,无论最终组织结构的形态是怎样的,只要可以有效推动企业稳健、快速发展业务,就是适合企业的组织结构,当然,根据企业生产技术特点及内外部条件及目标会呈现出不同的形态,所以组织结构没有固定的模式。

1. 企业环境

企业环境指企业所处行业特征、市场特点、客户需求、经济形势、政府管理、原材料供应和人力资源条件等。环境的复杂性和稳定性会影响组织结构的设计,同时,环境对组织结构的影响可以从三个不同的层面上来理解,这就是职务与部门设计层次、各部门关系层次、组织总体特征层次。这主要是由于组织作为整个社会经济大系统的一个组成部分,它与外部的其他社会经济子系统之间存在着各种各样的联系,所以,外部环境的发展变化必然会对企业组织结构的设计产生重要的影响。

2. 企业战略

在企业的经营管理活动中,各项工作都是紧紧围绕企业战略目标来开展的,如果脱离了企业战略,那么企业所有的活动都是没有意义的,所以,企业的组织结构也是实现经营战略的一种工具。企业组织结构是会根据企业战略不断改变的,而两者的关系也是辩证统一的,战略的制定必须考虑企业组织结构的现实;组织结构是服务于战略需要的、是适应战略实施要求的。适应战略要求的组织结构,能够为战略的实施以及为组织目标的实现,提供必要的前提。

3.业务特点

如果企业业务种类众多，就要求组织有相应的资源和管理手段与之对应，来满足业务的需要，因此设置的部门或岗位就会更多，所需要的人员就更多，组织相对就复杂一些。一般而言，业务种类越多，组织内部部门或岗位设置就要越多；业务相关程度越大，越要进行综合管理；业务相关程度较低时，可以分别对每一个业务采用不同的政策。

4.技术条件

组织的活动需要利用一定的技术手段来进行。技术以及设备的情况，会对组织的经营管理活动效果及效率产生重要的影响，而且会体现在组织经营管理活动的内容划分、职务设置方面，也会对人员的素质提出一定的要求。

5.企业规模

企业规模是影响企业组织设计的重要因素。企业的规模往往与企业的发展阶段相互联系，伴随着企业活动的内容会日趋复杂，人数会逐渐增多，活动的规模会越来越大，企业组织结构也须随之调整，以适应变化了的情况。值得注意的是，企业规模的扩大会相应也增加组织运作的刚性，降低其灵活性，人员与部门不断增多，要求企业进行规范管理。

6.企业文化

企业文化是企业长期以来形成的固有的工作作风、习惯、一种约定俗成的东西。要保证员工进入公司以后，能和公司原有的这些文化相适应，能够很快接受企业的文化和理念，这样才能团结协作，完成共同的工作任务。企业文化是全员的共识，企业组织结构是支撑企业发展的基础。如果企业文化不被员工所认同，与企业组织结构不匹配，那么企业发展也是做不到的。

三、优化组织结构的推行保障措施

公司组织结构的变化是业务流程优化再造的结果，然而在实行过程中，往往会造成员工对变革的抵触或不适应，最终导致公司经营管理出现问题、组织结构变革不彻底。这种情况是不利于公司保持快速、稳定发展的，同时也不能为客户提供高质量的服务。这个过程越长，对公司的生存就越不利，会给公司带来不可逆的负面影响。因此，在新的组织结构实施过程中需要实时监控，及时发现和解决问题，建立良好的保障措施体系。

1.加强员工对公司战略目标重要性的认识

公司战略目标是公司对未来发展的整体动态谋划。公司战略由公司为获取竞争优势所采取的行动构成，涉及公司与环境的关系、使命的确定、目标的建立、基本发展方针和竞争战略的制定等。因此新的架构要有一定的张力和可调整性，也就是既要考虑短期的目标规模，又要考虑近期的战略目标规模和战术。为了适应市场的快速变化，公司在不同阶段就会有不同的战略目标，为了实现目标，公司就会不断地调整各项经营管理活动，从而也会对内部的部门和岗位以及其职能产生新的要求，引起组织工作重点的改变，从而影响核心部门和岗位的变化，并最终导致各管理职务以及部门之间关系的相应调整。

任何组织结构都必须服务于公司的战略目标，所以在设计新的公司组织结构时，公司战略目标必然放在第一位考虑，但在实际经营管理中，组织结构并不是完全由战略决定和跟随战略的，很多时候组织结构还在一定程度上对战略的制定和实施起着限制作用。因此，在实施公司架构改革时，必须实现两者的全面统一，具体保障措施有以下五点：

第一，对于组织结构的类型以及适应性进行认真的分析比较和评估，根据公司所处环境、发展阶段及战略决策的特点选择最合适的组织结构类型与企业战略相匹配。

第二，对公司的价值链进行认真的考察分析。找到在公司战略中具有关键战略意义的组织单位，以这些有关键战略意义的组织单位为公司组织的核心单位，以获得必要的资源、组织影响力及决策影响力，促进公司战略的实施。

第三，对企业的价值链进行分析，对于公司的非核心业务以及对公司战略实施意义不大的活动和能力，考虑是否应采取外购的方式从外部获得，以在降低组织运营成本的同时使公司的组织结构更有利于战略的实施和核心战略能力的培养。

第四，如果公司具有关键战略意义的核心业务不能够安排在一个组织单位内完成，那么需要加强分管这项业务的几个组织单位间的沟通和联系。在这种情况下公司需要设立一个战略管理单位，对这几个组织单位的业务活动进行统一管理，以促使企业战略的顺利实施。因此在进行改革时，PA 公司专门成立"架构改革小组"，由公司总经理、人事部门、销售推动部门相关人员组成。

第五，当企业出现经营管理问题，组织绩效下降，需要及时制定新的短期战略战术并匹配相应的组织结构与之相适应，才能有效地从根本上解决低绩效问题。

2.完善人力资源管理机制

管理的本质是人力资源管理，只要有人的地方就有人力资源开发和管理。公司面临新的挑战，进行组织结构的再造，新增加部门和岗位对人才需求会有新的具体要求。无论是内部调动或者新招都对人员有更高的要求，特别需要团队合作意识好、快速适应性强、创新能力强的人才，同时，在组织结构变动时，保证组织的稳定发展也是重中之重。因此，公司还要保证人员的稳定，人力资源对新的组织结构起着至关重要的作用，具体保障措施如下：

（1）注重招聘人员，做好人员补充和完善人才结构：积极面向应届毕业生和社会人员开展招聘工作，把招聘重点放在应聘者是否喜欢团队工作、是否能解决问题及处理争端、是否有学习新技能的愿望和潜力。

应聘者应该由公司人力资源经理、具体部门负责人共同面试。因为应聘者有可能成为这些人的工作伙伴，挑选合适的工作伙伴对团队合作来说至关重要。

（2）加强培训：任何的组织结构变化，都会对原有组织结构产生冲击。变化需要一个逐步适应的过程，公司的员工都有一个从不理解到理解，从不接受到接受的过程。因此，在公司组织结构再造时，需要针对设计思路、原则、方法，对员工进行有效的动员培训和适应性培训，使每个员工对各项措施能够充分理解和接受。同时，在培训过程中可根据新的流程对员工进行业务流程、业务技巧及团队合作精神方面的培训，提高员工的业务技能，以更快适应新的工作流程和组织结构，同时也可增强员工的使命感和"非我不可"的成就感。

（3）建立合理的绩效考核体系：公司在组织结构优化再造时，考核员工的标准要以员工的工作业绩为依据，并且要将员工所得报酬与其工作业绩紧密挂钩，同时要考虑到组织结构变革和流程再造对业务稳定造成的短期影响，合理激励考核员工。在制定绩效考核方式时，要根据不同部门及岗位制定不同的绩效考核方式，要符合部门及岗位的发展需要。同时，还要不断加强与员工的交流和沟通，将员工的工作绩效和激励报酬以及公司的目标实现程度挂钩，依据那些个人能够影响到的计量因素来评估个人业绩。

（4）加强人员岗位管理：公司在组织结构再造时，对于岗位的设置必须遵循因事设岗的原则，首先要进行岗位需求分析并根据工作量来设置人力。在设置、调整岗位职能前充分与相关员工、部门主管沟通交流，通过访谈、调研等工作分析岗位的合理性。包括岗位名称的分析、岗位任务的分析、岗位职责的分析、岗位关系的分析、岗位劳动强度和劳动环境的分析、岗位对员工知识、技能、经验、体格、体力等必备条件的分析。

第一，岗位设置的数目符合最低数量的原则。

第二，所有岗位有效配合，保证组织的总目标、总任务的实现。

第三，每个岗位发挥积极效应，与其他相关岗位之间的相互关系是否协调。

第四，每个岗位是否有横向可比性，考核指标设置是否合理。

第五，岗位是否体现了经济、科学、合理、系统化的原则。

第六，扩大工作范围，丰富工作内容，合理安排工作任务。工作扩大化，包括横向扩大工作和纵向扩大工作，最大限度提升工作丰富度。

第七，工作满负荷。低负荷影响成本下降，造成人力、物力、财力的浪费；超负荷,高效率不会长久,影响员工的心理健康,给设备带来不必要的损害。

第八,最大限度优化工作环境,包括积极开展工会活动、增加培训机会、开展座谈会、改善办公环境等。

(5)远景提升能力期望:适当运用远景期望非常重要,有助于确立人员的奋斗目标。积极帮助员工树立与企业目标一致的远景期望,建立信任、授权、重视的心理印象,提高员工对公司的忠诚度、认同感。

3.加强公司文化建设

文化是人的主观意识对客观存在的一种反映,公司文化是以管理哲学和公司精神为核心,凝聚公司员工归属感、积极性和创造性的人本管理理论。同时,它又是以公司规章制度和物质现象为载体的一种经济文化。正因为公司文化的内涵包含管理工作的方方面面,因此构建公司文化对于公司来说很重要,它可以把管理者的管理理念逐步渗透到全体员工中间,从而引导全体员工主动去实现公司目标,促进公司的发展。通过公司文化的建设把组织结构变革的设计及运行机制的思路转变为全体员工的认识,并通过一些制度文化来保证其顺利进行,就可以克服现有组织结构的缺点,充分调动员工的积极性,并把员工的个人目标调整到与公司满足顾客需求的最终目标相一致,推动公司良性发展。

(1)加强培训,让员工深刻、充分了解公司文化:在公司进行组织结构变革的关键时刻,公司文化更应不断推行,加强员工对公司文化内涵的深刻理解,督促员工参与培训、学习,让全体员工接受培训。通过专门培训,让员工知道什么是企业文化,企业文化有什么作用,认识到企业文化在企业战略目标实现过程中的作用。

(2)利用核心价值观,分析人员适岗性:由于公司文化具有意志导向作用,对于认同此价值观的员工,可以充分激发其爱岗敬业的精神,自觉地将自己的行为与公司要求相协调,自觉地把自己的力量和智慧汇集到公司的发展壮大上,从而使公司产生一种统一意志力,推动公司发展。但在公司进行变革的过程中,还是会有部分人员不能够适应其发展与变革,通过培训学习,要求人员能够掌握的不仅是专业技术层面的内容,同时也需要充分理解和认同公司变革,在此期间通过访谈、调研,可以初步了解人员的思想动向。当然,为确保新组织架构的顺利实施,如果是对公司核心价值观及改革有抵触的人员,是需要进一步分析其适岗性的。

(3)领导者身体力行,信守价值观念:公司领导者在员工看来既是制度的制定者又是制度执行的监督者,因此,领导的行为对于员工来说是受到关注的行为,领导以一种模范行为对员工进行号召,对员工可以起重要的示范作用和影响。因此,在维护公司价值观和树立公司文化的过程中,领导者的实际行动起着至关重要的作用。领导者也必须不断地通过自己的行动向员工宣传和弘扬企业的价值观念,才能真正保证新组织结构的顺利推行和各项制度措施的执行。

（4）建立激励机制巩固公司文化：在推行新组织结构期间，需要建立与公司文化相适应的有效的激励机制，以促进员工的积极性和认同感，以巩固公司文化。第一，重点奖励保险产品创新与开发；第二，加强稽核考察工作；第三，积极推荐优秀人才参加行业性评优表彰；第四，组织文化激励活动；第五，积极参与公司品牌建设活动。

4.建立良好的沟通机制

公司进行组织结构再造，如果要使其按照既定的方向实行并达到预期的目的，需要有良好的沟通机制。如果相关信息不能有效地传达给员工，就会使员工对公司的改革产生怀疑。从这个方面来看，良好的沟通机制是必不可少的，因为它会影响员工的士气以及公司的凝聚力。因此，建立一套公开、完善的沟通机制对于公司具有重要的意义。

沟通机制的重要性主要体现在整个组织结构变革的过程中，无论是前期调研还是后期实施，都应及时反馈员工相关信息，特别是变动较大的部门及岗位。这样员工才会有参与感，并且能充分理解和有效执行，同时也有利于完善相关制度。

第一，人力资源部门应与管理者、员工进行广泛交流，了解信息及人员看法、建议，并及时整理汇报上级领导。

第二，组织讨论会，积极讨论变革方案及推行步骤，让员工能公开评价，而不是私下议论，增强公司内部一致性。

第三，通过网络、总经理邮箱等方式建立公司内部公共讨论平台，对提出的相关建议择优予以接纳，切实实现激励功效。

随着我国改革开放的不断深入，社会主义市场经济的逐步发展，尤其是加入WTO以后，经济全球化和保险国际化时代的来临，我国保险业正面临着新的竞争和重组。这就要求保险公司坚持不断创新，主要是优化组织架构，提高组织工作效率，这是确保保险公司具有国际竞争力的根本措施。科学的组织架构是保险公司内控体系有效运作的保障，加强组织结构的监控，有利于保险公司实现管理的紧密和高效。组织结构设计是保险公司经营管理的一个重要课题，同时，在很大程度上决定了保险公司的经营管理效率。

第四节　企业人力资源建设

企业是由人组成的，如果把人才比作企业的血液，则一个符合企业文化、经过精心定制并不断优化的人力资源建设就像一个好的造血机制，将会给企业的生存和发展带来持续的、新鲜的、健康的血液；而一个落后保守的人力资源政策也正如缺乏流动性的血液一样沉疴遍布，很可能导致企业这个躯体垂垂老矣，大去不远。

企业所有的业务活动都需要由人来完成。人也是企业内部控制的主要因素。如何保证保险公司的组织内部所有成员在知识结构、个人能力、道德水平方面具有一定的水准，是有效内部环境的重要组成部分。有效的人力资源政策至少应该包含完善的招聘、选拔方针和可操作的程序；对新员工进行企业文化和道德价值观的导向培训；对违反行为准则的事项制定纪律约束和惩罚措施；对业绩良好的员工制定合理奖励和激励的薪酬计划，同时避免诱发不道德的行为；根据阶段性的业绩评估结果对员工予以晋升、指导和奖惩等政策条款。

保险业相对银行和证券等其他金融行业，其最大的特点是拥有强大的营销力量。而高素质的营销队伍建设，则是任何保险公司无法回避的管理重点之一。

一、保险企业人力资源管理人才培养存在的问题

随着保险企业人才竞争的不断升级，人力资源管理的重要性也不断凸显。通过引进国外人才与本土人才培养相结合，人力资源管理人才队伍不断壮大，管理水平不断提高，但在人力资源管理人才培养上存在的问题阻碍了人力资源管理水平的进一步发展。主要表现在以下几个方面：

1.培养理念滞后

培养保险企业的人力资源管理人才，首先需要提高其职业素质和管理水平。目前，多数人力资源管理人才拥有丰富的管理知识，熟悉工作流程和绩效体系，但缺乏先进的管理理念以及将这些理念运用于实际工作中的能力。究其原因，还是保险企业人力资源管理人才的培养比较被动、不够系统、理念滞后，导致人力资源管理人才无法获得主动发展的机会。

2.培养目标不清晰

保险企业对人力资源管理人才的综合能力有较高的要求。目前，许多公司为人力资源管理人才提供了很多人才培养计划，但这些计划主要立足于眼前，并没有真正进行人才培养的长远规划，存在与公司的发展战略脱节的情况，导致无法取得预期的效果。人力资源工作应从烦琐的事务性工作转向公司战略支持，只有设定清晰的目标，明确发展方向，人力资源管理人才培养才会取得成功。

3.激励机制不健全

调动员工的积极性，为实现公司价值贡献自己的力量，需要一套健全的激励机制。除了工资收入、福利等物质方面的激励，也应该利用绩效考核、职务晋升等激励

方式。目前，保险企业针对人力资源管理人才尚缺乏明确的考核标准和竞争机制，基本依赖领导的个人意见进行评估。这种激励机制上的不成熟阻碍了人力资源管理人才的发展，影响其发挥主观能动性，可能导致人才流失，不利用公司人力资源管理人才的长期发展。

4.人才流动情况严峻

随着保险企业竞争的加剧，为了获得更多的人力资源管理人才，保险企业一方面进行内部人才培养，另一方面通过市场进行招聘。市场上巨大的需求也导致所培养的人力资源管理人才跳槽现象严重。人才合理流动，利于增加公司的新鲜血液，实现更新换代，也能够为其他员工提供晋升空间，使得所培养的后备人才具有用武之地，但具有丰富工作经验。掌握公司重要信息的人力资源管理人才流失，公司的损失不言而喻。许多企业越来越认识到加紧人力资源人才储备是保险业解决人才瓶颈的关键，人力资源后备人才队伍的建设已成为一个亟待解决的问题。

二、人力资源管理的重要性

1.经济发展的趋势预示着加强和改进人力资源是必然的选择

改革开放之后，我国实行对外开放，我国的经济也随之有了很大的进步，20世纪90年代后，我国进入了知识经济时代，人力资源管理业得到飞速发展。2003年中国加入WTO，在经济全球化的背景下，各个国家之间、各个企业之间竞争的核心力量就是人才资本。众所周知，任何行业的最基本的劳力就是人力资源，企业的创造力和创造核心价值的来源也是人力资源。企业要想发展经济，国家要想增强综合国力，就必须意识到人力资本的价值。所以，自从我国进入知识经济时期，企业越来越重视对人力资源管理的投入，也认识到知识的力量，认识到人力资源的可移动性，没有本企业的核心人力资本，企业就相当于走向了破产。进入知识经济时代后，国家也开始重视人才素质和专业技能的培养，企业员工的生产效率也随之得到提升，素质高的人力资源同时也能提高边际生产力，对企业而言，能够降低生产成本，提高企业的综合实力，有利于企业的发展。在保险公司的转型期，对企业的人力资源管理提出了新的要求。

2.人事管理理念的创新就奠定了企业加强和改进人力资源管理的必然性

经济在飞速发展，科学技术也在不断地进步，在网络应用与电子信息化时代，企业人力资源的管理也必须随之有所变革，才能适应经济的发展，不然只能被社会淘汰。现今的企业人事管理相对传统方式而言主要有以下几点变化。

（1）人力资源日益柔性化。在企业中，过去也是以金字塔模型为企业的组织管理模式，权力掌握在少数人手中，管理的方式十分强硬。21世纪是信息化时代，网络的普遍应用导致传统的刚性人事管理模式已经不能适应时代的需求。管理者也意识到仅靠权力、阶级不能为企业留住核心人才,也不能让员工为企业干实事,所以现今企业的刚性管理正在逐步向刚柔并济的管理模式过渡。

（2）组织结构逐渐扁平化,现今企业的普遍管理模式都是裁减本企业的冗余员工,从其他地方挖掘高素质、符合企业发展方向的员工;企业内部层次的划分越来越简单,组织结构也越来越紧凑,每个员工都有机会展示自己的实力,都有提升的机会,能够直接面对发生的问题,并且及时解决问题;员工有更多的实战机会,发散自我的思维以及发挥创造力,在企业实现自我的价值;企业内部的层次划分简单,也便于管理,企业的运营也更加灵活,能节省更多不必要的成本,同时能够更加及时准确地发现存在问题的关键位置。

3.加强和改进人力资源管理是真正建立现代企业制度的重要途径

俗话说无规矩不成方圆,一个企业要想发展,必须有一套能够符合市场需求,符合企业发展宗旨的职权分明的制度,建立一套这样的管理制度成为保险公司适应变化多端的市场竞争,提升自我竞争实力的关键。众所周知,保险公司的产品本身没有相关的明文规定的保护,也不能申请专利保护,这类产品刚进入市场时利润十分大,导致许多同类型的产品出现在市场中,使得行业间的竞争压力越来越大。保险行业对员工的专业素质的要求极高,对员工的观察力和反应能力也有十分高的要求,要求员工能够迅速根据客户的个人特点定制符合客户要求的产品,所以高素质的员工就成为企业是否能够在激烈的竞争中存活的关键。企业能否留住员工,与企业的管理制度具有直接的关系,从管理模式中,员工能够感受自身在该企业是否有发展潜力,能否被重用。所以企业在建立管理制度时,要重视组织结构的科学化、科学资源的合理配置、激励与约束制度的秉承,重视推进创新型人才战略,建立有效的选人用人机制,改进和加强人力资源管理,建立现代科学的保险企业制度。

三、保险行业人力资源建设的发展方向

1.采取发现策略,实现保险公司内部人才资源存量调整。保险行业在我国发展的速度十分之快,从1995年的4家公司,到现在百多家公司,分公司更是遍地可见。保险行业的快速发展,对专业人才的需求量也越来越大。按照统一标准,一个保险公司的建立,内勤工作人员至少为80人。根据相关统计,我国保险行业的专业人才只有10万左右,投资和理赔方面的人才资源十分匮乏。保险公司面对人力资源十分紧张的形势,且人力资源又是保险行业的竞争核心,因此保险公司应该要采取发现策略,吸纳优秀人才。

传统企业的组织结构调整时期,可以寻找适合的人力资源储备起来。一般传统

行业的人力资源相对丰富一些，可以从事业单位挖掘人才，比如稳定但是发展空间不大的事业单位。对刚走入社会没多久的人才而言，保险这种竞争大提升空间也大的行业，具有致命的吸引力。同时企业也可以采取激励措施，以优渥的薪酬条件和良好的个人能力提升空间，吸引更多的优秀人才。

2. 保险公司内部要建立培训机制，对企业内部员工进行专业培训，提升企业内部员工的素质，优化企业结构。前面讲到，保险公司可以从传统行业和事业单位、国有企业挖掘需要的人力资源，但是这部分的员工对保险行业并不了解。

但是，年轻最大的资本就是具备良好的学习能力，所以保险公司要重视对这部分人才的专业知识的培养，把这部分人力资源培养成企业的核心竞争力的一部分；另外还要巩固老员工的专业技能，尽管他们已经从事保险行业一定时间，但知识总是在不断地更新，理念和技能也在不断地完善，因此保险公司要重视对老员工的培训；培训的内容要符合时代发展的需要，结合国外的优秀理念，力求提高员工的专业素质和基本素质。

3. 实现员工价值最大化，营造以人为本的企业文化。首先，企业要重视员工的发展、员工专业素质的提升；其次，企业要合理运用人力资源，以长远利益为基础，发展短期目标，建立长期的人力资源评价机制，评价的标准如下：①了解本国国情，熟悉国际保险行业的规则，具有全球化的眼光；②具备基本道德标准，熟悉保险行业的专业知识，具备基本的职业素质；重视员工综合素质的培养，让每个员工都具备面对问题、解决问题的能力；最后，企业内部要营造以人为本的企业文化，尊重人力资源。

第五章　保险企业内部风险管理活动分析

第一节　自然风险的识别与分析

自然风险是由于自然界的不规则运动引发的风险，它受自然规律的作用，具有不可避免性、突发性和多面性。自然风险是保险人承保最多的风险，保险制度也在管理自然风险的过程中不断完善和发展。作为经营风险的专业机构，保险业受自然风险的影响远远大于一般工商企业，其经营和运作经常处于一种不确定的自然环境中。

一、我国自然风险概况

我国自古就是一个多灾国家，由于幅员辽阔，气候、地理条件复杂，世界上各种主要灾害我国都有，灾害的种类、频率和强度均居世界前列。一般而言，主要的自然灾害风险有以下几种：

1. 地震风险

地震是所有自然风险中最严重的一种，我国位于濒太平洋地震带与欧亚地震带交会部，是世界上大陆地区地震强度最大、影响面最宽的国家。20世纪以来，全球共发生7级以上地震1 200余次，其中有1/10发生在我国。据国家地震部门统计，我国有312万平方公里的国土面积、70%的百万人口以上的城市位于7度以上的地震高危险区，2/3的省、自治区和直辖市都遭受过6级以上地震的袭击。

2. 洪水风险

我国自西向东有七大水系横亘大部分国土。据统计，有一半人口、1/3的耕地和70%的GDP产值集中在这七大水系中下游约100万平方公里的土地上，有100多个大中城市处于江河洪水位之下。从公元前206年到公元1949年的2155年间，我国共发生大水灾1 092次，平均两年一次。每年遭受洪水的面积约7.3万平方公里，成灾面积4.6万平方公里。1991年的江淮大水灾波及七个省份，3.6亿亩农作物受灾，498

万间房屋倒塌，5 113 人死亡，直接经济损失达 800 亿元。1998 年长江、松花江大水灾波及 29 个省份，房屋倒塌 685 万间，死亡 4 250 人，直接经济损失达 2 551 亿元。

3. 风暴风险

我国也是受风暴威胁最大的国家之一，风暴平均每年登陆 7 次，最多的年份达 12 次，因风暴造成的经济损失平均每年为 5 亿~6 亿元，死亡 100 多人。1989 年我国受热带风暴和台风的影响经济损失达 57.64 亿元；1992 年 8 个热带气旋在我国登陆，经济损失高达 126 亿元；2005 年先后有 8 个台风在我国东部、南部沿海地区登陆，登陆台风多、风力强、影响范围广、造成损失巨大。

4. 旱灾风险

进入 21 世纪，全世界都出现了淡水危机，我国 700 多个城市中有 2/3 处于缺水状态，人均水占有量仅列世界第 88 位，并且有日益加剧之势。21 世纪初，山东、河南发生的大旱，不仅引起粮食减少，还引发了蝗灾。

5. 全球变暖风险

这是近年来出现的、由于人类的不当行为对自然环境造成损害的一种风险。由于工业时代石油消耗增加，稀有气体增加，使地表热辐射增加，结果导致了温室效应（Greenhouse Effect）。森林植被的破坏、汽车的广泛使用都加剧了这一结果。自 19 世纪末以来，全球平均温度上升了 0.5℃，由于冰山溶化海平面上升了至少 15 厘米，而海平面每上升 0.46 米人类遭受的洪灾就会增加 1 倍，许多种动植物会灭绝，农业生产出现波动，疾病也会大肆流行。全球变暖最主要的原因是二氧化碳，其排放量一直在稳步上升。工业国家是二氧化碳的主要生产者，作为正在迅速工业化的发展中国家，中国也面临着这一严峻问题。

6. 环境污染风险

现代社会中，各类有害气体的排放、工业制剂的广泛使用造成空气、土壤以及河流的大面积污染，给人们的健康和生活带来了极大的危害，而工业设施的集中也进一步加剧了自然灾害所引发的环境污染危害。2011 年 3 月 11 日，日本本州岛东北宫城县以东海域发生 9.0 级地震，震源深度 10 公里，继而引发核电站危机，成为自然灾害诱发严重环境污染的典型案例。我国经济的快速增长也积累了大量的环境污染风险暴露单位，由自然灾害所衍生引起的环境污染风险的潜在影响值得关注。

二、我国自然风险的主要特点

我国宏观经济自改革开放后即进入发展快车道，随着市场经济体制的完善和产业结构的优化，GDP 以年平均 5.1% 左右的速度增长，国民财富得以快速积累。相对而言，我国人口增长速度也呈现稳定增长趋势，2008 年全国总人口达到 13.280 2 亿人，仍是排名第一的世界人口大国。GDP 的快速增长意味着整个社会资产总量的急剧增加，人口的稳定增长则意味着风险承担主体的增多，所有这些都使我国面临的自然风险有所扩大。目前，我国的自然风险呈现以下特征：

1.风险造成的总损失较高，不确定性增大

与自然风险暴露增多的趋势相一致，我国自然灾害强度也在日益增强，特大自然灾害发生频率有所增高，这与风险载体的增多共同促成了自然灾害损失指标的上升趋势。考察近20年的自然灾害数据可知，1990年至2008年19年间，平均每年因各类自然灾害造成约3亿人次受灾，倒塌房屋300多万间，紧急转移安置人口900多万人次，直接经济损失2 000多亿元人民币。特别是1998年发生在长江、松花江和嫩江流域的特大洪涝灾害，2006年发生在四川、重庆的特大干旱灾害，2007年发生在淮河流域的特大洪涝灾害，2008年发生在中国南方地区的特大低温雨雪冰冻灾害，以及2008年5月12日发生在四川、甘肃、陕西等地的汶川特大地震灾害等，均造成重大损失。

将时间缩短到近10年内，考察时间序列数据，自然灾害风险的绝对趋势和相对趋势会更加清晰（表5-1）。就总体而言，尽管风险载体在持续增多，经济集中度提高，经济关联度在增大，但持续稳定的财富增长也逐渐提高了总体的风险承受能力，使得主体脆弱性呈下降趋势，这也与世界总体的自然灾害风险抵御能力的提高相一致。但自然灾害的突发性与不可预期性也表明，我国在个别年份遭受大型自然灾害冲击的可能性还非常大，这对于宏观经济的平稳发展仍然是相当大的威胁。

表5-1　　　　　　　　　自然灾害所致经济损失与 GDP 对比

年　　度	GDP（亿元）	自然灾害所致直接经济损失（亿元）	自然灾害所致经济损失占 GDP 比重
2006	209 407.0	2 528.0	0.012 072
2007	246 619.0	2 363.0	0.009 582
2008	300 670.0	11 752.0	0.039 086
2009	349 081.0	2 524.0	0.007 230
2010	413 030.0	5 340.0	0.012 929
2011	489 300.0	3 096.0	0.006 327
2012	540 367.0	4 185.5	0.007 746
2013	595 244.0	5 808.4	0.009 758

年　度	GDP（亿元）	自然灾害所致直接经济损失（亿元）	自然灾害所致经济损失占 GDP 比重
2014	643 974.0	3 373.8	0.005 239
2015	689 052.1	2 704.1	0.003 924

2. 风险种类繁多、复杂多变、巨灾增多

我国是一个多灾国家，世界上各种主要的灾害我国都有，除火山近几十年没有喷发以外，其他灾害均活动频繁，强度和损失都很大。1951—1990 年的 40 年中，我国每年出现较大的气象灾害平均达到 24.5 次，超过世界平均水平。

经过整理可知，1981—2010 年间，洪水、地震、台风、干旱是我国发生次数较多的自然灾害，而从对经济的影响程度自大到小排序，则依次为洪水、地震、台风、极端冰冻天气、干旱和森林火灾。洪水、干旱、台风、地震同时是死亡人数和影响人数较多的自然灾害。又根据统计可知，自然灾害所致经济损失与死亡人数、影响人数的相关系数分别为 0.613 679、0.721 033，这意味着人力资源的损耗与经济资源的损耗具有一定的正相关关系。所有这些说明，从发生频率、造成人力资源损耗以及造成经济资源损耗三个维度来看，我国种类繁多的自然灾害中，重度的自然灾害比例较大，影响程度与范围也很广，衡量与管理这些风险也需要更加系统性的视角和方法。

据统计，我国自然灾害种类繁多、发生频率较高，但更严重的是，发生频数偏高的自然灾害同时又是造成损失强度较大的灾害，其中一些超过了常用的巨灾标准。这在给社会经济带来强大冲击的同时，也为自然灾害风险的预防、控制和管理带来了难度，尤其是给运用传统风险管理工具进行自然灾害风险管理的保险带来了挑战。

3. 风险发生的地区差异大

我国幅员辽阔，自然风险在地理空间上的分布极为广泛，此起彼伏。由于不同地理空间上的不同地区在地质构造、地形地貌、气候气象等方面存在极大的差异，使得自然风险表现出明显的多面性和多变性。其中，东部、南部沿海地区以及部分内陆省份经常遭受热带气旋侵袭，东北、西北、华北等地区则是旱灾频发，西南、华南等地的严重干旱时有发生。各省（自治区、直辖市）均发生过 5 级以上的破坏性地震，约占国土面积 69% 的山地、高原区域因地质构造复杂发生过滑坡、泥石流、山体崩塌等地质灾害。而与此同时，我国人口地理分布、区域经济发展的不均衡更造成了各个地区自然灾害应对能力的巨大差异。一些学者基于此对我国大陆的自然灾害分布进行了研究，将我国大陆的自然灾害版图划分为三个区域：① 沿海灾害区：自然灾害种类多，绝对损失严重，相对损失较小。② 中部灾害区：自然灾害种类较多，绝对损失较严重，相对损失高。③ 西部灾害区：突发性自然灾害种类较少，环境型自然灾害特别严重,人口死伤和经济损失较轻,资源破坏严重。

此外,有学者对近期各地区自然灾害造成的损失及脆弱性进行了评估。结果表明,各地区之间在自然灾害影响及脆弱性方面存在巨大差异。首先,在所列举的全国30个省份区域中,接近一半的区域受灾人口与经济损失居于平均值以上,且数值偏高,代表自然灾害的波及面较广、程度较深。其次,在自然灾害的区域分布上,受灾人口数量与经济损失较多的区域集中于沿海与中西部地区,尤其是沿江流域等。这与沿海地区密集的经济资源,以及沿江区域日益增长的经济总量和始终密集的人口数量有关。由此也可以看出,从经济损失和受灾人口两个维度衡量,沿江的洪水风险等巨灾的影响正在变得越来越显著。此外,在所列示的地区中,超过半数的地区承受了巨灾类的自然灾害风险,经济脆弱程度很高。中西部地区,尤其是沿江流域地区既是绝对损失较重,也是经济和人口脆弱性较强的区域。这表明,经济发展水平已成为影响自然灾害风险承受力的最主要因素,也是分析自然风险对保险业影响时需要考虑的重要背景。

三、自然风险对保险业的影响

1. 自然风险的可保性

当不确定性存在时,如果人们能够通过完美的市场规避化解和消除任何可能事件所引起的个人财务风险,那么这样的市场就被称为是完全的。这里隐含的一个条件就是,针对任何一种无限制的自然状态,都存在一种相对应的可交易的条件合同。这是金融市场的一种理想状态,但在现实中却往往由于过高的交易成本等因素而无法实现。以财产保险市场为例,它提供可以分散实物资产所可能遭受的纯粹风险的合约,也即理论上所有的自然灾害风险都是可保的,但现实的市场上还存在由于各种原因产生的大量不可保风险。这是由于保险所能覆盖的自然灾害风险还需要符合以下条件,即:① 损失程度较高;② 损失发生的概率相对较小;③ 损失具有确定的概率分布;④ 存在大量具有同质风险的保险标的;⑤ 损失的发生必须是意外的;⑥ 损失是可以确定和测量的;⑦ 损失不能同时发生。由此可知,自然灾害风险并不是都可以以保险合约来进行分散与规避的,在标的间的损失存在高度相关性时,它就超出了保险的范围。如果列示风险矩阵图,可知在众多的自然灾害中,发生频率低、损失严重程度对个体较高而对社会总体较低的风险更适于保险。

2. 保险对自然风险的覆盖情况

(1)现有保单覆盖到的自然风险:从我国险种的发展历史来看,保险市场也是遵循这些可保条件逐渐扩大对自然灾害风险保障的供给。到目前为止,几乎所有的人身险产品涵盖了因自然灾害导致的人身风险事故。而对于财产险而言,从最初的企业财产保险、家庭财产保险、货物运输保险、机动车辆保险等业务，到专业化的农业保险、工程保险等，越来越多的险种涉及对自然灾害风险的保障，承保的自然灾害风险种类也逐渐增多，使保险对自然灾害风险的覆盖范围快速扩大。以中国人民保险公司（简称人保）普通家庭财产保险为例，在保险条款中，可保的自然灾害风险包括雷击、台风、龙卷风、暴风雨、洪水、雪灾、雹灾、冰凌、泥石流、崖崩、突发性滑坡、地面突然下陷等。

保险产品对于自然灾害风险的覆盖能力可以清晰地反映在保险对各类自然灾害的赔付数据中。例如，2008 年初雨雪冰冻极端天气灾害发生之后，截至当年 3 月 1 日，国内各保险公司共接到报案 101.1 万件，已付赔款 19.74 亿元。尽管相比于 1 500 多亿元的直接灾害损失，占比仅有 1%，但在当年已对保险公司的利润造成了不同程度的冲击。而在我国已发生的与自然灾害相关的赔付之中，企财险、建工险与车险的已付赔款占了总赔款的绝大部分比重，达到 40% 左右，其他财产险险种，包括农业保险、家庭财产保险、农房保险则仅占很小比例，这意味着当前的保险产品结构决定了保险标的价值高的保单可能赔付更多。与财产险相比，人身保险中赔付最多的为意外伤害保险，约占到 2% 左右，而人寿保险涵盖一切自然灾害风险事故，在表中也占到了 1% 的比例，这些都说明保险已经在自然灾害风险保障方面发挥作用。

（2）现有保单未覆盖到的自然风险：在自然风险保障发展迅速的同时，保险的不足程度以及承保结构的非均衡状态也比较明显。首先，我国还存在较多的不可保自然风险，例如人民保险公司（简称人保，PICC）普通家庭财产保险同时设置了更多除外条款以回避无法满足理想可保风险条件的自然灾害风险事件。除外条款显示，坐落在蓄洪区、行洪区，或在江河岸边、低洼地区以及防洪堤以外当地常年警戒水位线以下的家庭财产，由于洪水所造成的一切损失；地震及其次生灾害造成的一切损失，保险标的遭受保险事故引起的各种间接损失不在保障范围之内。而对于自然灾害风险管理更具针对性的农业保险，同样存在相似的除外条款。以 PICC 粮食作物种植保险条款为例。该保险承保的自然灾害风险包括：冰雹、八级以上大风造成粮食作物倒伏，茎秆折断、叶片毁坏、籽粒脱落或死亡；暴雨、洪水形成内涝、致使粮食作物倒伏、淹没、不能正常成熟或死亡。与此同时，除外责任中规定了系列不负赔偿责任的情况，其中包括干旱及病虫害的危害。

从以上分析可以看出，理论条件与现实需要有时很难获得充分的对接。洪水、旱灾、地震等在我国属于发生频率高、损失严重程度大同时风险主体间又具有较强相关性的风险，其中旱灾更是由于影响周期长而难以在短期内估测确切损失的风险。参照可保风险条件，这些风险都不是理想的可保风险，但在现实中，这些风险是在历史上造成了绝大部分的经济损失和资源消耗、对经济运行危害最大的风险，也恰恰是风险主体迫切需要转移的风险。此外，由于自然灾害引发的环境污染风险，也常常难以通过财产保险获得对冲。在保单中将这些风险除外是保险经营主体控制风险的需要，却大大降低了保险工具的风险管理能力，在抑制保险需求的同时也抑制了保险供给。与此同时，我国各地区地理条件差异巨大，自然灾害风险状况也各不相同，对自然灾害保险的需求也各不相同，而相关的保单条款则是全国适用，同样的保险责任以及同样的除外责任，这导致供需之间存在普遍性而又多样化的缺口。

其次，供需矛盾问题同样存在于已经开展的保险业务中。张楠楠（2010）分析得出，自然灾害风险影响最大的产业是第一产业，影响最大的部门是消费部门，最脆弱的是居民个体。而从资产价值来看，风险对于流动资产、基础设施、固定资产的影响依次增强，这意味着农业生产及生活资料、居民财产更迫切需要自然灾害保险保障。而从财产保险业务结构的演变可以看出，自1987年超过企业财产保险保费收入后机动车辆保险业务比重就逐步增加，至2007年其业务收入占到财险业务收入总量的74.3%。企业财产保险的比重次之，所占比重为9.35%。这意味着除了保险产品对自然灾害风险保障范围有限外，能够获得自然灾害风险保障的可保财产也局限在特定范围内。

3. 自然风险对保险业的影响

（1）加重保险公司的赔偿责任：自然风险引起的个体损失之间通常不是相互独立的，而是有着很强的正相关性（Positive Correlation），这与风险分散的数理基础"大数法则"（The Law of Large Number）相矛盾。不仅如此，自然风险可以在短时间内对保险经营带来巨大冲击，引发连环索赔，这与保险业务的长期性特点相矛盾。因此，突发的自然风险对保险公司的威胁极其严重，它能够轻易动摇公司的常规经营，甚至导致公司破产。

我国现有保单涵盖多种类型的自然风险，而在一些自然环境恶劣地区，自然风险广度和强度的加大必然会导致保险公司更高的赔付压力，使保险资金大幅缩水，限制保险人的承保能力，进而有可能造成保险供给下降、保险费率上升，使保险市场的供需缺口进一步加大。这种情况尤其可能出现在前述的风险脆弱性地区，例如中西部地区。这一类地区的保险业发展与经济发展往往是相对应的，行业的脆弱性往往会使市场的承保能力进一步陷入衰减状态。

（2）对保险产品创新提出更高的要求：自然风险大多属于巨灾风险，即小概率、大损失的事件，以往对此类风险，我国保险公司都是以基本条款形式列入财产保险承保责任，然后通过再保险市场予以分解、消化。然而随着自然环境日趋恶劣、巨灾风险频繁发生，巨灾保险和再保险市场已供不应求，再保险费率持续上升，保险人和再保险人的承保能力和偿付能力面临极大的压力。为了缓解这一局面，国际上开始了保险证券化的尝试，即在原保险市场上承保巨灾风险，同时通过发行基于保险风险的证券，将承保风险转移到资本市场。自 20 世纪 90 年代以来，巨灾风险证券化已成为保险发达国家解决传统保险承保能力不足问题的主要手段，并取得了明显的效果，开创了保险产品创新的新思路，使保险市场和资本市场成功实现对接。

在我国，保险证券化还涉足过浅，这是因为保险证券化的诸多条件，如成熟的资本市场、政策和监管的许可等都不具备，因而更多保险公司通过将巨灾类型的风险列为除外责任来控制自身风险。但这样的方式不仅会抑制消费者对巨灾风险的转移需求，也会间接影响消费者对普通保险的需求。假如保险行业不能加速保险产品创新，努力扩展自然风险保障范围，将很可能面临市场的停滞甚至萎缩，进而无法集合足够多的风险单位，使自身的风险分散作用受到不同程度的限制。

与此同时，还有一些新兴的保险需求需要保险公司以产品创新来应对，例如与自然风险相关的环境责任保险需求。自然风险中的环境污染通常损害地域广、涉及人数多、赔偿金额异常巨大，污染方很难承担全部赔偿责任，必须借助责任保险予以转嫁。随着经济的发展，我国环境污染事故频发，极大地增强了对责任保险的需求。所有这些都对保险公司保险普通产品和衍生产品的创新提出了更高的要求，也对保险监管部门的监管内容和手段提出了新的期望。

（3）影响保险业的社会声誉：2008 年 5 月 12 日，我国汶川大地震造成了极为惨重的损失，然而保险公司对财产和人身损失的赔偿比例微乎其微。汶川大地震直接经济损失是 8 451 亿元，而仅获得来自保险业的赔付 16.6 亿元，占比不到 0.3%。相对而言，2008 年全球因自然巨灾造成的经济损失约为 2 580 亿美元，最终保险业赔付了 447 亿美元，约占经济损失的 17%，发达国家的这一比例更是高达 30% 左右。而与其他灾害补偿渠道相比，保险也处于相对的弱势地位，无论财产损失补偿还是人身伤害赔偿，来自保险的赔偿比例都排序靠后。

这样的赔付状况再一次暴露出保险这种手段的无力和匮乏，也直接影响了保险业的社会声誉。社会声誉是一种无形资产，它的欠缺无疑对于保险市场的推广有着隐性的不利影响。

四、自然风险管理对策建议

随着人类社会的进步与发展，自然环境有日渐恶劣的趋势，不仅自然风险有增无减，新的风险层出不穷，社会财富的集中也使风险造成的损失越来越大。这一切都给保险业的发展带来了严重挑战。由于自然风险具有客观性和必然性，其产生和发展遵循自身内在的规律，人类很难改变或消除它，只能尽量与之和谐共存。因此改善我国保险业发展的自然风险环境，必须从如何更好地探寻和把握自然风险的规律、提升自身抗风险能力入手。这方面的政策建议有：

(一) 加强在非工程减灾方面的投入

减灾是一个系统工程,需要各种措施同步协调运用,才能够发挥协同效应,取得良好效果。多年来,我国政府致力于自然风险的防范与控制,不惜斥巨资进行减灾工程建设,取得了斐然的成绩。但与工程性减灾措施形成鲜明对比的是,我国在非工程减灾措施方面呈现出明显的滞后,对减灾宣传和教育的重视及投入都严重不足。

减灾需要全社会的认同和参与,受传统文化的影响,国人往往不愿意正视和面对灾难,风险意识淡薄。受多年来计划经济体制的影响,广大民众存在"等、靠、要"的思想,过分依赖财政、政府救济,自我管理、主动防范的意识欠缺。要改变这种态度,需要加大减灾宣传和教育方面的投入,提升人们的风险意识,形成"人人参与、全民动员"的良好氛围,以配合工程减灾措施的实施。

在这方面,政府应当利用其社会管理者的特殊地位,大力宣讲安全生产、抗洪救灾、防疫免疫的重要性,特别是抓住每一次大灾发生的时机,及时跟进减灾宣传,推动全民风险意识的提升。另外,要建立国家和地方各级灾害应急预案体系,经常性地开展有针对性的演练,提高国民防灾、抗灾技能,形成全社会"齐抓共建"应对巨灾风险的合力。

(二) 加强巨灾风险信息系统的建设和利用

收集和分析信息、确认和定价风险是保险经营的基础性工作,缺乏可靠而精确的信息会导致保险人无法或不愿提供保险,也会阻碍消费者将对保险产品的需求转化为实际购买行为,尤其是巨灾风险。国际上许多知名保险和再保险公司都下大力气进行巨灾信息系统管理的研究和建设,有的成立了专门的专家小组进行灾害信息的收集、整理、存储、分析和利用工作。相比之下,我国巨灾风险信息的建设和利用工作较为滞后,迫切需要改进。具体建议有:

1. 大力推广 GIS 技术

地理信息系统(GIS, Geographic Information System)技术是一门集计算机科学、地理科学、信息科学、管理科学和测绘科学于一身的新兴科学。它能够将计算机图形技术和数据库技术结合在一起,对地球上的资源、环境、经济和人口等空间分布信息进行采集、存储、管理和分析,以表达各种空间现象之间的关系。利用 GIS 技术可以分析不同区域、不同种类的灾害活动规律,进行损失与破坏趋势预测;可以对不同区域进行危险等级的划分,以实现保险费率的区划;还可以结合不同区域的经济、社会和人口发展状况,制定符合实际的保险发展战略规划。我国保险企业应提高对 GIS 技术重要性的认识,大力推广和使用 GIS 技术。

2. 建设自己的灾害信息管理系统

灾害信息的管理和使用是保险业赖以生存的前提和基础,对各种信息的获取、占有并最大限度地分析和利用是保险公司技术竞争的焦点之一。在这方面我国存在着较大差距，还没有建立起自己的灾害信息管理系统，应尽快弥补这一缺陷。

一个完备的灾害信息管理系统应该包含以下内容：

（1）国家基础地理信息：国界、行政区划、水系、交通系统、人口分布、经济发展指标、自然资源等。

（2）灾害信息：地震、洪水、台风、干旱、冰雹、环境污染等，包括这些灾害的地理分布、次数和金额统计、趋势预测、损失与破坏分析等。

（3）保险业基础信息：保险公司和机构分布、从业人员状况、风险单位分布、准备金和再保险、损失和理赔、保险业务统计等。灾害信息管理系统必须获得长期、有效的维护，实行动态管理，以保证数据的可靠性和准确性。

3．加强与水利、气象、地震和地质等部门的联系和合作

积极谋求有关专家的帮助和指导，及时更新有关数据，实现资源共享，提高保险公司获取和利用灾害信息的水平，推动保险经营管理的科学化、准确化。

（三）建立多层次的巨灾风险保障体制

自然风险通常属于巨灾风险，它发生次数少，不容易通过长期的观察来掌握风险的内在规律性，又往往造成十年或几十年一遇的灾害，给人类社会带来巨大经济损失和严重人员伤亡，这种风险实际上已经超出了严格的可保风险的范畴。也就是说，用纯粹商业保险的运作机制来化解巨灾风险无法达到最佳效果，甚至完全不可行。因为任何一家保险公司或是借助再保险形成的保险联合体，都不具备承受巨灾风险损失的能力，而必须集全社会之力共同抵御。从这一角度看，巨灾保险应属于公共或准公共产品，其供给应由公共资源配给。因此，政府理应成为倡导和推动巨灾风险保障体制建设的主体，通过建立多层次、全方位的巨灾风险保障体制，替代传统的、纯粹由保险公司承担的巨灾保险，构筑起科学的巨灾风险管理体系。具体工作包括：

1.确定我国巨灾风险保障体制建设的整体规划，搭建巨灾风险保障的基本框架，明确指导思想、基本原则、总体要求、体系结构以及各部分之间的关系。基于巨灾风险的特点，宜建立国家、保险公司和个人三个层次；强制保险和自愿保险；风险自留和风险转移相结合的多层次、多形式的巨灾风险保障体制。

2.协调各方面的力量，确保巨灾风险保障体制建设快速、有序进行。巨灾风险保障体制的建设是一个系统而复杂的工程，需要政府相关部门、商业保险公司、风险管理咨询机构、相关研究单位以及全社会的参与和配合，政府在其中应扮演好主导和协调的角色。首先，由国家对巨灾风险造成的损失提供最低程度的、基础性的保障；其次，鼓励保险公司开发适合的巨灾保险产品，实现风险转移，对风险极为集中或具有特殊重要性的项目可实行强制保险；最后，由个人对残余风险予以自留。由此构筑起

多层次、全方位的巨灾风险保障体系。

3. 从资金上予以支持，从政策上予以鼓励。各级财政应对巨灾风险保障制度投入一定的资金，建立巨灾风险保障基金，以解决保费收入的有限性与巨灾损失的巨大性之间的矛盾。应出台有利于巨灾风险保障体制建设的税收和监管政策，如对设立巨灾风险准备金的企业给予税收减免、对经营巨灾保险的保险公司给予优惠政策等，引导和鼓励社会各界参与进来。

（四）加快资本市场建设，实行巨灾风险证券化

巨灾属于典型的小概率、大损失事件，保险公司很难通过大数法则予以分散。巨灾风险一旦发生将严重冲击保险公司的财务稳定性，甚至可能导致公司破产进而引起整个保险业的偿付危机。应付这种风险，传统的做法是将其转移到再保险市场。然而自20世纪80年代以来，严重的自然灾害频频发生，保险和再保险蒙受了巨大损失，再保险能力明显减弱，传统的保险和再保险体系在巨灾风险面前捉襟见肘，资金缺口不断扩大，于是一些保险发达国家开始进行新的巨灾风险承保方式的探索。

巨灾风险管理的瓶颈在于资金制约问题，而通过巨灾风险证券化（Insurance Securitization）——将巨灾风险转移到资本市场，正是解决这一问题的最好路径。它的基本思路是，通过资本市场发行巨灾保险期货、巨灾债券和巨灾期权等保险衍生产品，以资本市场的投资者来替代传统的风险承担者如再保险公司，从而提升承保能力。风险证券化的运作机制如图5-1所示。

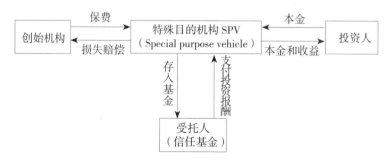

图5-1　保险风险证券化的运作机制

相对于传统的再保险风险分散方式，风险证券化具有明显的优越性：

第一，风险证券化实现了保险市场和资本市场的对接，使保险容量从保险业内部扩大到了外部，在更大范围内实现了风险的分散，很好地解决了保险公司承保能力不足的难题，拓展了巨灾风险的可保性，提升了人类应对风险的能力。

第二，通过针对不同风险发行不同的证券，可以将风险从保险公司的整体运营中切割出来，从而实现保险公司的经营状况与单个风险证券收益状况之间的相互独立与屏蔽，有利于整个资本市场的稳定以及投资者收益的保障。

第三，相对于传统投资，风险证券是一种另类投资项目，它的出现不仅丰富了资本市场的投资品种，而且由于巨灾风险本身与经济的相关性不大，因此不易受到经济整体运行态势的影响，有利于减轻风险在整个资本市场的传递和放大效应。

（五）完善相关法律建设工作

新风险的产生为保险业发展带来了新的课题，为规范保险公司的市场运作，稳定市场秩序，应当适时推进相关法律法规的建设，将保险业发展纳入法制的轨道。以环境污染风险为例，要尽快制定环境污染强制责任保险法。

当前与自然灾害相关的环境污染问题日趋严重，绝大部分损失是由受害方、国家和社会来承担。因为环境污染造成的损失极为严重，污染方及相关企业自身无力承担，如果没有购买相应的责任保险，同时财产保险又将其自然风险除外，就造成由政府亦即纳税人为企业污染行为买单的局面，由此带来一系列的弊端。如果引入环境污染强制责任保险机制来转移和分散污染风险，一方面可以解决损失补偿资金问题；另一方面可以利用保险公司的专业风险管理服务，监督和控制企业的污染行为，减少自然灾害所引致污染事件的发生。

目前欧美等保险发达国家已普遍建立了污染责任强制保险机制，我国应借鉴这一做法，将石油、化工、采矿、水泥、造纸、核燃料生产等高风险、高污染企业纳入强制责任保险范畴，尽快出台环境污染强制责任保险法规，以立法的形式推行环境污染责任保险，延伸保险在自然风险领域的风险转移和损失补偿作用。

（六）优化商业保险的产品结构

将自然灾害对保险业的影响加以总结，即可以看到：

首先，在保单覆盖到的自然风险中，存在巨灾赔付的风险。

其次，一些急需进行保障的风险未被包括进保单，例如干旱、地震、衍生环境灾害等，保险产品缺乏基于地域与风险差异的适应性和灵活性，影响了潜在需求的释放。

第三，保险的缺失和不完善使得财产主体缺乏创造财富进而为损失融资的动机，保险未能发挥在自然灾害风险管理中对于防损减损的激励作用，在声誉上有所缺失。所有这些问题都影响了自然灾害风险管理的效率，也对保险经营主体扩展自然灾害风险的覆盖范围、提高保险产品供给效率提出了更高的要求。

综上所述，从保险公司层面，要优化保险产品结构，加强对自然灾害风险的保障。一方面要注意保险产品差异化，控制保单费用。例如普通的保险财产保单包含多达十几种的自然灾害事件，但我国地理气候条件差异较大，单一的保险产品不能适应不同地区的保险需要。假如根据各个地区的地理及自然灾害风险状况设定可保自然灾害事件的数量，既有利于自然灾害风险的转移，也可以更好地控制保单成本。另一方面则需要努力扩展自然灾害风险的范围，将一些急需进行保障的风险包括进保单，增加保单对自然风险保障需求的适应性，促进潜在需求的释放。与此同时，为了满足偿付能力充足的目标，除了良好的定价水平外，高效的经营管理水平是另一重要条件。多年的发展使保险业的整体经营水平有了显著提高，但是在经营管理与信用积累上与其他行业还存在差距。从这个角度讲，要想适应自然灾害保险制度需求的增加，也需要进一步巩固行业经营基础。

第二节　人口风险的识别与分析

人口的自然属性、经济属性和社会属性变化构成影响保险发展的人文风险因素，它们对保险供给和需求有着巨大的影响和制约作用，使中国保险业呈现出独特的发展格局和路径。重视人口风险及其对保险业影响的研究，对于揭示我国保险业的发展规律、探寻有中国特色的保险发展道路有着特殊而重要的意义。

一、人口自然属性引致风险及其对保险业的影响

人口自然属性的变化对保险需求有着深远的影响，它不仅决定着保险需求的潜在容量，而且决定着保险需求的具体格局。人口自然属性引致的风险包括人口总量和人口结构两个方面。

（一）个人收入的阶段性与保险需求

由于个人收入随生命周期呈现出阶段性特点，相应地保险需求也表现出周期性变动的规律。具体来说，一个人一生中将因为家庭经济状况的变动而制定不同的保险计划，可分为四个阶段（图5-2）。

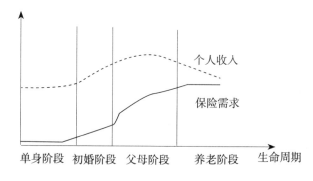

图5-2　生命周期、个人收入与保险需求的关系

1.单身阶段

单身阶段是生活负担最轻的阶段，个人收入大于支出，有较强的保险支付能力，但由于面临风险小，保险需求也小。

2. 初婚阶段

收入仍然大于支出，由于家庭和家庭责任的出现，保险需求开始增加，这一阶段较为关注兼有保障和储蓄功能的保险产品。

3. 父母阶段

此时是赡养父母和抚养子女的主要时期，家庭开支急剧上升，保险需求也随之上涨，如财产保险、子女教育金保险、婚嫁金保险、父母的养老金保险等。此时个人收入也上升到顶峰，对分红、投资等理财类保险产品也较为关注。

4. 养老阶段

个人收入开始下降，然而健康风险、养老风险迅速增加，对医疗保险、养老保险的需求会大幅度上升。

总体来看，保险需求与个人收入大致匹配，成密切的正相关关系。但应该特别注意的是，在养老阶段，个人收入持续下降，而健康风险、养老风险却急剧增加（尽管其他风险如子女教育等有可能减少），使得保险潜在需求和实际购买力之间产生矛盾。这就要求个人和家庭提前做好规划、未雨绸缪，同时也要求保险公司在设计相关保险产品时，格外注重产品的差异化、个性化，为消费者提供保额不等的多层次的保险产品。

（二）人口总量增速下降对保险的影响

人口总量对保险业的影响表现在以下四方面：

1. 决定保险需求和购买力总量。在其他因素一定的条件下，一个地区人口总数越多、人口密度越高，保险需求和购买力就越大。

2. 决定保险市场规模。众多的人口必然产生大量风险，这为保险发展带来了广阔的空间。

3. 为保险商品定价提供数理基础。保险商品定价是建立在大数法则基础上的，只有当风险单位数达到相当规模时才能准确估测损失概率，从而准确厘定保险费率。较大的人口规模有利于准确制定保险商品价格。

4. 影响保险商品价格水平。一般来说较大的人口规模有利于单项保险商品价格的下降，从而扩大保险需求。

尽管人口众多是我国的重要国情之一，2009 年中国总人口达到 13.347 4 亿，但从一个较长的时期来看，出生率和自然增长率都呈逐年递减之势，尤其是对比 1995 年和 2009 年，两个指标都分别降低了大约 5 个百分点（见表 5-2）。从世界各国来看，人口趋势变化与经济趋势变化往往呈现出一定程度的负相关。因而人口总量增速放缓将会是需要长期面对的一个问题，它将从上述四个方面对保险业形成消极影响，需要获得重视。

表 5-2　　　　　　　　　　　我国人口出生率与自然增长率

年　份	出生率（‰）	自然增长率（‰）
2009	12.13	5.05
2010	11.9	4.79
2011	11.93	4.79
2012	12.1	4.95
2013	12.08	4.92
2014	12.37	5.21
2015	12.7	4.96

（三）人口老龄化风险对保险业的影响

人口老龄化风险是一种结构性风险。按照国际通行的标准，60岁以上的老年人口或65岁以上的老年人口在总人口中的比例分别超过10%和7%，即可看作达到了人口老龄化（Aging）标准。我国在1999年即已达到这一标准，步入了老龄化社会，而且我国的老龄化具有两个突出特点：一是老龄化的速度和老年人口的数量增长很快，1950—2000年世界老年人口增长了176%，同期中国增长了217%；65岁以上人口从7%上升到14%所用的时间，法国为115年，瑞典为85年，美国为66年，英国为45年，而中国只需要用了25～30年。二是老龄化超前于经济发展水平，发达国家是先富后老，我国是未富先老，情况更加严峻。

据全国老龄办发布的研究报告预测，到2020年我国老年人口将达到2.48亿人，老龄化水平将达到17.17%，到2050年老年人口总量将超过4亿人，老龄化水平提高到30%以上。

另从赡养比指标来看，人口老龄化趋势更为明显。赡养比是指老年人口（65岁以上人口）占劳动年龄人口（15～64岁人口）的比率，通常用百分比表示，表明每100个劳动年龄人口要负担的老年人数量。近几十年来，我国老年人口赡养比逐年上升，随着老龄化的加剧，这一数字还将继续升高。

人口老龄化将给保险尤其是寿险的发展带来重大影响：

1. 人口老龄化和人均寿命的延长，会加重保险公司某些产品，例如生存保险、健康保险的赔付责任，如果不能从产品和定价方面加以改善，保险公司蒙受亏损的可能性会增加。

2. 人口老龄化会导致劳动力萎缩，造成经济增长减速，从而间接地影响保险发展。尤其是赡养比的上升会直接影响国民收入分配，使消费基金和社会保障支出增加，用于扩大再生产的积累资金减少，从而制约经济发展、阻碍财富增加，间接影响保险业的发展。

3. 人口老龄化加剧了供需矛盾。人口老龄化产生的巨大的老年生存风险大大增强了老年人对养老保险、医疗保险和老年护理类保险的需求，同时赡养比上升也使人们更清楚地意识到依靠别人的可能性变小，越来越多的年轻人也会选择寿险或年金等储蓄型保险业务。需求的增多在带来商机的同时，也产生了巨大的挑战。老年消费者需求旺盛，但收入相对较低，出于风险控制的考虑，保险公司往往较少对高龄人口承保，即使出现了承保年龄范围较宽的保险产品，也往往由于价格过高而无法推广，这在老年护理类保险市场上表现尤为明显。年轻消费者生存风险可控，具有收入支撑，但往往成为各类投资型寿险销售的对象，基本的养老保险需求无法得到满足。人身险市场上险种单一、产品同构现象十分严重，无法满足消费者不同水平、不同偏好的多层次的需求，不仅限制了保险公司的业务规模，也降低了其在消费者心中的认可度。

（四）人口疾病风险增大对保险业的影响

近年来，随着经济水平的提高，我国医疗服务水平有很大提高。但同时由于社会整体工作压力增大，环境污染以及其他不可控的致病因素，居民的疾病风险出现一定程度的上升。

据调查统计，疾病发生年龄相对有所提前，城市 45 ～ 54 岁年龄段比之前年龄段的两周患病率成倍增加。另外，与老龄化有关，老年人的疾病发病率与以前相比有跳跃式增长。疾病发病率的升高意味着为维持全社会人口的健康状态需要消耗更得医疗服务资源，而其发病年龄的提前不仅意味着医疗资源的消耗，还意味着将损失良好的社会生产力，对于社会而言是双重的损失。

与此同时，由于供需多方面的原因，近年来医疗资源服务价格也在持续上涨。2015 年我国卫生事业发展统计公报显示，2015 年，医院次均门诊费用 233.9 元，按当年价格比上年上涨 6.3%，按可比价格上涨 4.9%；人均住院费用 8 268.1 元，按当年价格比上年上涨 5.6%，按可比价格上涨 4.1%；日均住院费用 861.8 元，上涨幅度高于人均住院费用上涨。2015 年，医院门诊药费占 48.3%，比上年下降 1.0 个百分点；医院住院药费占 36.9%，比上年下降 1.5 个百分点。

与此同时，基层医疗服务费用也出现不同程度上涨。2015 年，社区卫生服务中心次均门诊费用 97.7 元，按当年价格比上年上涨 5.9%，按可比价格上涨 4.4%；人均住院费用 2 760.6 元，按当年价格比上年上涨 4.8%，按可比价格上涨 3.3%。2015 年，社区卫生服务中心门诊药费占门诊费用的 68.9%，比上年上升 0.2 个百分点；住院药费占住院费用的 43.1%，比上年下降 1.0 个百分点。

所有医疗机构中，仅社区卫生服务中心的门诊病人次均医药费用和住院病人人均医药费用出现了下降。见表5-3。

表5-3　　　　　　　　　　医疗卫生机构和病人人均医药费用

	医　院		乡镇卫生院		社区卫生服务中心	
	2014	2015	2014	2015	2014	2015
门诊病人次均医药费用（元）	220.0	233.9	56.9	60.1	92.3	97.7
门诊费用上涨 %（当年价格）	6.6	6.3	8.0	5.6	6.7	5.9
门诊费用上涨 %（可比价格）	4.5	4.9	5.9	4.2	4.6	4.4
住院病人人均医药费用（元）	7 832.3	8 268.1	1 382.9	1 487.4	2 635.2	2 760.6
住院费用上涨 %（当年价格）	5.2	5.6	9.1	7.6	6.1	4.8
住院费用上涨 %（可比价格）	3.2	4.1	7.0	6.1	4.1	3.3
住院病人日均医药费用（元）	811.9	861.8	220.7	233.2	267.3	280.7
日均费用上涨 %（当年价格）	7.4	6.1	3.1	5.7	5.9	5.0
日均费用上涨 %（可比价格）	5.3	4.7	1.1	4.2	3.8	3.6

注：医药费用绝对数按当年价格计算

疾病风险的增大和医疗费用的上涨同样给保险业带来了结构性影响。

1. 存量业务的赔付风险增大

近年来我国成立了专业健康险公司，力求在健康险市场取得更大的拓展，与此相对应的是健康险赔付的增加。根据保监会统计数据，2011年前5月健康险赔付支出即同比增长72.8%。赔付的大幅增加和不稳定性对保险公司的偿付能力有很大影响，也意味着险种定价所依据的患病率、赔付率数据需要持续更新。我国商业医疗保险由于在保险险种中所占份额较小，且保障内容不断变化，缺乏连续而足够的数据支撑，加上保险行业缺乏有效的信息共享机制，对健康险的合理定价提出了很大的挑战。

2. 道德风险问题突出

健康险经营的难点在于道德风险，发达国家提出"健康管理"作为控制道德风险的重要手段。自2004年人保健康保险公司建立以来，各家专业健康险公司进行了多种形式的健康管理实践，但这些实践多涉及根据客户实际需求提供多种健康管理服务计划，涉及保险公司与医疗卫生机构风险共担的财务体系还未系统建立。根本原因在于我国的外围市场条件不够成熟，包括医疗服务资源整体性短缺、地区差异与城乡发展不平衡突出，难以形成有效的竞争环境，使得保险公司在与具有市场支配力的医疗机构谈判中明显缺乏议价能力；还包括医疗机构性质功能不明晰，加上医药不分的运行体制与弱竞争环境，医疗服务价格出现不同程度的扭曲，充满不确定性与不合理因素的价格往往导致对健康保障需求的误测。

3. 增量业务难以扩展

在存量业务面临风险的同时，健康险的增量发展也出现了障碍。尽管人们由于健康风险的增大，购买保险的意识日益增强，但目前市场上的健康险产品相对单一，且多与投资型寿险捆绑，导致独立的健康险产品被边缘化。而与此同时由于同业竞争激烈，经营成本高企，相应的成本反映在健康险价格中，也在一定程度上抑制了需求。所有这些都是保险业面临的要点挑战。

二、人口经济属性引致风险及其对保险业的影响

人口的经济属性由人口、家庭、社会之间的所有经济关系构成，它们的变化影响保险标的人群的风险状况，也影响他们的实际有效需求，是保险业发展需要注意的制度性因素。尤其是当前中国处于经济转型时期，人口的经济属性存在大的跨越，对保险所产生的结构性影响较为深远，保险业需要特别注意识别和控制潜在的风险因素。

（一）人口经济活动风险增大

1. 人口区域结构

我国是典型的二元经济结构，城市人口在收入水平、消费水平和受教育程度等方面都明显优于农村。多年以来，城市是保险市场开拓的首要对象，保费收入的70%以上来自城市，而且在城市中间的保险产品尤其是寿险产品策略，倾向于以投资型寿险产品为重点发展对象。21世纪最初几年，分红险、投连险的保费收入增速远高于传统保险产品。

随着经济的发展，我国城市化趋势日益明显，城镇人口比例逐年提高，乡村人口比例逐年下降，2015年两者分别为56.1%和43.9%。这两个比例说明：城镇化的进程同时改变了城镇人口和乡村人口的风险状况。一是城市地区集中了大量的人口和财富，集中了各种不同的经济、社会和文化活动，风险种类和风险程度比以前大大增加；二是城市的新增人口中，很大比例为新移民，这些人员脱离了传统的地域观念、家庭观念和生活方式，重构了周围的经济和社会关系，无法再依赖传统社会中的特定社会机制（家庭协作和邻里互助）来承担风险、转移风险，互助型保险需求增加；三是在农村人口中，群体迁移性和流动性大大增加。根据国家计生委发布的《中国流动人口发展报告2016》（以下简称《报告》）显示，我国流动人口总量已达2.47亿。经

济活动的迁移性和不稳定性大大增加了流动性人口的人身风险和财产风险。

2. 人口职业结构

不同职业者所面临的风险种类和程度不同，收入水平、消费习惯和受教育程度也不同，因而具有不同的风险和保险意识。一般来说，有职业者以及从事现代职业者收入水平较高，生活社会化程度也较高，相对于无职业者以及从事传统职业者来说，更容易接受保险方式，因此他们在总人口中所占比重越大，保险需求越大。

在人类历史上，随着生产力发展和科技进步，人口职业结构大体经历了四个不同的阶段，并依次由低级向高级发展，不同的阶段对保险有不同的影响：

（1）农业型。以与农业相联系的职业为主。这一阶段生产力水平低、收入水平低、人口素质低，尽管也面临许多风险，但受经济条件的限制对保险的需求很小。

（2）工业型。以与工业相联系的职业为主。这一阶段经济有了快速发展，收入水平上升，技术进步带来的风险也有所增加，促进了保险的发展。

（3）服务型。以与服务业相联系的职业为主。这一阶段生产力高度发展，科技高度发达，人们的收入水平和生活水平有了很大提高，保险也得到进一步发展。事实上，率先进入服务型职业结构的国家大多是发达国家，保险发展水平往往超越农业型和工业型职业结构国家。

（4）智力型。以与高科技相联系的职业为主，是人口职业结构发展的最高阶段。这一阶段教育和科技水平高度发达，人口素质高度提升，从而推动保险业向更高层次迈进。

近年来我国人口职业结构的特点是，第一产业比重逐渐微调下行，第二产业、第三产业比重微增。但当前第一产业所占的比重仍然最大，第二产业所占比重最小。这说明，与经济结构转型相对应，我国也正处于职业结构转型阶段，即由"农业型"向"工业型""服务型"和"智力型"转化。但在转化未完成之前，各产业中高科技型职业所占比重都还比较小，未形成收入稳定的庞大目标人群；同时职业的多元化和个体化又打破了农业时代集中而紧密的劳动关系，使得对保险的认知和需要更加多样化；此外，在转型过程中，各单位合同制职工人数稳步上升，相对于传统体制下的职工来说，普遍面临更大的职业和经济风险

世界各国保险发展的历史表明，保险通常是由在业人口扩展到无业人口，由工商业者扩展到农业劳动者。但目前在我国，保险还处于发展的初级阶段，在就业人员中，保险的主要覆盖人群是少数工商业者和国家机关工作人员，大部分群体仍处于保险保障的范围之外，而农业及其他类就业人员更未得到有效拓展。

所有这些意味着保险业的发展存在新的难度，即如何在群体风险和保险意识薄弱的职业环境下，经济收入层次和有效购买力差异较大的背景下，识别多元化目标人群

风险的差异性，同时如何从差异化人群中寻找个性，并以此为基础设计产品和市场推广策略，找出支撑保险业中长期发展的重要力量，成为极具挑战的任务。

（二）经济保障结构变化对保险的影响

伴随人口经济活动风险和职业风险增大的，是经济保障结构的变化，包括家庭经济保障和社会经济保障的变化。本部分将重点分析经济保障结构变化对保险产生的风险性影响。

1.家庭结构对保险的影响

家庭是社会的基本组成单位，在传统的家庭结构中，有血缘关系的几代人共同生活、协同劳动，当一个家庭成员伤残、疾病或年老时可以依靠其他家庭成员供养。然而近年来，与经济运行方式相适应，我国家庭结构也呈现出多种变化趋势，使得这种依靠被极大地削弱甚至完全落空。

第一，家庭小型化与核心化。与过去人员多、关系复杂的联合家庭和主干家庭相比，由父母和一个或两个孩子组成的小家庭成为城市和农村家庭结构的主流，家庭规模大幅度缩小。根据国家统计局各年度《中国发展报告》（中国统计出版社），我国家庭户规模从 1964 年的 4.43 人／户降至 2005 年的 3.3 人／户，而根据 2010 年第六次全国人口普查主要数据公报，平均每个家庭户的人口更是下降为 3.10 人。

第二，家庭本质关系由血亲主导转向婚姻主导。由于以爱情为基础的婚姻和自主婚姻比例大大提高，传统的血统观念日渐淡薄，血亲纽带日趋松弛，婚姻关系在家庭关系中的地位明显上升，亲子关系、血缘关系成为次要关系。

第三，家庭类型多样化。由于家庭观念的更新和社会环境的宽松，人们拥有了更多选择自己生活方式的自由，个性化的家庭生活方式比以往更多地得到人们的理解和尊重，使得各类新兴的家庭类型有了自己生存的空间。单亲家庭、流动家庭、再婚家庭、丁克家庭、分居家庭等"另类"家庭逐渐被人们所接纳和认同，成为社会系统中的新成员。

家庭结构的变化对保险产生了积极的影响，扩大了对寿险和健康险的潜在需求，但也带来一定的风险，表现为：

一是潜在需求与有效购买力之间的矛盾。家庭规模的缩小使家庭承受风险的能力降低，因此通过范围更大的社会成员间互助共济的保险来应对和管理风险，是人们不得不做出的选择。但与此同时，家庭规模的缩小同时限制了个体的有效购买力，在职业结构和收入结构未实现转型之前，保险的需求反而在某种程度上受到了抑制，这种矛盾在农村显现得更为突出。

二是承保与经营风险的加大。家庭关系的逐渐淡薄、疏离，使家庭成员对社会的依赖加强、对家庭的依赖减轻，造成某些家庭功能的削弱。以前由家庭承担的供养伤残、照料疾病、赡养老者的功能有落空的危险，这使得保险覆盖人群的风险进一步增力，进而可能提高保险健康保险、人寿保险等险种的经营成本。这类风险更多地体现在城市地区，对于保险存量业务的影响需要得到重视。

2.社会保障对保险的影响

在家庭经济保障功能逐渐弱化的情况下，社会保障的重要性日益凸显。社会保障和商业保险都是社会化经济保障体系中不可缺少的重要组成部分，二者既相互独立、并行不悖，又相互关联、相互影响。

（1）社会保障与保险存在一定的替代关系。社会保障与保险具有相似的功能，同为降低风险、化解损失的工具，发挥着社会"减震器"和"安全网"的作用。社会保障提供的是最基本的风险保障，更高层次的保障则由保险完成。社会保障是保险运行的基础，其完善程度直接关系到保险的运行空间。如果一个国家社会保障水平较高、范围较宽，已经能够满足人们对风险保障的需求，那么在收入既定的前提下，人们将倾向于减少保险的消费；反之则增加消费。因此社会保障与保险之间存在着负相关关系，两者有一定的替代效应，社会保障程度越高、覆盖面越广，消费者的侥幸心理和依赖心理越强，越不利于保险消费，这一点已为众多学者的实证分析所证实。

（2）社会保障与保险存在互补关系。社会保障与保险尽管性质和作用不同，但保障对象和最终目的是一致的，都是为了安定人民生活、稳定社会生产。在整个社会经济保障体系中社会保障占据着基础性地位，保险起补充作用，两者相互促进、相互弥补。社会保障的发展能提升全民保险意识，形成强大的潜在保险需求，进而实现有效保险需求、扩大保险市场规模；保险的发展和繁荣能够减轻社会保障的压力、弥补社会保障的不足，满足人们更高层次的需求，实现两者协调发展。

社会保障和保险之间是对立统一的关系，许多高福利的国家，往往也是保险发达的国家，健全的社会保障制度不仅没有阻碍保险的发展，反而为其提供了良好的社会环境，创造了有利条件，这一点已为世界各国社会保障和保险发展的实践所证实。当然，社会保障与保险之间应当保持适当的协调发展关系，达到一个最佳结合点，即在一定经济发展水平和一定社会发展阶段的前提下，能够最大限度地促进生产力发展、保障人民生活、维护社会稳定。

（3）我国社会保障体系的发展与对保险的影响。我国保险与社会保障的发展历程同样验证了二者的替代与互补关系。改革开放以前，我国实行高度集中的计划经济体制，生产资源归国家所有，全民的衣、食、住、行和生、老、病、死也由国家包揽，人们不必担心失业、疾病、养老等风险，保险需求和消费也就无从谈起。随着市场经济体制的建立和改革开放的深入，我国逐渐取消了统包、统分、统管的大一统制度，资源配置交由市场进行，每个人成为自主决策、自担风险的经济主体，对待保险的态度也发生了根本性的转变，中国保险业从此获得了迅猛发展的空间。

近20年来，保费收入的高速增长正是这种制度性力量释放的结果。但随着保险市场的急剧扩大，制度性作用也逐渐递减，锐减的社会性保障逐渐成为保险进一步发展和升级的制约性因素。其原因在于，当人口自然与经济风险急剧扩大，而社会缺乏基本机制将个体的基础风险进行有效转移，保险作为高层次风险的转移手段也因而受到制约。近些年来，无论是寿险还是财险，保费增长速度都在放缓，人身险保费收入还一度出现过阶段性下降，正是这种互补性作用的表现。

社会保障对经济、社会的稳定作用、对保险业的促进作用已逐渐被更多人所认识，国家也一直致力于建立广泛覆盖、为人民提供基本安全保障的社会保障体系。根据各年度《人力资源和社会保障事业发展统计公报》，全国参加城镇与农村基本养老、基本医疗保险人数持续增加，多个地区建立了养老保险省级统筹制度，同时开展了国家新型农村社会养老保险试点，为商业保险的发展创造了良好条件。但与此同时也要看到，由于人口经济结构的变化，仍有较大部分人群未获得或已获得却难以接续的社会保障。根据国家计生委《中国流动人口发展报告2011》，超过一半的流动人口没有参加任何社会保险，在工伤风险较高的采掘、制造、建筑业中，参加工伤保险的比例仅为58.4%、48.9%和25.1%。而流动人口除了社会保险参保率低，还面临养老保险异地转移接续难的问题，这直接影响了其在城市中的生活质量和稳定性，进而形成了对商业保险需求的制约作用。

三、人口社会属性引致风险及其对保险业的影响

人口的社会属性由社会关系、价值观、信仰、行为方式、消费习惯和伦理道德等因素构成，它们的变化对保险产生潜移默化的影响。对于中国这样一个有着悠久历史、深厚传统和文化积淀的国家来说，人口社会属性的影响尤为深远。公正、和谐、良好的社会环境是保险健康运行的基本条件，发挥着引导、约束、传递和整合的功能，相反的环境则会对保险的运行产生消极影响。

（一）社会关系对保险的影响

社会关系反映个人与社会结合的紧密度以及受社会限制的程度。反映在拓扑图上，横坐标代表个人与社会结合的紧密程度，从左至右逐渐增强；纵坐标代表个人受社会限制的程度，从低向高逐渐增强。这样我们可以得到四种典型的社会关系，见图5-3。

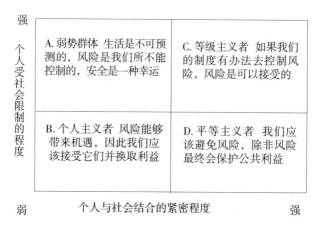

图 5-3　社会关系拓扑图

A 区，社会环境表现为竞争性的个人主义，个人与社会的结合程度及受限制程度都很弱，美国社会是一个典型例子。

B 区，是社会弱势群体，他们之间的关系一般都很疏远，在竞争性的环境中这些人会被排斥于市场之外，因为他们没有商品和服务可供交换；等级主义者也会将这些人排斥于权力等级之外。B 区的人通常是那些最贫穷或是没有一技之长的人。

C 区，是等级主义者，等级制度严格控制了社会生活的方方面面，越靠右上角，等级制度的控制性就越强。在社会中，权力机关即上级可能是一个政府；在更小的范围，则可能是父权家庭中的一家之主。

D 区，是一个平等主义体系，夹在个人主义者和等级主义者之间。这类体系一般存在于宗教团体、革命性政治团体以及某些反核运动和环保主义团体中。

这四种社会关系的人群有各自的文化倾向，用以判断风险的标准也不尽相同，因而处理风险的方式明显有异。个人主义者（组织性弱）更倾向于依赖市场处理风险，如美国、加拿大、澳大利亚和英国等，保险是管理风险的主要手段，这在一定程度上解释了这些国家保险业的发达。社会弱势群体处理风险是消极被动的，自留和避免风险是首选的风险管理手段。等级主义者（组织性强）处理风险时惯于服从高层意见，如日本，他们更倾向于政府提供相应的经济保障，特别是提供社会保障和巨灾保险计划，更倾向于采取互助形式的保险组织，也更愿意推行强制保险。平等主义者处理风险较为积极主动，预防和抑制风险是首选的风险管理手段。由此可见，处于不同社会关系中的群体对保险的需求是不同的。

我国历史上的社会关系与日本十分接近，自古以来中国就是一个等级制度严格、强调群体团结的国家，在风险管理上也倾向于依赖政府、群体，这正是个人取向的、市场取向的商业保险机制在我国发育迟缓的一个有力解释。今天，竞争的加剧和私有化的趋势将促进个人主义社会的形成，个人被赋予了更多的选择和自由，并日益依靠市场来配置资源，逐渐从 D 区迁移至 A 区。个体化的社会为保险的长足发展提供了有利的社会环境，然而也应该注意到，完全个人的、商业性的选择同样会带来严重的外部效应，尤其在缺乏健全制度约束时，个体的观念和行为会呈现无序和机会主义状态。无序的道德观念和行为会使得以市场信用为基础的保险市场难以实现有序发展，而机会主义状态则可能扭曲主体对风险的正常判断，从而忽略保险的风险管理作用。对于这样的潜在危害，由政府出面制定妥善周密的公共政策予以减轻和消除，将是十分必要的。

（二）传统行为方式对保险的影响

历史上的中国是一个自给自足的农业社会，没有统一的市场，更谈不上统一的市场规范。近现代以来，中国开始了由传统到现代的社会转型，这一转型涵盖了政治、经济、法律和社会的方方面面。然而这些都是制度层面的变革，深层次的如文化的发展、人格体系的改造以及行为方式的变迁等，远不像上述制度层面的变革来得那么容易，这正是传统文化具有相对稳定性和迟滞性的反映。正因如此，中国传统的观念和行为方式依然占据着重要地位，表现为：观念和行为受习俗而非法律支配；社会结构是阶层性的，个人在社会中的地位通常是承袭的，而非获致性的。

在这种传统模式支配下，中国人在面临不确定性或风险时，往往选择以下几种解决办法：

其一，回归传统。当人们面对一些不期而至的事情时，往往表现出诧异、好奇乃至恐慌无措，倾向于面向过去寻找这些事情的合理解释，并采取传统的回应方式。比如在农村，个体遇到天灾人祸往往希冀神灵的庇护或干脆听天由命而不采取积极的防范措施，这就造成了我国人民保险意识较差、保险需求不强。

其二，崇拜权威。中国人敬重权威、尊崇权威、盲从权威，而较少个人主见。在风险面前，人们倾向于听从权威的指导，从权威一方获取意见。权威的态度和行为常被一般群众所模仿，如领导参加了保险，下属便也会效仿，而不去分析这一行动的合理性与可行性。

其三，内向求助。当危险发生时，人们本能地首先选择向家庭成员求助，而对方也认为帮助家庭成员是理所当然的事；当家庭成员不能胜任时再扩大到亲戚朋友、邻居、同事、同学，向外界如银行、保险公司等举借基本不在考虑之列，甚或被认为是丢脸的事。这说明中国人在运用现代风险管理手段方面存在着固有的、文化方面的障碍。

其四，趋同行为。中国传统文化主张中庸、遵守规则，反对标新立异、个人主义，反映在保险上就是，若周围人都没有购买，自己也不会率先行事；若周围人都购买了保险，自己不买就是不合群、有失面子。

通过以上分析可知，中国人特有的观念和行为方式对保险的发展构成一定的障碍，必须加强宣传和教育，普及保险知识，提升保险意识，尤其是要加强对高层人士、专业人士的宣传，首先争取他们对保险的认同，借助他们的引导和示范作用带动全民保险意识的提升。

（三）变迁中的行为方式对保险的影响

基于前述社会关系的变化，也有一些个体逐渐脱离了传统的观念和行为方式，但新的、基于市场经济的主流道德观念和行为模式还未建立起来。在保险领域最集中的体现为：在当前的社会中缺乏健全的信用管理体系，保险诚信建设面临极大的困境，诚信危机甚至已成为目前中国保险业的最大风险之一。

从市场的具体表现来看，一方面，存在保险供给方、代理方误导消费者、虚假承保，延迟和拒绝赔付的现象；另一方面，保险消费者的种种保险欺诈、骗保行为屡屡发生。而保险的特殊性在于，保险合同的当事人必须严格履行合同规定的各项责任和义务，遵守最大诚信原则（Utmost of Good Faith）：投保人需将影响标的风险状况的一切信息告知保险人，以便保险人对承担的风险进行准确判断并确定费率；保险人也需尽其所能向投保人解释条款、解答疑问，帮助投保人理性购买保险产品。任何违反告知、不遵守或破坏合同规定的行为都有违最大诚信原则，都会对保险活动的顺利开展产生不良影响。

1. 当交易双方缺乏诚信时，就会彼此不信任或花费更多的时间和精力来证明对方是值得信任的，这会大大增加交易成本，缩小交易范围，使交易主体难以正常地沟通与往来，同时也会增加逆选择和道德风险对经济效率的损坏，使保险市场失去正常运行的基础。

2. 诚信的缺失会极大地挫伤消费者对保险的信心，消费者将不再把保险当作有效的个人风险管理方式，保险市场上的资金可能分流，部分消费者可能离开保险市场，严重的甚至会发生"挤兑"风险，动摇整个保险业的稳定。

3. 诚信的缺失也不利于民族保险业走出国门，参与国际竞争，使得本国国民享受外国保险优质产品和先进服务以及中国保险业的国际化进程受到阻碍。

道德观念弱化、诚信缺失已经对保险业的健康发展构成巨大威胁，成为制约我国保险业进一步发展的"瓶颈"，是摆在我们面前亟待解决的问题。

四、人口风险管理对策建议

人口自然属性、经济属性以及社会属性的变化无论对保险业的存量业务还是增量业务，影响都是巨大的。它给保险业带来的问题，涉及伦理、经济和社会多个领域，妥善解决这些问题是一个系统工程，需要社会各方和保险业界的共同努力。

（一）大力发展商业保险，应对人口风险

保险在产品、精算、服务、风险管理和资产运营等方面具有自身的优势，这些优势使保险既可以为基础型社会保障提供技术和产品支持，又可以为更高层次的保险保障提供网络服务、风险管理和资产运营支持。因此，在积极参与社会保障的同时，保险公司需要从保障人民群众最迫切的需求出发，重点发展以下人身险产品：

1. 商业养老保险

由前面分析来看，我国人口老龄化进程加快，人民生活水平有很大提高，保障性需求也在不断加强，其中对于养老保险的需求尤为迫切。但由于我国社会保障体系不够完善，养老基金缺口高达 7 400 亿元，并以每年 1 000 亿元的规模递增，单独由政府通过财政来解决国民的养老问题比较困难。因此，鼓励保险公司设计不同层次的商业养老保险，以适应不同收入阶层的居民的养老保障需求非常必要，也具有长期的现实意义。

2. 商业医疗保险

疾病风险的增加催生了医疗保险需求。但到目前为止，我国医疗费用由商业医疗保险承担的比例不足 2%，而许多发达国家这一比例在 50% 左右。保险公司要积极开发差异化、个性化的医疗保险产品，满足人们差异化的健康风险保障需求；政府则应在税收和财政等方面给予优惠，引导经济上力所能及的民众更多地依靠商业医疗保险来解决医疗保障问题，以减轻政府财政负担，保持医疗体系的长期活力。

同时，考虑到社会保障和商业保险的长期分工，商业医疗保险的作用是对基本医疗保险进行有益补充，体现在未被保障的人群和提高保障水平两方面，运作空间集中在以下领域：基本医疗保险中的个人自付部分和医疗费用超封顶线部分；基本医疗保险不保的药品、项目、服务设施和非指定医疗机构；收入补贴型和护理津贴型费用；基本医疗保险未覆盖的人群，如外来人口等。

3. 农村人身保险

农村社会保障体系存在着制度性缺陷，不仅参保范围窄、参保率低，而且缺乏政府的财政支持，导致领取标准低，根本无法满足农村人民风险管理的需求。社会保障的残缺和不完善使农村人身保险承担的社会责任远高于城市市场，农村养老保险、农村医疗保险，以及农村子女教育保险、农民工保险、失地农民保险和计划生育保险等业务亟待发展。政府应采取有效措施推动保险公司积极创新，确定适当的目标客户和价值定位，开发适合农村地区的寿险产品，建立起有效的、合理的农村业务模式。

（二）推动人口结构的转型，完善社会保障体系

人口的经济属性对于保险的发展有着重要的影响。在经济转型的同时，我国也要着力于推动人口的经济结构转型，包括缩小城乡差距，推动职业结构升级，保障流动性人口的基本安全与利益等，优化保险发展的人口环境。

　　而在这个目标中，最重要和迫切的任务是完善社会保障体系。根据分析可知，社会保障的基础地位与保险的补充作用决定了两者之间存在着协同效应，可以相互借鉴。发展社会保障对于提升保险水平大有裨益，而滞后的社会保障体系则会限制商业保险的发展。

　　因此，应该加快社会保障制度建设，促进社会保障与商业保险的有机衔接，以形成职能清晰、保障齐全的社会经济保障体系。以养老保险为例，政府既要鼓励和引导个人购买商业养老保险，也要大力发展企业年金，形成基本养老保障、企业年金和个人商业养老保险"三支柱"型的养老保障模式（图5-4）。三者的比例保持在40：20：10(或20）左右，集国家、集体、个人和家庭三方的力量共同应对养老风险。

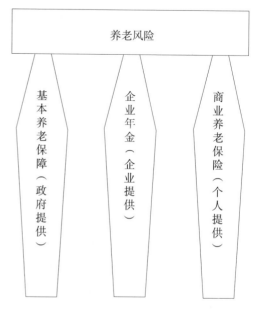

图5-4　"三支柱"型养老保障模式

　　这里要特别注意建立和发展与生产力水平和社会各方面承受能力相适应的社会保障制度。按照我国现有的生产力水平和社会各方面的承受能力，只能建立和发展低水平的社会保障制度，遵循"基本、必要、适度"的原则，不能一味贪大、求全。社会保障的发展速度不能超过经济发展速度，发展水平不能超过经济承受能力，要走"广覆盖、低水平、循序渐进"的发展道路，否则就会背上沉重的资金包袱，甚而出现财政危机。

（三）加强保险教育，进行诚信建设

1.加强风险和保险意识教育

　　如前所述，人口的社会属性带来了意识、观念和行为方式上的局限性，使得社会对保险的接纳度相对有限，这就要求下大力气加强对保险的宣传工作，提高国民风险与保险意识。

　　首先，在宣传对象上，要重点加强对社会中低阶层的宣传。当前保险宣传往往只注重对领导干部、企业高级管理人员或社会富裕阶层开展工作，忽视对广大普通老百姓的宣传，这与保险公司的功利心理及短期行为密不可分。应该加强对社会中低阶层的保险宣传，激发占人口绝大多数的人群的保险需求，提升广大民众的保险意识。

与此相对应，在宣传手段上，也要注意形式的多样性，根据不同的对象使用不同的手段。

其次，在宣传内容上，要增加对保险知识的宣传。以往的保险宣传重产品介绍，轻知识普及，缺乏对保险基本知识的了解，老百姓很难对产品产生认同。许多人要么对保险职能和作用缺乏起码的认识，要么保险消费行为不成熟、不健康，过于追求投资功能而忽视保障功能，以致险种选择不合理、不科学，还有的重复保险，造成保险浪费。因此应该加强对保险常识的宣传，使人们真正了解保险，从内心接受保险，并掌握一些基本的投保策略和方法，提高广大民众科学运用保险机制转嫁风险的水平。

2.加强诚信建设、营造良好社会氛围

在保险经营活动中，诚信是对保险交易双方合法权益的维护和尊重，诚信的缺失最终会使失信者利益受损。为此，应做好以下几方面的工作：

（1）建立健全社会信用管理体系。成立专门的信用管理机构，统一开展诚信监管工作及疑难案件的调查处理。在美国有反保险欺诈联盟和反保险欺诈局，我国可以仿效这一做法，提高信用管理的专业性和技术性。建立信用信息数据库，加强信息交流与共享，利用先进的技术增强信用建设力度。由于信用数据的征集是一项艰巨的工作，涉及金融、财政、工商、税务、司法等多个部门，因此应以政府为主导建立公共征信制度，并给予政策、法律、人力和财力等多方面的支持，有效地收集、整合各种分散孤立的交易主体的信用资料，建立起公开、共享的社会信用信息网络，提高市场透明度，发挥社会监督作用，推动诚信制度的建立健全。

（2）制定保险诚信法律。诚信建设只有纳入法制的轨道，才能真正建立起守信者的利益保障机制和失信者的惩罚机制，确保守信者获得应有的回报，失信者承担应有的责任，促进市场主体行为更加规范。我国应尽快制定《保险信用管理办法》《保险失信行为处罚制度》等法律法规，通过法律制度的保障，使每一个保险活动参与者注重诚信形象，规范市场行为，在整个保险市场形成诚实守信的保险交往关系，将保险诚信制度纳入法制的轨道。

（四）改善保险经营方式，降低运营风险

1.寿险产品要突出保险本性

保险的本质是保障，保障才是保险的基本职能，这是保险业区别于其他金融业的根本，也是保险存在的价值和理由。因此保障类产品才是保险公司的主打业务，如果过分宣传保险的投资功能，甚至将保险当基金卖，将投资型险种当寿险卖，把保险视为一种投资工具，对保险抱有过高的投资预期，将是十分有害的。

此外，与传统寿险产品相比，理财型保险产品强调保险的收益性，相应地，保险公司的投资也会更多地集中在风险性金融工具。而实际投资回报率，不仅取决于保险公司的保险资金运营能力，更取决于资本市场的运行状况。现实情况是，在2001年、2004年、2007年股市大跌的年份，都出现过投连险、分红险等理财型险种收益率下降，从而引致退保增多的情况。在当前相对低迷的资本市场环境下，保险公司所希望的投资收益率目标恐怕也难以在短期内达到，对承保成本的弥补缺乏坚实的基础，加上银行各类理财产品的替代性，退保风险仍然是保险公司面临的严峻挑战。

不稳定的保单群体既不利于消费者，也不利于保险公司稳定现金流。所以，必须明确保险公司基本业务和拓展业务的合理边界，保证保障类产品在全部业务中的合理比重，强化风险防范和控制，从而保持稳定经营。

2. 积极推进健康保险的科学经营

健康保险的难点在于道德风险，解决这一难题的方案之一是进一步做好损失控制和赔付管理。进一步贯彻健康管理模式是有效途径之一。如前所述，健康管理包括两个部分，一是根据客户实际需求提供多种健康管理服务计划，如提供健康体检、个人健康档案管理、特需诊疗安排等健康维护和诊疗管理服务项目；二是与医疗服务机构合作建立风险共担的财务机制，以期控制医疗服务成本。两种实践体现了两种风险管理理念：前者重在提供额外的保健服务对疾病进行预防，通过降低疾病发生率来控制风险，属于防损行为；后者则重在建立与服务机构的合作与风险分担关系，通过控制医疗费用总量控制风险，属于减损行为。

要想通过健康管理降低医疗费用支出实现有效减损的目标，需要依靠医疗服务市场与健康保险市场的共同发展。长期来看，有效的医疗服务竞争环境及有效的价格体制最终将会形成，保险公司经营将获得良好的经济基础和技术条件。而短期内，在存在各种市场制约条件的情况下，保险公司实现健康管理的风险分担也存在一定的选择空间。具体建议如下：

（1）优先选择协议定价方式。在医疗服务价格存在扭曲的状况下，通过测算医疗保障需求进行定价比较困难，而在我国信息不对称较为严重的情况下，预付费方式也更可能带来医疗服务不足。相对而言，协议定价方式更接近当前的医疗服务模式与健康险的定价方式，接轨与创新都更为容易，且可以完全避免医疗服务的供给缺失问题。

（2）自下而上、分层次推广健康管理。一般而言，个体对医疗服务的偏好要先于保险产品，产品性质本身的不同就决定了医疗服务机构与保险机构的非对等性，而在医疗服务市场存在垄断的情况下这种非对等性就更为明显。要加强健康险经营者在健康管理模式构建中的议价能力，一方面需要保险业力量的行业性强化，包括建立行业协会或联盟组织等，另一方面则需要回避医疗服务市场上的垄断力量，尝试从基层医疗服务机构，尤其是社区卫生中心入手，构建区域性的健康管理体系，进而一步步扩大健康管理范围，最终完成健康保险的科学化经营。

第三节　经济风险的识别与分析

一、经济运行风险及其对保险业的影响

经济环境对保险业的影响毋庸置疑，它直接制约着保险的发展规模和速度。在影响保险发展的宏观环境中，宏观经济运行风险无疑是决定性的、第一位的。

（一）经济增长速度放缓对保险业的影响

改革开放 39 年来，我国国民经济飞速发展，GDP 以年均 8.2% 的速度递增，不仅超过发达国家的同期增长水平，在发展中国家也属罕见。

良好的宏观经济运行态势奠定了保险发展的坚实基础，历年来我国保费收入与 GDP 呈同步增长趋势，二者表现出显著的正相关关系。如表 5-4 所示，10 年间我国 GDP 对保费收入的弹性平均值为 3.03，即 GDP 每增加或降低 1 个百分点，那么保费收入将增加或降低 3.03 个百分点，可以认为国民经济发展是保险发展的根本动力和源泉，是影响保险发展的决定因素。

而近年来，随着改革开放的制度性收益的集中释放，国民经济增长速度开始有所放缓。未来我国经济面临结构转型的重大任务，加上经济存量已积累到一定程度，经济增长速度的放缓恐将成为一种常态。经济支撑力量的减弱对于保险业的扩张发展是一种新的考验。

表 5-4　　　　　　　　　我国十年间 GDP 与保费收入比较

年　份	GDP（亿元）	保费收入（亿元）
2006	219 438.0	5 640
2007	270 332.0	7 036
2008	319 515.0	9 784
2009	349 081.0	11 137
2010	413 030.0	14 528
2011	489 300.0	14 300
2012	540 367.0	15 500

续　表

年　份	GDP（亿元）	保费收入（亿元）
2013	595 244.0	17 222.24
2014	643 974.0	20 234.81
2015	689 052.0	24 282.52

（二）经济结构不平衡对保险业的影响

经济结构是经济体系中各部门、各地区、各领域以及社会再生产各方面的组成和构造，包括产业结构、地区结构、收入结构等。

1.产业结构不平衡

当前我国产业结构正处于由低向高的战略性调整时期。2001 年至今，各产业产出所占份额由高到低是第二产业、第三产业和第一产业。而从趋势上看，也是第二产业增长最快，第三产业次之，第一产业最慢。

这样趋势变化对保险业带来了新的影响。一般来说，第一产业保险品种少、保险程度低，第二、第三产业保险品种多、保险金额大，保险需求也旺盛，当前的保险市场也将较多的精力集中在第二产业。而随着产业结构的优化，第一产业和第三产业需要更多的保险支持，而第二产业内部的结构变化也会催生出新的风险，这些都要求保险公司能够推陈出新，改革传统的经营险种和经营方式，实现保险产品创新和服务创新，在促进保险业发展的同时推动产业结构调整。假如保险业未能适应我国产业结构调整的现实需求，则发展动力反过来可能成为阻力，风险的过度集中以及与需求的不匹配将成为保险业发展的制约因素。

2.地区结构不平衡

我国区域经济发展表现出明显的不平衡性，东部、中部和西部地区经济发展水平有极大的差异，使得保险的区域发展也显示出明显的不平衡，呈现出东高西低的梯度性差异。原因在于：首先，经济越发达，积累的财富越多，容易遭受风险袭击的标的也越多，对保险的需求也越旺盛；其次，经济发达的地区个人收入较高，对保险的实际购买力也较强；再次，经济发达的地区人民受教育的机会更多，素质更高，风险意识更强，更易于接受保险这种先进的风险转移机制；最后，经济发达的地区更具备完善的金融市场和金融环境，更容易吸引保险的供给者。因此，不论是从保险需求的角度还是从保险供给的角度观察，经济发展水平与保险发展水平都具有正相关关系，并呈同一变动趋势。

我国经济地区结构的缺陷造成我国区域保险发展的不平衡，产生出一系列不利的影响：

（1）保险市场主体与保费收入分布不平衡。市场的结构不平衡体现在，越是保险发达的地区，保险市场主体越多，保费所占比例越多；反之，市场主体越少，甚至出现完全垄断的局面，保费收入占比越低。

（2）不利于形成合理的风险分散结构。根据风险原理，风险越分散，越易于管理，承受能力越强。保险公司若能将业务尽量分散，在全国多个地区开设营业网点，构筑起广泛的保险网络，将大大提高抗风险能力。一旦由于突发事件发生或外界经济金融环境变化使得公司在某一地区的业务受挫，还可以通过性质不同的其他地区的业务进行弥补，从而达到在更广泛范围分散经营风险的目的。相反，若公司只是集中于某一个地区或某几个同类地区开展经营，则会由于风险的同质性以及相互传递，达不到分散风险的目的。

（3）容易受到外资保险的冲击。随着我国保险市场开放程度的不断加深，外资保险公司的数量与日俱增，与民族保险业的竞争日趋激烈。拥有丰富保险客源而市场发育较不充分的中、西部地区对外资保险有着巨大的吸引力，外资保险公司极有可能凭借其强大的资金实力和先进的管理经验与民族保险公司争夺这一广阔的市场，从而对我国保险业的整体发展构成巨大威胁。

3. 收入结构不平衡

个人收入是实现保险消费的重要前提。高收入代表较高的经济支付能力，在边际消费倾向递减的情况下，随着个人收入的增加，一般生活消费在总收入中所占的比重将减少（如恩格尔系数随收入增加而递减，这已为许多研究所证实）。这就意味着增加的收入中将会有更多的部分可能投向保险或其他金融资产，因此保险需求与个人收入水平成正相关关系。

随着我国市场经济体制的确立，生产力水平迅速提高，居民生活有了根本性改善，但随之而来的收入差距拉大、贫富悬殊的问题也日益突出。国际上通行的反映居民收入差距的指标为基尼系数。2016年年末，来自国家统计局的统计数据显示，2016年我国基尼系数为0.465，略高于2015年的0.462，而民间对于基尼系数的测算则显示出了更高的风险。数据表明，现阶段我国居民个人收入差距已经进入国际公认的绝对不均等区间，并且有逐年扩大的趋势。贫富悬殊过大、缺乏中产阶层的状况对保险消费的持续稳定产生了极为不利的影响。

理论和实践都证明，中等收入阶层是保险消费的主力军，因为低收入阶层虽有保险需求却没有购买能力，高收入阶层虽有能力却有其他管理风险、获取投资收益的渠道，因此保险尤其是投资类保险产品的主要消费群体是广大的中产阶层。也就是说，中间大、两头小的橄榄型阶层结构（中等收入阶层占人口总数的40%～50%）对保险的发展最为有利，而贫富悬殊、两极分化的金字塔型阶层结构最不利于保险的发展。

当前我国正处于由传统社会向现代社会过渡的转型时期，社会阶层结构是介于橄榄型和金字塔型之间的梨型，即大多数人仍处于社会的中下层，收入水平较低，中产阶层缺失，并有向金字塔型发展的趋势。这种状况不仅会带来一系列社会、经济问题，也使保险发展受到阻碍，这是因为：

首先，大量低收入阶层的存在使保险实际购买力严重不足，这不仅造成保险增长的内在动力缺失，而且引发现有保险公司之间的过度竞争、恶性推销，需求与供给之间的均衡难以维持。

其次，低收入阶层无购买力、中产阶层缺失的事实使保险公司过多地把目光投向高收入阶层，注重开发投资型保险产品，以刺激高收入阶层的保险消费，导致我国过早地进入投资联结产品和分红产品市场，使得这部分产品过度扩张，保障类产品发展不足，造成保险产品结构失衡，保险的经济补偿功能弱化。

总体来看，我国个人收入的不平衡性已对保险的发展产生了负面影响，使得社会分层中占人多数的国民的保险需求无法得到满足，保险最基本的经济补偿功能无法充分实现，资金融通和社会管理功能也大打折扣。

（三）通货膨胀风险对保险业的影响

通货膨胀是经济转型时期的重要特征之一，许多国家在实行体制改革时都遭遇过高通胀的难题。通货膨胀对保险需求和供给都会产生影响。

1. 对保险需求的影响

（1）通过影响保险商品价格产生的价格效应。一方面通货膨胀使保险商品的价格上升；另一方面通货膨胀也使其他商品价格上升，用于购买其他商品的支出增加，因而用于购买保险商品的收入相对减少。两方面作用都会抑制保险需求。

（2）通过影响收入水平产生的收入效应。通货膨胀使消费者收入的实际增长速度慢于名义增长速度，使得实际可支配收入减少，从而减少保险消费。

（3）通过影响其他环境变量产生的替代效应。通货膨胀降低了保险尤其是寿险产品的预期收益率，使保险与其他金融产品的相对收益发生改变：当其他金融产品的预期收益率不变甚或提高时，人们就会减少保险消费。

（4）通过减少保险公司赔付产生的挤压效应。通货膨胀使保险公司的实际赔付率降低，被保险人获得的实际损失补偿减少，弱化了保险的经济补偿功能，进而可能抑制需求。

2. 对保险供给的影响

（1）通货膨胀使保险公司的资产贬值。我国保险公司的资金运用主要集中在固定收益债券类，通货膨胀会严重削弱这些资产的价值。据有关研究表明，5%的通货膨胀率可使人寿保险基金的实际货币价值在7年后仅相当于最初价值的70%。土地、房屋等不动产有很强的抗通胀能力，但这类资产在我国保险公司的总资产中所占比例极小。

（2）通货膨胀使保险费率升高或供给数量减少。由于通胀的存在，保险费的实际购买力也会有所下降，这将促使保险公司向上调整保险费率，以弥补自身的经营成本。如果保险产品的价格需求弹性很强，保险公司可能在维持原保险费率的基础上减少供给数量，这些都会进一步加剧市场的供需不平衡。

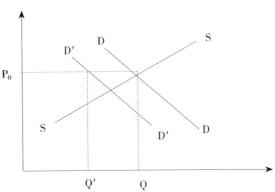

图5-5　通货膨胀对保险市场供求平衡的影响

综上所述，通货膨胀将对保险需求产生抑制作用，如图5-5所示，保险需求曲线由DD左移至D′D′，假定保险供给不变，由于保险费率缺乏弹性，在P_0的费率水平上，供给将超过需求，市场过剩△Q=QQ′，供求平衡被打破。

改革开放以来，我国采用了渐进式的改革路径，通胀率得到了一定程度的控制，尤其是近几年一直保持在4%以下。然而放眼未来，通货膨胀的风险依然存在，保险公司绝不可忽视。

二、金融风险及其对保险业的影响

金融是现代经济的核心，随着现代经济的发展，金融所扮演的角色越来越重要。银行、证券和保险是金融业的三大支柱，金融业的整体运行情况必然对保险产生深刻影响。一方面，金融为保险的资金运用提供环境，为保险转移和分散风险提供广阔的市场，推动保险向纵深发展；另一方面，保险也为金融注入大量资金，起到转移风险、稳定市场的作用，两者存在着既互相推动，又互相制约的关系。金融对保险的影响因素包括：

（一）利率风险
保险尤其是储蓄性的人寿保险是一种金融商品，对利率变动十分敏感。

1.利率变动的替代效应

利率变动会对保险需求产生影响。当市场利率上升时，人们会将更多的资金用于储蓄以获取更多的利息，部分保单持有人甚至会以保单为抵押进行贷款或直接退保以取得现金投资于其他方面，导致退保率上升、续保率下降；当市场利率下降时，由于保险公司调整保单利率具有延迟性，人们会积极投保，利用时间差获取高收益。因此储蓄与保险之间存在替代效应。

2.利率变动的价格效应

寿险产品的预定利率是参照银行利率确定的，利率下调必然导致预定利率下调，使得寿险产品价格相对上升，从而减少保险需求。这是利率变动产生的价格效应。当利率下调引起的替代效应大于价格效应时，会刺激保险需求，促进保险发展；当利率下调引起的价格效应大于替代效应时，会减少保险需求，给保险发展带来负面影响。

3.利率变动对投资收益的影响

利率变动还将直接影响保险公司的投资收益，利率下降会使投资收益下降，并由此影响到保险产品的定价及准备金的提取。

在我国，保险公司有将近一半的资金用于银行存款，其他如国债、企业债券、金融债券等收益率均与利率密切相关，如果投资收益率小于预定利率，原来的定价和准备金就不足，就会导致利差损。特别是寿险产品，由于期限较长，利率变化对它产生的影响比财险产品要大得多。

（二）汇率风险

金融危机使西方国家经济普遍不景气，美元整体走软、人民币升值已是大势所趋，汇率问题成为当前及未来一段时期影响我国经济发展与国际经济关系的重要因素，对保险业的整体运营也将产生深远影响。

随着人民币汇率制度改革的不断深入，资本和外汇管制将不断放松，人民币汇率的弹性将不断增加，保险公司面临着人民币升值的影响。

1.对外汇资产和负债的影响

人民币升值将导致外汇资产贬值，这就要求外汇资产有更高的收益率来弥补汇率损失，否则就只能承受人民币升值带来的外汇资产贬值。如2005年年末，人民币对美元的汇率上升了2.5%，造成中国人寿、人保财险和中国平安13.6亿元人民币的损失。人民币升值也将同时影响外汇负债，使保险公司支付的外币赔款所对应的人民币实际价值降低。

因此，汇率变动对保险公司资产和负债的综合影响将取决于外汇净敞口是在资产方还是在负债方，若外汇资产多于外汇负债，净敞口在资产方，则人民币升值将对保险公司造成不利影响；反之则对保险公司有利。

当前我国保险公司的资产基本上是人民币，外汇资产很少，因此汇率风险还不大。但随着外汇保险业务的发展以及保险公司到海外上市募集资金，我国保险公司所持有的外汇资产必将大量增加，从而面临更大的汇率风险。

2.对外汇业务的影响

由于外汇保单是以外汇定价、缴费并支付赔款的，因此汇率变动将影响外汇保单的实际人民币收入。对于办理分保的业务来说，汇率变动还将使摊回的分保外汇赔款所对应的实际人民币收入发生变化；在人民币升值的情况下，分保摊回的实际人民币收入将下降，从而造成保险公司实际自负赔款额度上升。

3. 对保险公司评级的影响

如果保险公司未能进行有效的外汇避险，人民币升值造成的外汇资产贬值有可能削弱保险公司的偿付能力，使保险公司的部分指标恶化，保险评级机构将相应调低保险公司的评级，从而影响投资者和消费者的信心，进而影响保险公司的经营状况以及上市公司的股价。

（三）资本市场运行风险

资本市场为保险提供资金运用的场所，对保险公司提高资金实力、保证偿付能力有举足轻重的影响。近几年来，我国股票市场持续低迷，股价指数一直在低位徘徊，成交量极大萎缩。尽管从 2006 年开始股市出现了转折性变化，但紧接着就急转直下，一泻千里。至 2010 年，股价指数有适当回升，但仍在艰难地徘徊。这种大起大落显示我国股票市场距离规范和成熟还有相当的距离。相比之下债券市场的表现较为平稳，特别是国债较为活跃，债券利率呈上升趋势。这对保险需求和供给分别产生着不同的影响。

1. 对保险需求的影响

证券与保险存在一定的替代性，在个人（家庭）金融资产既定的前提下，证券市场的投资越多，保险消费越少，反之亦然。近几年我国股市的剧烈波动在一定程度上刺激了保险需求，股市的高风险使众多公民加强了对资金运用安全性与收益性合理匹配的认识，催生了风险和保险意识。但与此同时，波动性极强的资本市场套牢了较多的个人财富，使其无法进入保险市场形成现实的购买力。

2. 对保险供给的影响

（1）未能为保险资金运用提供理想的场所。资本市场是保险资金运用的主要途径。资本市场有众多的参与者、有广泛的信息渠道、齐全的交易设施和交易规则，它为保险资金提供投资场所和投资品种，可以很好地满足保险资金运用安全性、收益性和流动性的要求。

然而不成熟的资本市场将使保险资金运用受到极大限制。长期以来，我国保险资金运用普遍存在投资渠道窄、投资收益率低的弊端，这与我国资本市场发展滞后有直接的关系。

（2）未能通过资本市场扩大风险转移范围，提高保险公司承保能力。传统保险机制在应对巨灾风险时受到资金缺乏的限制，通过风险证券化可以将风险从保险市场转移到资本市场，使保险公司和再保险公司能够承受巨灾带来的损失，大大提高承保能力。

当前我国的资本市场发育还不健全，缺乏风险证券化的基础条件，在很大程度上制约了我国保险公司的承保能力，使我国巨灾风险管理存在极大隐患。

（3）未能帮助保险业提升创新能力，为保险产品创新提供现实条件。通过开发与资本市场相连接的产品，保险公司可以创造出各种新型保险衍生产品，突破传统可保风险的限制，为顾客提供巨灾保险等特殊保障产品，丰富保险产品品种，扩大经营范围。

目前我国资本市场的发育还无法满足风险证券化的前提条件，使保险衍生产品的出台受到限制，阻碍了保险公司创新能力的提高。

（四）金融危机

1.保险业在金融危机中扮演的角色

众所周知，保险是风险管理最有效的手段之一，然而保险业却未必能始终扮演"风险管理者"的完美角色。在某种特定时机和情形下，保险业也可能制造风险，成为风险的"制造者"，甚或由于其经营的特殊性，对风险的传递和扩大起到推波助澜的乘数破坏作用，比起没有保险制度覆盖的状态而言，有可能带来更加严重的问题。在美国次贷危机中，保险业就扮演了多重角色：

（1）充当次级债的重要投资者。作为金融市场的重要资金供给者，保险公司购买了大量的次级债券，成为次级债的重要投资者。随着所持有的次级债大幅贬值，保险公司蒙受了巨大的投资损失，也因此而成为这场金融危机的受害者之一。据国际货币基金组织（IMF）统计数据显示：美国保险公司持有全部住房抵押次级债的19%，考虑到保险公司持有的银行等金融机构的股票在危机中大幅下跌，且债券和股票在保险公司整个投资组合中所占的权重相当大，保险公司在金融危机中遭受的投资损失将十分巨大。

（2）向低信用度的贷款人和高风险的次级债提供保险。在利益驱动下，保险公司向信用度较差的低收入贷款人提供住房抵押贷款保险，助长了放贷机构的信心，客观上为放贷机构放松贷款条件起到了推波助澜的作用。与此同时，保险公司还忽视潜在的巨大风险，为安全性较低的次级债提供保险，为其配备华丽的包装，不仅大大提高了次级债的信用等级，而且极大地增强了投资者的信心。保险公司直接或间接地成为这场金融危机的帮凶。

（3）承担巨额的赔偿责任。随着保险公司承保或担保的顾客大量违约，引发了巨额的保险赔付。在抵押贷款方面，位居美国按揭贷款保险市场份额第一位的按揭保险商 MGIC 2007 年第四季度共亏损 14.7 亿美元；在单一风险方面，世界第四大债券保险商 FGIC 2007 年第三季度损失 6 539 万美元，世界最大的债券保险商 Ambac 2007 年第四季度的损失更是高达 32.6 亿美元；在信用违约掉期方面，全球保险巨擘

AIG 2007 年 6 月—2008 年 6 月一年内累计亏损 250 亿美元，其他业务亏损 150 亿美元，2008 年第四季度亏损更是高达 617 亿美元，成为美国公司有史以来遭遇的最严重的季度亏损。保险公司成为这场金融危机的买单者之一。

可以看出，在金融危机的形成和利益关系链中，保险业是重要的一环。它既是次贷市场资金的来源之一，又是市场风险的主要承担者之一，成为金融危机的参与者，同时也是受害者。

2. 金融危机对我国保险业的影响

尽管我国保险市场的国际化程度较低，金融危机对中国保险业的影响相对有限，然而置身这样的全球性金融风暴之中，中国保险业无法独善其身，直接或间接地受到一系列影响。

（1）保险公司业绩下滑。受累于 A 股市场暴跌和外围资本市场的低迷，国内几大保险巨头损失惨重，业绩大幅下滑。三家上市公司中，中国人寿营业利润下降 55.71%；太平洋保险投资亏损 15 亿元，净利润同比下降 32.6%；中国平安更是因斥巨资 18.1 亿欧元购买比利时富通集团（Fortis）的股票，由于股价暴跌 78% 而亏损 222 亿元，亏损面达 93%。

（2）保险投资压力增加。金融危机造成资本市场投资环境急剧恶化，保险公司的投资压力空前加大。一直以来，我国保险公司面临着投资安全性与收益性的双重压力，尤其是投连险和万能险等新型险种，对投资收益的要求极高，而投资环境的恶化无疑使公司深陷窘境。保险公司总体投资收益下降，使大多数万能险产品的结算利率大幅下滑，从 2008 年上半年巅峰时的 6% 下降至 4%～5%，最低的仅有 2.5%。

（3）保费收入增幅放缓。近几年来我国保险业保持着高速增长的态势，尤其是 2008 年上半年，全国人身保险保费收入同比增长 70% 以上，其中银行保险占了近 50%。而银行主要销售的是投连险和万能险，这些险种对资本市场的依赖极大，将直接面临金融危机的影响。在财险领域，尽管受到的影响会小于寿险，但由于出口需求下降及国内外经济不景气，货物运输保险、出口信用保险等业务都将下降，并有可能遭遇更多的索赔。可以预见，我国保费收入增加将受到遏制，并且存在大起大落的可能。

（4）消费者信心受挫。在这场金融风暴中国际诸多保险巨鳄陷入危机不能自拔，给国内消费者留下了"保险公司不保险"的深刻印象，沉重打击了公众对保险的市场信心，引发了人们对保险公司的长期信任危机。如 AIG 遭遇重创后，在一项 4 000 多人参与的调查中，65% 的投票者表示不会购买其旗下友邦保险的产品。国内三家上市公司中国人寿、平安和太保股票接连下跌，直至跌破发行价。从具体业务来看，与资本市场紧密相关的投连险等险种表现得最为突出，在全国多地遭遇退保风潮，个别保险商的退保率甚至超过了 50%，这对保险业的发展无疑是十分不利的。

2008 年的金融危机对中国保险业不啻是一次巨大的考验，一些拥有海外资产的保险商不得不为错误的投资买单，其他保险商也将因经济和金融环境的恶化而陷入经营困境和低谷。中国保险业极有可能面临一次行业内的"洗牌"，兼并、重组在所难免，市场份额、公司排名等都可能发生巨大变化。

三、经济全球化和金融一体化对保险业的影响

（一）经济全球化和金融一体化的内涵

经济全球化是当今世界经济发展的主流，对中国保险业的影响不言而喻。信息技术的广泛应用、高科技武装的通信往来、低廉的运输成本、没有国界的自由贸易正在把世界融合为一个统一的市场，极大地改变着人类经济和社会活动方式。新思维、新技术、新发明层出不穷，不确定因素空前增加。置身经济全球化浪潮之中，发展中的中国保险业面临着前所未有的挑战和千载难逢的机遇，是创新最多、变数最大的领域之一。

金融一体化是指不同金融机构的金融活动相互渗透、相互影响而形成的联动、整体的发展态势，其实质是混业经营，为客户提供全能化、一站式的金融服务。在一体化的环境中，银行、证券、保险之间的交叉越来越多，关系越来越模糊，各自的目标、内涵和手段也越来越丰富。

金融一体化是经济全球化的结果，经济全球化是金融一体化的重要推动力量，两者相辅相成、互为表里、密不可分。

（二）经济全球化和金融一体化的表现

经济全球化和金融一体化导致保险业急剧扩张，表现形式主要有两种：

1. 保险业横向扩张

（1）保险并购。20 世纪 90 年代以来，国际保险业掀起了新一轮并购重组（M & A, Merger and Acquisition）浪潮，其范围之广、规模之大、交易之多、持续之久、影响之深，均为现代保险业几百年来所罕见。并购可以迅速扩大经营规模，增强风险防范能力，更好地参与国际竞争，它不仅改变了国际保险的市场构成和业务格局，而且对今后保险业的发展方向也将产生深远的影响。

（2）混业经营。经济全球化和金融一体化使混业经营成为当今大多数国家在保险经营范围上的一种选择。这里的"混业"既包括保险业内部产、寿险业务的融合，也包括保险业与其他金融业的融合。混业经营不仅能很好地满足消费者多种金融服务的需求，而且可以极大地节省成本、有效地分散风险，有利于保险资源的优化配置和国际竞争力的提升。混业经营的具体模式主要有三种：

a.金融控股公司。金融控股公司是混业经营的主要模式，它以一个金融企业为控股母公司，全资拥有（或控股）各个专业子公司，如商业银行、证券公司、保险公司等。这些子公司具有独立的法人资格，有相应的营业执照，都可独立开展相关业务和承担相应的民事责任。

b.保险集团。通过在集团内部设立产险子公司、寿险子公司、再保险子公司、保险代理子公司、资产管理子公司以及其他实业形式，形成同一集团在品牌声誉、经营战略、营销网络、客户资源和信息共享等方面的协同优势，降低集团的整体运营成本，并从多元化的经营中获取更多收益。

c.银行保险。银行保险（Bancassurance）是银行和保险公司之间达成的金融服务一体化的一种机制。

按照一体化程度的不同，常见的银行保险有四种模式（图5-6），我国目前采用的是第一种模式，保险发达国家则普遍

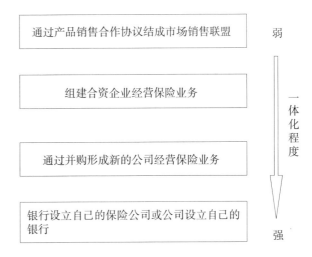

图5-6　银行保险的四种模式

采用第三种模式。银行保险将银行的销售网络与保险公司的专业产品有机结合起来，为顾客提供"一站式"的金融服务，节省了营运成本，提高了交易效率，实现了资源配置的优化。

2.金融创新活动活跃

经济全球化的过程就是风险全球化的过程，随着各经济要素在全球范围内的自由流动，经济的关联度和集中度不断提高，新型风险层出不穷，损失程度不断扩大，迫使保险公司进行产品创新来管理风险。

在这种背景下，一些与传统保险不同的新兴风险管理方式应运而生。

（1）自保公司（Captive Insurance Company）。自保公司被认为是最早的ART产品，它是非经营保险业务的企业建立的专门为股东企业提供保险服务的机构。自保公司的出现使企业能够更有效、更方便地寻求风险分散途径。

（2）有限风险保险（Finite Risk）。有限风险保险是将风险在时间上进行分散，保险合同期限通常跨越多个年度，利率风险、汇率风险等传统意义上不可保的风险也

可得到保障。这种方式的最大优势在于它能够熨平企业经营中的高低起伏，稳定企业价值。

（3）多年度/多险种产品（Multi-line/multi-year Products）。这种产品将不同险种的保险产品捆绑在一起，在多年度的基础上形成综合性的、整体性的保障，费率也采用综合费率。较之有限风险保险，这种产品最大的特点是能同时实现大量风险的转移。

（4）保险衍生产品（Insurance Derivatives）。这种产品借助金融工具实现保险风险证券化，将风险从保险市场转移到资本市场，大大提高了承保能力，其种类有：风险互换（Swap）、巨灾债券（Catastrophe Bond）、巨灾保险期货（Catastrophe Insurance Future）、巨灾保险期权（Catastrophe Insurance Option）等。

这些新方式的出现创造出了不同保障责任、不同保险期限、不同风险收益和不同现金流量的新型保险产品，将以往难以承担的风险分散到更广泛的资本市场，极大地提高了保险人的承保能力。与此同时，由于其混合和交叉特性，而且通过保险市场与资本市场的对接，从开发产品的高度上升到新型金融工具的创造，丰富了资本市场的投资品种，提升了资本市场的效率与活力，成为金融领域的崭新亮点。

（三）经济全球化和金融一体化对保险业的影响

1. 经济全球化和金融一体化下的中国保险业

受经济全球化和金融一体化的影响，我国保险业也顺应趋势，在组织模式和业务结构上发生了一些变化。但总体来看，由于法律和市场成熟度的限制，目前保险领域的创新活动较为有限，主要的变化还是体现在保险业的积极扩张上。

尤其是近年来，我国产寿险之间、再保险之间、再保险与原保险之间、保险中介人之间以及保险与银行证券之间，出现了横向、纵向和混合并购，以及涉及多种主体、多个经营环节的混业经营行为。我国保险业并购规模和效率比较有限，且活动多与混业经营目标有关。

首先，我国已经出现了一定数量的金融控股公司。第一类为投资性控股公司，如中国光大集团。光大集团拥有光大银行、光大证券、光大信托以及中加合资的光大永明人寿保险公司，同时还持有申银万国证券 19% 的股权，形成了在一个金融控股公司下，商业银行、证券公司、保险公司、信托公司等子公司分业经营、分担责任，又在同一个利益主体下集中管理、相互协调的多元化经营架构。它直接控制的子公司包括 19 家上市公司和 10 家非上市公司，间接控制的子公司达几十家。第二种类型为经营性控股公司。这一类金融控股公司典型的有中国国际信托投资（集团）公司。中信拥有（或持股）16 个直属公司、10 个地区公司、7 个海外子公司、3 个香港上市公司和 4 个下属公司，涉及银行、证券、保险、信托、租赁、实业和贸易等多个领域；其中金融性资产占到总资产的 80%。

其次，我国已出了一定数量的保险集团。目前这些保险集团有中国人保（控股）公司、中国人寿保险（集团）公司、中国平安保险（集团）公司、中国太平洋保险（集团）公司、中国再保险（集团）公司、中国保险（控股）有限公司，以及最早进入我国保险市场的美国国际集团（下设寿险子公司友邦保险、产险子公司美亚保险以及多家资产管理公司）、德国安联集团、法国安盛集团、荷兰国际集团等。

除此之外，银行保险也在我国获得了一定的发展。但总体来看，我国的银行保险还处于发展的初级阶段，在常见的银行保险的四种模式中，我国目前采用的仍是第一种模式，且产品单一、结构同质化的问题十分严重。

2. 经济全球化和金融一体化对保险业的风险性影响

（1）保险市场进入壁垒减弱甚至消除。多年来我国对保险业实行高进入壁垒政策，今后这一局面将得到根本性的改观，中国保险市场的门槛将大大降低。一方面，根据加入 WTO 时的承诺，我国对外资进入保险市场将给予国民待遇，在进入时间、进入地区以及进入领域上的限制将日益减少，外资市场份额将迅速扩大。另一方面，随着行业垄断和歧视性政策逐步减少乃至消失，民营资本将更多地进入保险市场，其合法权益将随着法律规章的健全得到有效保障。对于现存的保险机构而言，市场分割程度可能进一步加大。

总体来说，市场主体的增多，包括通过并购成为大集团的外资保险公司以及进入国内保险市场的民营资本，都将使得保险业竞争压力增大。如果本土保险业无法在资本总量、业务规模、内部管理机制上取得突破，那么面对国内和国际竞争，成长和发展都将陷于被动。

（2）保险风险波动性增强。金融一体化使保险产品的金融性大大增强，也使银行业、证券业和信托业对保险的影响力成倍提升，风险更容易在不同行业、不同机构之间相互传递，任何一点波动都有可能通过放大效应对保险业的稳定产生影响。如股市低迷或崩盘会使保险公司的投资业务遭受重创；作为重要的机构投资者，保险公司的投资行为也会直接影响证券市场的稳定。银行业、证券业的动荡将引致保险业的多米诺骨牌效应，保险业的不稳定也会加剧银行业、证券的危机，整个金融业的风险程度将极大提升，风险环境恶化。

风险的放大性在不同行业是这样，对于进行混业经营主体而言更是如此，导致保险风险的诱因增加，风险种类增多，风险的复杂性和处理难度进一步加大。事实上，保险主体实行混业经营一般需具备以下条件：一是有产权明晰、管理科学、有较强风险控制能力的保险市场主体；二是有较高监管水平的保险监管机构；三是有健全的保险法律法规制度；四是有完善的保险市场体系。我国作为发展中国家，在保险的整体发展水平较低、外部环境和内部条件尚不成熟的时候，建立混业经营模式，蕴含了较大的运营风险。

（3）保险监管难度提升。金融一体化使保险公司产生系统性风险的可能性大大增加，由此带来一系列连锁反应和问题，使监管难度大大提升。这些问题主要包括：

a. 资本金重复计算问题。金融控股公司或保险集团中，母公司拨付给子公司的资本金往往会在母公司和子公司的资产负债表上同时反映出来，造成资本金的重复计算。如母公司拨付给子公司资本金或资本金在集团内反复投资，再如子公司之间相互持股，这两种情况都会导致账面资本金虚增而实际资本金不足，使各级法人的资本充足率达不到规定的要求，危及整个集团的安全。

b. 关联交易问题。金融一体化的目的之一是通过各子公司间的业务合作来实现多元化经营，因此集团内部子公司之间进行关联交易也就在所难免。这使各子公司的经营状况相互影响，如果一个子公司经营不善或倒闭，风险极易传递给其他子公司，甚而通过多米诺骨牌效应威胁整个集团的安全。如1996年光大国际信托投资公司发生支付困难，导致整个光大集团出现危机；AIG的部分子公司涉足各种投机性很强的业务而拖累整个集团，就是非常典型的例子。

c. 财务信息披露问题。由于不同子公司在不同行业甚至不同国家开展业务，各行业的会计准则、各国的会计制度和会计年度都有极大差异，给财务信息的披露带来困难，使集团管理者和监管部门无法及时、准确地掌握集团的财务状况，从而引发诸多问题。

d. 监管盲区问题。当前，我国金融业实行的是分业监管，银监会、证监会和保监会各司其职。然而金融一体化客观上要求不同监管部门密切配合、通力合作，实行联合监管，否则就有可能出现监管盲区。如AIG持有的5 000亿美元的信用违约掉期（CDS），由于不受监管，使这种高风险的投资缺乏足够的资本，导致整体经营陷入困境。这种因监管盲区而引发的恶果为人们敲响了警钟，对我国金融监管体制的改革、监管效率的提高、监管法规的制定及相关信息的沟通都提出了新的要求。

四、经济风险管理对策建议

（一）推动经济结构转型和收入分配制度改革

当前两极分化带来的收入分配不均不仅对社会稳定造成了极大的威胁，也使保险有效需求严重不足，阻碍了保险的发展。因此，必须努力提高低收入阶层的收入水平，扩大中等收入群体的比重，促使中国社会阶层结构向橄榄型转变。

分析我国收入分配差距扩大的原因，既有经济发展不均衡导致的发展性原因，也有市场化进展不完善导致的体制变迁性原因。对于发展性原因导致的收入差距，只能以加快发展。同时提高发展的均衡协调性来克服；源于体制变迁性原因形成的收入差距，则需要更多地依靠政府等非市场机制和力量来处理。因此必须积极推进收入分配制度改革，进一步理顺分配关系，加大收入分配调节力度，更加注重社会公平。一方面，要完善财政补贴和转移支付制度，着力提高低收入阶层的收入水平；另一方面，要努力遏制垄断行业的高收入和暴利现象，减少企业的偷漏税行为，取缔非法收入，有效调节过高收入，促使我国社会阶层结构向"纺锤型"或"橄榄型"转变。

（二）高度重视保险监管

2008 年的金融危机集中彰显了保险监管的重要性，正是由于美国对金融衍生产品的监管真空和失灵才酿成难以挽回的恶果。我国必须更加坚定地强化和完善保险监管，尤其要高度重视金融保险集团的风险监管。

众所周知，金融保险集团除面临一般金融机构的金融风险外，还存在更加复杂的特有风险，如资本金重复计算的财务风险、风险的集中与传递、子公司间的利益冲突、内部交易与关联交易等，同时极易引发系统性金融风险。这不仅要求金融保险集团必须加强内部风险控制，建立严格的防火墙制度和风险预警制度，更对政府监管提出了极高的要求，保险和其他监管部门之间必须通力配合，加强对金融集团的监管协作。

当前，现有的金融保险集团（如中信、平安等）正逐步扩大其业务领域，新的金融保险集团不断涌现，金融产品（如银行保险）也在逐步走向整合，迫切需要多个监管机构的共同管理。2004 年，银监会、证监会和保监会联合签署了《三大金融监管机构金融监管分工合作备忘录》，确立了联席会议机制来实现相互间的协调与配合。随着金融监管的加强，类似的合作还将越来越紧密。在德国有一个类似于控股集团的"超级监管当局"，将各种不同的金融监管单位包含其中；美国也计划设置一个金融界的"超级警察"角色，且美联储极有可能扮演这一角色。我国可以仿效这种做法，建立一个协调各类金融监管机构的机制，使不同监管机构之间的合作不仅是临时性、随机性的安排，而是趋于制度化、常规化，从而提升监管效率，避免监管盲区和多头监管的混乱局面。

（三）制定积极稳妥的保险并购重组发展战略

随着保险市场竞争的日益激烈，保险并购与重组将在市场拓展中扮演越来越重要的角色。一方面，我国入世之后保险市场进一步开放，多元化的市场竞争格局逐步形成，奠定了保险并购与重组的微观基础，另一方面，我国金融保险监管的逐步调整和放宽也为保险并购与重组提供了尝试的空间，具备了一定的宏观环境；加之金融危机之后我国保险市场格局出现新变化、新发展，实施保险并购与重组既是大势所趋，也具备现实可行性，应该未雨绸缪，尽快制定适合本国国情的并购重组发展战略。具体措施包括：

1.积极推动保险公司上市，壮大资本实力。通过上市来筹集资本是国际上保险企业筹资的重要手段。它不仅可以解决资本不足的问题，而且有利于保险公司改善经营机制，完善治理结构，提升信息透明度，也更便于政府的监管。因此积极上市是保险并购重组策略的第一步。

2.培育大型金融保险集团，实现外部式发展。当前理论界和实务界都形成了一种共识：国家和地区之间的竞争实质上是大企业、大集团之间的竞争，衡量国家经济实力的标志之一就是该国拥有大企业、大集团的数量。大型金融保险集团能够为顾客提供全方位的服务，提高交易效率，降低交易成本；能够共享销售网络和客户资源，实现规模经济；还具有内部稳定特征，有利于降低金融风险。我国保险企业只有做大、做强，向银行、证券、投资等多领域发展，获得与其经营能力相匹配的经营规模，形成大型化、综合化的金融保险集团，才能在竞争中占据优势，取得与外资保险相抗衡的地位和实力。

3.稳步推进、实施循序渐进的并购策略。实施保险并购要分阶段、有计划进行，建议采取"三步走"的方针，按计划、有层次、分步骤地完成保险并购与重组，使其逐步向纵深发展。

4.适时修改有关法律法规，为保险并购扫清制度障碍。保险并购涉及面广、影响力强、政策灵敏度高，必须有法律法规的保障。要对现行法律法规中限制并购重组的条文进行修改，并制定规范并购重组行为的规章制度，将保险并购与重组置于法制的框架下。

5.调整保险监管，整合金融监管体系。保险并购重组离不开政府的推动与扶持，要适时调整当前的分业监管政策，加强银行监管与保险监管、证券监管与保险监管的协调与配合，加强信息沟通与交流，整合金融监管体系，提高对保险并购重组的监管水平，防范可能出现的问题与风险。

（四）倡导稳健的外汇资金投资策略

2005 年，我国出台了《保险外汇资金境外运用管理暂行办法》，允许保险外汇资金投资于境外的政府债券、外国公司债券、中国政府或企业在境外发行的债券或股票、银行票据、大额可转让存单和国务院规定范围内的其他投资品种，为保险公司外汇资金境外运用提供了政策支持。一直以来我国保险公司外汇资金运用渠道狭窄，投资品种单一，主要是银行存款。然而盲目追求海外扩张和国际化，也将引发严重的负面效应，中国平安投资富通集团蒙受巨额亏损就为我们敲响了警钟。因此，我们既不能因噎废食，减缓保险业进军国际市场的步伐，更要全面度量国际化的利弊，加强风险防范和控制，实行稳健的外汇资金投资策略。具体包括：

1.构建符合中国实际的保险资金境外运用管理模式。既要借鉴发达国家成熟的投资理念和管理手段，更要结合我国国情；要重视自主创新，避免盲目跟随；要高度重视对保险外汇资金境外投资风险的分析与研究，加强对保险外汇负债比例管理，建立保险外汇偿付能力监管指标体系。

2. 充分利用专业投资管理公司，将外汇投资委托专业的资产管理公司管理，提高外汇投资的专业化程度。

3. 运用现代科技手段、加强保险外汇资金运用信息建设。随着我国保险市场开放的进一步深化，境内保险公司外汇资金的流入流出以及持有外汇资产的规模将不断扩大，外汇资金上划、下拨、应付、垫付等资金往来日益复杂，必须加强保险外汇资金运用的信息建设，开发设计相关信息系统，实现电子化管理，以提高管理水平，防范投资风险。

4. 加强与国外金融监管机构的沟通与合作，扩大信息交流与共享，加强对国际金融形势和风险发展趋势的跟踪和监测，提高外汇投资风险防范能力。

（五）企业层面要高度重视整体风险防控

作为专业经营风险的机构，保险公司首先要始终把风险防控放在第一位，面对风险，要始终采取审慎、再审慎的态度。稳健、安全是保险业的生命线，只有在保证稳定经营业务、有效控制风险的基础上，才能追求产品的创新和收益的最大化。这是2008年金融危机最深刻的教训之一。其次，要尽快建立完善的风险预警机制，健全监管指标体系、信用评级制度和公司治理结构，充分发挥风险"警报器"和"风向标"的作用，及时防范和化解潜在风险。

此外，要注重风险的整体化管理。传统的风险管理一般从业务结构角度对各类风险进行单独评价和独立管理。例如通过购买再保险、优化保险合同设计对承保风险进行转嫁与化解，通过买卖金融合约及构建有效的资产组合进行经济风险、金融风险的转移与规避，通过严格内部组织管理降低经营风险等。与前面所说的最优化框架相对应，每一项最优风险管理决策问题都可以转化为预期利润既定的风险最小化，或风险既定的预期利润最大化问题，进而得到风险管理方案的最优解。但在现实中，保险公司所面临的整体风险并不是各项分类风险的加总，例如利率风险、汇率风险以及通胀风险之间存在交叉重合，如果风险间体现为一定负相关关系时，风险之间会产生对冲作用；而在风险之间相互独立时，风险的集合也会降低总体预期收益的波动性。这种分散作用会使对经济风险进行整体性管理的成本，大大低于对每项风险进行管理的成本之和，从而可能在低成本乃至零成本的情况下提高公司的安全程度。

美国次贷危机中的保险业对上面的分析提供了例证，遭受重创的保险业在资产项目下遭受较大市场和交易风险，但由于承保业务的相对健康与稳定，使得大部分保险公司在后续时期基本满足偿付能力的监管要求，进而维持了正常运行。以此为经验，作为以分散可保风险为核心业务的保险公司，在运营当中要同时重视资产业务与负债业务所受到的经济和金融风险影响，尽可能保持不同业务之间的相互独立性，同时对资产与负债进行有效管理，从而在更大范围内实现业务风险之间的自然对冲，并减少向外转移风险或实施其他风险管理方案的成本。

第四节　法律风险的识别与分析

政治和法律环境构成保险业发展的制度因素，是制约保险业发展的重要变量。政治环境是指对保险发展有制约作用的政治制度以及政府制定的保险相关政策和方针；法律环境是指对保险发展有影响的一系列法律、法规所构成的法律制度体系，包括保险法、保险行政法规、规章和规范性文件以及与保险相关的其他法律法规等。一个国家保险业的发展必须在本国的基本政治制度和法律框架内进行。

一、保险法对保险业的风险性影响

保险在发展过程中不仅受到保险法的制约，而且受到其他相关法律的制约，某些法律甚至对保险业的发展有至关重要的影响。因此，对相关法律进行分析研究将有助于我们更多地了解保险发展的法律环境，从执行层面上寻找保险发展的制约或者激励因素。影响保险业的法律有许多，本节选择对保险发展影响最大的相关法律进行分析，包括合同法、侵权法、公司法、民事诉讼法和代理法。

（一）合同法对保险业的影响

在所有影响保险发展的相关法律中，合同法的影响最为显著，《保险法》中关于保险合同的规定与《合同法》相比属于特殊法与一般法的关系。与一般合同相比，保险合同属于特殊合同，因此保险合同适用法律时应该优先适用《保险法》的有关规定；在《保险法》中没有规定时，适用《合同法》的有关规定。可见，《合同法》的有关规定也适用于保险合同，对保险合同有着重要的影响，集中体现在保险合同的订立上。

《保险法》第十三条规定，"投保人提出保险要求，经保险人同意承保，保险合同成立"，但对具体成立时间没有明确规定，因此适用《合同法》中关于要约与承诺的规定。然而，由于保险合同的订立过程比较复杂，包括投保、核保、承保等多个环节，保险合同的构成也较为复杂，包括投保书、保险单、保险条款、收据和批单等，因此对保险合同订立中的要约和承诺往往不能形成一个合理而公平的解释，结果导致保险纠纷发生后无法形成一个合理而公平的解决办法。应当结合《合同法》的有关规定以及保险行业的特殊性，对保险合同的要约人和受要约人予以明确，对承诺的时间予以明确。

1. 保险合同的要约人和受要约人

保险理论通常认为，投保人是要约人，保险人是受要约人，该观点适用于以标准保险条款订立的保险合同是合理的。然而实践中许多保险合同，如大型商业保险合同，保险条款并非标准条款，而是双方充分协商的结果。在保险合同的订立过程中，实际上有一个要约——反要约——反反要约……承诺的过程，双方的地位会发生多次逆转，如果依然认为投保人是要约人似乎与现实不符。在保险经纪公司参与下订立的保险合同，似乎也很难认为投保人一定是要约人，保险人一定是受要约人。要约人和受要约人的不明确给确定保险合同的订立时间以及保险合同的解释原则造成了障碍。

2. 保险合同的成立时间

合同成立的时间是承诺送达要约人的时间。保险合同的承诺时间与保险公司的核保紧密联系在一起。目前保险公司普遍认为承诺的标志为保险公司核保通过后签发保险单，那么在保险公司收取保险费但未签发保险单时，如果发生了保险事故，保险公司是否应当承担保险责任呢？根据保险公司的观点，保险公司将不承担责任。如果此观点得到司法的支持，那么保险公司完全可以从自身利益出发，延迟签发保险单。这种将保险合同是否成立交由合同的一方单独决定的做法，实在有违《合同法》的公平原则。

尽管保险合同的承诺确与保险公司的核保与签发保险单有密切关系，但是在确定承诺时间时如果背离保险行业的特殊属性，则不能体现《合同法》的公平精神。保险合同的订立表面上是保险人和投保人双方就具体的某一个合同进行谈判协商，实质上却是双方以遵守和服从保险公司的核保规则和核保条件为前提进行谈判协商。可以这样认为，只要投保人的投保申请符合核保的条件，保险公司即承诺通过核保。因此，保险公司承诺与否不应该以保险公司是否实际核保和签发保单为标志。因为投保人在投保时即知道只要符合保险公司的要求，保险公司必须承保，也就是说，在投保人符合承保条件的情况下，保险公司有承保的义务，在强制保险如机动车交通事故责任强制保险中，保险公司还具有法定的承保义务。因此，保险合同的成立时间应该为投保申请实质符合保险公司核保条件的时间，而非保险公司实际通过核保和签发保单的时间。许多司法判决裁定保险公司在收到投保申请后没有做出反对的意思表示，即认为保险合同成立，其支撑逻辑无疑是合理且公平的。如果以保险公司实际做出承保与否为承诺的标志，必然会将被保险人的利益置于一种不确定的状态。

《保险法》应该是促成保险交易的法，是使被保险人及时获得保障的法，在不违背基本公平和法律的前提下，应当尽量使被保险人得到保障，使保险合同尽早生效，这才符合《保险法》作为商法的基本特质。

（二）公司法对保险业的影响

《公司法》对保险业的影响主要体现在公司组织形式的要求方面。根据我国《公司法》的规定，在我国设立的公司组织形式包括有限责任公司、股份有限公司和国有独资公司。在有关保险公司组织形式的法律中，《公司法》是上位法，《保险法》是下位法，《保险法》中关于保险公司组织形式的规定是《公司法》在保险行业中的具体运用，不能突破《公司法》。在第二次修订以前，我国《保险法》规定，保险公司的组织形式限于国有独资公司和股份有限公司。第二次修订取消了这一条文，但对相互保险公司、自保公司、保险合作社等保险组织形式未做明确规定，使这些在国际保险界占有重要地位、在实践中也已存在于我国保险市场的组织形式因为得不到法律的认可而地位尴尬。

众所周知，成文法具有滞后于实践的特点，保险本身是实践性很强的活动，由于《保险法》对保险公司组织形式缺乏突破性规定，不利于形式多样、经营灵活的保险主体在国内市场的增加。截至 2006 年底，我国各种组织形式的保险公司仅有 100 家。保险组织形式的单一将阻碍保险市场的充分竞争，也使消费者无法获得理想的保险产品。

我国目前存在的中国职工互助保险会、船东互保协会、中国渔船互保协会等，由于不是保险公司，只能以社团法人的形式在中国民政部门注册，不能纳入保险法的规范范围，保监会的行业管理也不能扩及上述组织机构。随着这些组织积累的保险基金和参加人数越来越多，经营管理和资金运用的任务越来越重，缺乏一个行业管理机构的局面使得这类组织管理技术缺乏，资金运用的安全主要依靠管理人的政治觉悟。这样的管理模式显然无法适应实践的需要，更无法保障资金运用安全和被保险人利益。

"国十条"特别提出，"加快保险业改革发展有利于完善社会保障体系，满足人民群众多层次的保障需求"。我国正处在完善社会主义市场经济体制的关键时期，人口老龄化进程加快，人民生活水平提高，保障需求不断增强。加快保险业改革发展，鼓励和引导人民群众参加商业养老、健康等保险，对完善社会保障体系，提高全社会保障水平，扩大居民消费需求，实现社会稳定与和谐，具有重要的现实意义"，这实际上指出了保险与社会保障之间的关系。在我国社会保障程度不高、普及面不广的情况下，国家鼓励保险发挥更大的作用，因此，应该结合保险业本身的特点，凡是能够实现上述目标的组织形式都应该在我国保险法中有生存的空间。所以，有必要修订《公司法》和《保险法》中关于公司组织形式的规定，增加自保公司、互助保险公司、保险合作社等保险组织形式在我国的适用性，更好地实现完善社会保障体系的目标。

（三）侵权法对保险业的影响

侵权是指造成他人人身伤害和财产损失的民事不法行为，通常分为故意（Intentional Tort）、过失（Negligence）和严格责任（Strict Liability）。民法中有关民事责任的规定对保险有直接的影响，主要表现在责任保险方面，特别是目前正在实施的机动车交通事故责任强制保险，以及未来将要实施的其他强制保险方面。

民事责任的归责原则（Criterion of liability）主要包括过错责任原则（Principle of fault liability）和无过错责任原则（Principle of no-fault liability）。过错责任原则是民事责任的主要归责原则，法律没有特殊规定时均适用过错责任原则。无过错责任原则和过错推定原则在适用时必须有严格的法律规定，否则不能适用。过错责任原则体现出民事责任的教育和惩罚功能，而无过错责任原则反映了高度现代化、社会化大生产条件下的公平观，很好地体现了民事责任的损失分担功能。但是考察绝大多数国家的立法可以发现，无过错责任原则并没有成为与过错责任原则同等地位的一项归责原则，因为它的适用范围毕竟有限，即主要适用于无过失责任、交通事故等致人损害的情况。

作为一种损害分担的法律机制，无过错责任淡化了民事责任的教育和惩罚功能，因此它的适用有严格的限制性条件，主要体现在：第一，非有法律明确规定，不得适用无过错责任；第二，无过错责任的适用一般都有损害赔偿的最高限额。

正是因为上述两个条件，才有了责任保险发挥作用的可能，可以说，无过错责任与责任保险具有先天的紧密关系。一般来说，责任保险的最高保险金额即为无过错责任的最高限额，在此情况下，投保人可以通过购买适当的责任保险转嫁全部的可能损失，保险公司也可以合理计算保险费率。在实行强制保险的国家，强制责任保险的责任限额等于无过错责任的最高限额，更是从法律上予以肯定。

然而，除了少数民事法律之外，我国法律在规定无过错责任的同时，没有规定无过错责任的最高限额，如《产品质量责任法》《道路交通安全法》《民法通则》等。保险公司推出责任保险产品时往往只是从自身出发，从控制风险的角度确定一个责任保险限额，该责任保险限额与个案中经过法院审理后确定的损害赔偿金额之间往往不能画等号，使得责任保险难以发挥转嫁风险、保障受害人的作用，大大降低了投保人购买责任保险的动力。例如，《机动车交通事故责任强制保险条例》中规定的强制保险责任限额就大大低于最高人民法院《关于审理人身损害赔偿案件适用法律若干问题的解释》中规定的限额。

根据《机动车交通事故责任强制保险条例》第十三条的规定，机动车交通事故责任强制保险在全国范围内实行统一的责任限额，分为死亡伤残赔偿限额、医疗费用赔偿限额、财产损失赔偿限额以及被保险人在道路交通事故中的无责任赔偿限额。其中，死亡伤残赔偿限额为 50 000 元、医疗费用赔偿限额为 8 000 元，财产损失赔偿限额为 2 000 元；被保险人在道路交通事故中无责任的赔偿限额分别按照上述限额的 20% 计算。然而从 2006 年 7 月 1 日开始实施的情况来看，这一赔偿标准远远不能满足交通事故受害人的基本保障需要，因此自 2008 年 2 月 1 日起，赔偿标准上调为

"110 000元/10 000元/2 000元"的分项限额，即人身伤亡赔偿总额提高到120 000元，财产损失赔偿限额不变。尽管如此，根据最高人民法院《关于审理人身损害赔偿案件适用法律若干问题的解释》的规定，死亡伤残赔偿责任需要依照地区和受害人的不同而确定不同的赔偿数额，如在肇事人承担民事责任的情况下，交通事故导致一个北京地区城镇居民死亡，死亡伤残赔偿责任将超过30万元；多数案件中，如果加上抢救费用，肇事人承担的民事责任将超过40万元。显然，我国机动车交通事故责任强制保险确定的低责任限额不能与《道路交通安全法》规定的机动车无过错责任相适应，使得交强险的合理性与可操作性受到公众质疑。

（四）民事诉讼法对保险业的影响

我国《民事诉讼法》规定"谁主张，谁举证"，如果当事人不能证明自己的主张，将承担败诉的后果。该举证责任制度在一般的民事案件审理中无疑是公平合理的，但是在保险合同诉讼中，上述基本的举证责任分配制度将因为保险条款的特殊结构给保险人和被保险人以及受益人带来完全不同的结果。

保险条款中有保险责任与除外责任两个最基本的部分，保险责任属于保险人对被保险人提供保障的范围，除外责任属于保险人实质性减少对被保险人提供保障的范围。保险诉讼中存在保险责任与除外责任两个方面的举证责任，但其举证顺序和证明程度却不明确。某些法院在审判实践中强调被保险人和受益人应该履行严格的举证责任，认为只有被保险人或受益人提供充分的证据证明保险标的损失或被保险人死亡或伤残是由保险责任范围内的原因导致时，保险人才承担保险责任；而某些法院在审判中采用《最高人民法院关于民事诉讼证据的若干规定》第七条规定："在法律没有具体规定，依本规定及其他司法解释无法确定举证责任承担时，人民法院可以根据公平原则和诚实信用原则，综合当事人举证能力等因素确定举证责任的承担"，提出被保险人或受益人只要完成基本的举证责任即可，保险公司欲免除支付保险赔款（保险金）的责任，必须证明保险标的之损失或被保险人死亡或伤残等是由除外责任范围内原因所导致的，如果保险公司不能证明保险标的之损失或被保险人死亡或伤残等发生在除外责任范围内，则保险公司需要支付保险赔款（保险金）。法院的上述实践实际上将保险公司与被保险人或受益人之间举证责任的履行顺序进行了明确。被保险人或受益人履行了初步的证明责任后，保险公司欲免除支付保险赔款（保险金）的责任，需要证明保险标的之损失或被保险人死亡或伤残等发生在除外责任范围内，否则就要支付保险赔款（保险金）。

由于缺乏关于举证责任履行顺序和程度的严格法律规定，我国法官对保险责任与除外责任之间举证责任的分配享有很大的自由裁量权，从而带来保险案件判决结果的极大不确定性，也因此出现许多保险案件一审与二审的判决结果因为举证责任的分配不同而截然相反。这在一定程度上干扰了保险市场秩序。

为了避免《民事诉讼法》中关于举证责任制度适用于保险诉讼案件时带来的极大不确定性，实在有必要修改《民事诉讼法》，或者通过最高人民法院司法解释的方式，将保险诉讼案件中的举证责任顺序和证明程度明确下来，使保险公司避免法律上的风险，也使被保险人获得可以期待的确定权益。

（五）代理法对保险业的影响

保险产品的销售往往是通过保险代理人或保险经纪人进行的。保险代理人包括专业代理人、兼业代理人和个人代理人。截至 2006 年底，我国存在专业代理公司 1684 家，保险代理人 140 多万人，兼业代理人达到数万人。根据我国《保险法》的规定，保险代理人是保险公司的代理人，保险代理人根据保险人的授权代为办理保险业务的行为，其后果由保险人承担。保险经纪人是投保人的代理人，其行为后果由投保人承担。因此，民事代理法律将同时适用于保险代理人的代理行为和保险经纪人的代理行为。然而由于保险行业本身的特殊性，如果简单地将民事代理制度适用于保险代理中，将会出现一些不公平的结果，不利于保险代理业的发展。

1.保险代理人

保险代理人是根据保险人的委托，向保险人收取代理手续费，并在保险人授权范围内代为办理保险业务的单位或者个人。无论是有权代理还是表见代理，保险代理人的代理行为后果均由保险人承担。但是，由于保险行业本身的特殊性，保险代理中的大量现象与一般的民事代理制度不符。忽视保险代理本身的特殊性，简单适用民事代理制度将危害保险业的发展，突出反映在以下两个问题：

（1）保险代理人协助填写投保单的信息错误是否构成保险人弃权。目前我国保险产品销售中，经常出现代理人代投保人填写投保书或者指导填写投保书的现象，因为要求投保人完全阅读所有保险条款和投保书的相关内容与格式条款的特征不符。格式保险条款通常意味着合同相对方即投保人没有阅读保险条款和投保书的习惯，通过格式条款签订合同本身是为了简化合同订立程序。目前的司法实践表明，如果代理人填写的投保信息不真实视为保险人的弃权，因此保险人无权解除保险合同。

从保护被保险人利益和规范保险营销环境的角度出发，这样的法律实践无疑是正确的。然而保险代理人在经济利益驱动下，经常诱导投保人，不进行如实告知。根据"表见代理"的一般法律原理，代理人的行为可以视为保险人放弃了投保人如实告知义务的要求，保险合同不因为投保人未如实告知而被撤销。英美法的一个法律谚语可以支持上述观点"行使自己的权利时，你不能有任何权利上的瑕疵"（"When you seek equity, you must come with clean hands."）。

但是，如果投保人和被保险人明知代理人不具有放弃要求投保人如实告知的权限，或者明知填写的投保信息不真实而依然签名确认，而司法实践却仅要求保险人承担不利后果而忽视了对投保人和被保险人不诚信行为的惩处，投保人和被保险人将更多地以代理人的不诚信来取代自身的不诚信，其结果必然是投保人和被保险人更加不诚信，这显然不符合保险合同是最大诚信合同的要求，同时也与签字即认可的法律思维习惯不符合。因此，我们不能在惩罚保险公司或其代理人时，忽视了对投保人和被保险人不如实告知行为的惩处。

（2）保险代理人的多家代理是否违反最大限度维护被代理人利益的原则。我国《保险法》第一百二十五条规定，"个人保险代理人在代为办理人寿保险业务时，不得同时接受两个以上保险人的委托"，对专业保险代理人和兼业代理人无相应规定。实践中，除保险营销员（个人代理人）外，我国专业保险代理人和兼业代理人代理多家保险公司产品的现象十分普遍。在国际上，除了个人专署代理人（tied agent）之外，保险代理人代理多家保险公司也是普遍现象。但是，在保险产品同质化的今天，保险代理人的多家代理行为与《代理法》关于代理人的要求存在法律上的冲突。根据《代理法》的基本要求，代理人有义务最大限度地维护被代理人的利益，如果代理多家保险公司且保险产品同质，保险代理人决定加大力度推销的产品往往是获得佣金最多的保险公司的产品。因此，保险代理人不是从最大限度维护被代理人（保险人）的利益出发，而是从自身利益最大化出发从事代理行为，导致代理人利益最大化和被代理人利益最大化之间的冲突，违背了《代理法》的基本法律要求。除此之外，在代理多家保险公司的情况下，即使佣金比例相同，销售了一家保险公司的产品，势必影响其他保险公司的销售，也无法最大限度地、平等地维护所有被代理人（保险人）的利益。

《代理法》的有关规定与《保险法》的有关规定存在冲突不利于保险代理业的发展，也不利于保险业的发展，有必要修订《代理法》的规定，以适应保险代理的特殊性要求。

2.保险经纪人

保险经纪人是基于投保人的利益，为投保人与保险人订立保险合同提供中介服务，并依法收取佣金的单位。保险经纪人视为投保人的代理人，其代理行为后果由投保人承担。根据法律的有关规定，保险经纪人在提供保险中介服务时，必须基于投保人的利益，凭借自己的技术和经验，为投保人选择价格、合同条款较好的保险产品，为投保人、被保险人争取有利的投保条件，以弥补投保人保险知识的不足。客观上，保险经纪人的活动同时也为保险人招揽到生意，开拓了业务，提供了市场信息，从而促使保险人的业务水平不断改进。由于保险经纪人收取的佣金来自于保险人，在许多情况下，保险经纪人为投保人选择保险公司时往往，将可以获得的佣金高低作为重要的参考因素。由于经济利益来自于保险公司，面对投保人的质疑时，保险经纪人往往无法合理解释在选择保险公司时最大限度地维护了投保人的利益。截至目前，我国法律无法解决保险经纪行业的利益冲突问题，非常不利于保险经纪行业的发展。

国际上，为了解决民法的规定与保险经纪行业习惯之间的差距和冲突，许多保险发达国家引入了保险经纪佣金的信息披露制度，即从法律上肯定保险经纪公司从保险公司收取佣金的习惯，但为了避免保险经纪人在选择保险人时将投保人的利益置于次要地位，法律要求保险经纪公司必须将保险佣金的数额告知投保人。我国有必要借鉴这一做法，引入保险经纪佣金的披露制度，以克服代理法与保险经纪行业习惯之间的冲突。

三、法律风险管理对策建议

市场经济是法制经济，没有法律的规范和约束，市场经济的健康发展就没有保障，保险也同样如此。从法律角度讲，保险是一种合同行为，保险合同的签订、保险费的缴纳以及损失的赔偿都离不开合同和法律的规范。我国加入 WTO 后，保险市场进一步开放，经营主体迅速增加，宏观环境更加复杂，需要明确竞争规则和市场秩序；保险公司要稳健经营，提高管理水平和风险防范能力，也需要法律制度的规范和保障。

（一）国外保险法比较及对我国的启示

各国在保险法的立法体例上不尽相同，大多数国家制定单行的保险法律，如美国、英国、德国等，我国也是如此；也有的国家规定于民法典中，如意大利；还有的国家列入商法典中，如法国和日本。现将几个主要的保险发达国家保险法制情况比较如下：

英国是现代保险的发源地，立法较早，保险法制也较完备，早在 1745 年就有海事保险条例，现行的保险法律主要有：① 保险公司法。包括《保险公司法》（1982 年颁布，后修订）、《保险公司财务条例》（1983 年）、《保险公司信用保险条例》（1990 年）。② 劳合社法。劳合社（Lloyd's）是英国乃至全世界最大的个人保险组织，有着悠久的历史和独特的经营方式，在世界保险业中享有盛誉。关于劳合社的法规有《劳合社法》（1982 年）和《劳合社保险条例》（1983 年）。③ 保险中介法。有《保险经纪人法》（1977 年）。

美国的保险法律由各州自行制定，除《农作物保险法》外，全国没有统一的保险法律，联邦政府主要行使监管职能及对各州保险法加以协调。在各州制定的保险法规中以《纽约州保险法》（1939 年）最为完备，共有 18 章 631 条，对保险合同、保险公司、保险中介等都做了详细的规定。其余各州的保险法规与此大同小异，内容上都比较完整。

法国也是保险立法较早的国家。《海事敕令》（1681 年）是欧洲大陆最早的保险法，《商法典》是最早的海上保险法。《保险法典》（1976年）汇集了自1868年以来颁布的近200项保险法律和条例，内容包括保险合同、强制保险、保险企业、保险组织与制度、保险中介服务等。

德国采用分别立法的形式，保险法规主要有《保险合同法》（1908年）、《保险机构监督法》（1995年）和规范海上保险的《德国商法典》（1900年），此外，德国保险业订立的行业内部竞争标准和行规也在实践中起着重要的规范作用。日本也采用分别立法的形式，包括针对保险组织形式的《旧商法》（1890年）、针对损害保险和人身保险的《新商法》（1899年）以及《保险业法》（1996年），保险合同法则在商法典中体现。

考察国外保险法制状况，我们可以总结出其保险法律体系具有以下特点：

1.立法较早。保险发达国家开展保险活动的时间较早，相应的保险法制建设也较早，许多法规有近百年甚至二、三百年的历史，并随着实践的变化而不断修订，积累了丰富的法制建设经验。

2.内容完整。保险发达国家都拥有健全的保险法制，内容完整、规范，对保险经营的各个环节都做了明确的规定，使保险业的发展始终处于法制的轨道上。

3.不拘形式、因地制宜。不同国家在保险法体例上并不统一，美国由各州自行制定保险法规，英国对劳合社制定专门的法律条文，德国和日本则采用分别立法的形式，使整个法制体系更具针对性和可操作性。

比较而言，我国保险业起步较晚，保险法制建设相对滞后，与保险发达国家相比有不小的差距。

（二）法律风险管理对策建议

1.完善有关旧法，增加可操作性

2009年《保险法》的第二次修订是对原有保险法的全方位改动，尤其是对存在较大缺陷的保险合同法部分进行了实质性修改，改变了原来某些含混、模糊的规定，进一步明确了合同当事人的权利义务，更加有利于解决实践中存在的保险纠纷以及对投保人利益的保护。但在某些问题上，新的《保险法》依然有进一步完善的空间。

（1）关于保险组织形式的拓展。应增加保险组织形式的多样性，除了国有保险公司和股份制保险公司外，相互保险公司、保险合作社等都应成为合法的保险组织形式；同时明确金融控股公司、保险集团公司的地位，为今后金融混业经营预留空间。

（2）关于保险市场退出的规定。保险公司解散或破产必然引起市场退出问题，新《保险法》第九十条规定，"保险公司有《中华人民共和国企业破产法》第二条规定情形的，经国务院保险监督管理机构同意，保险公司或者其债权可以依法向人民法院申请重整、和解或者破产清算"。但规定比较笼统，缺乏可操作性，要进行细化和补充，制定系统的保险市场退出标准，建立规范的市场退出操作规程。

（3）关于保险投资渠道的问题。新《保险法》放宽了保险资金运用渠道，但仍显不足。对比欧美和日本等发达保险市场，保险资金运用的法定渠道已经超越投资领域，进入传统银行的信贷业务，如抵押贷款、保单放贷等。由于长期保险关系的形成，保险公司对客户的风险有比较清楚的认识，因而此类业务的开展既可以为客户提供更为全面的金融综合服务，又活跃了市场。

2.加快新法的制定工作，填补法律空白

保险活动必须在法律的框架下进行，完善的保险法制体系是保险市场有效运作的基础和前提。目前我国保险立法滞后于经济、社会的发展，保险法律法规有待进一步健全，必须加快新法的制定工作，保证保险市场交易依法有序进行。随着保险发展内外部条件不断变化，保险活动中的新情况、新问题不断涌现，也急需通过立法加以规范和引导，当前较为紧迫的有：

（1）农业保险的立法。从法律上明确农业保险在农业支持保护体系中的地位，明确各级政府在农业保险工作中的职能和作用，鼓励发展相互制、合作制等农业保险组织，对投保农户、经营政策性农业保险的保险公司以及农业再保险公司实行"三补贴"政策。

（2）商业养老保险、健康保险的立法。规范企业年金和健康保险业务；允许相关保险机构投资医疗机构；鼓励保险机构参与新型农村合作医疗管理；明确商业养老保险和健康保险在多层次社会保障体系中的地位和作用。

（3）责任保险的立法。推动安全生产责任、建筑工程责任、产品责任、公众责任、执业责任、董事责任、环境污染责任等保险业务的开展；在煤炭开采等行业推行强制责任保险试点；完善高危行业安全生产风险抵押金制度；进一步完善机动车交通事故责任强制保险制度。

（4）保险监管的立法。法制体系应涵盖保险基本法、保险中介监管、再保险监管、外资保险公司监管、偿付能力监管、保险资金运用监管、反不正当竞争、反保险欺诈等多个方面，以及与此相配套的行政规章和制度。应加紧进行法律法规的补充和完善工作，并及时出台法律修正案，使法律法规能及时反映实际情况的变化。

3.加紧相关法律的清理工作，理顺法制体系

为了使保险法与其他相关法律的规定协调一致，现有法律的一部分内容需要进行调整，做一次系统的清理修订工作，以避免实践中出现的法律冲突和秩序混乱。

（1）有必要修改《公司法》中关于公司组织形式的规定，对公司组织形式不做苛刻的限定，而是采用弹性的授权式做法，以此丰富保险公司的组织形式，将自保公司、相互保险公司、保险合作社等组织纳入《保险法》的规范中。这既维护了法律的

整体性和一致性，又使法律与丰富的商业实践相结合，为保险组织形式创新预留了空间。

（2）责任保险的责任限额应该以民事法律确定的民事责任为基础来制定，在制定无过错责任法律时应该确定无过错责任的最高限额；在制定强制责任保险的法律时，应该明确强制责任保险的责任限额等于无过错责任的最高限额。只有从法律上予以明确规定，我国的责任保险才能真正满足人们风险转移的需要，才能有较大的发展，强制保险制度也才能够合理地构建。

4.保险公司加快制度建设，应对法律风险

（1）保险公司内部要严格遵循法律法规所规定的相关义务，努力开展合规工作，使保险运营正规化、法制化。长期的合规运营有助于保障消费者的合法权益，同时也有利于建立保险公司的行业信誉，改善其在各类诉讼中的不利地位，降低法律风险带来的潜在损失，为保险公司的长期可持续发展奠定良好基础。

（2）保险是专业性很强的行业，相对其他法律规范而言，保险法律法规具有特殊性，公众难以准确把握，这也是近年来消费者与保险公司产生诸多纠纷的重要原因。要优化保险业的法律环境，除了完善保险法制本身外，保险公司更要积极宣传《保险法》和相关法律，利用各种媒介、采取多种形式，普及保险法律知识，树立以法律为准绳、以合同为依据的正确理念，强化利用正确渠道解决保险纠纷的意识，提高保险活动参与方遵纪守法的自觉性，在法制的框架下规范、有序地开展保险交易，维护市场秩序。

第五节　税收政策层面对保险企业风险管理的进一步讨论

一、保险业税收政策的概述

在立法、信息提供、宣传教育等一系列公共政策中，税收是影响保险业风险管理的核心政策因素。政府通过税收干预保险市场、引导保险市场供需，以帮助保险业实现自己的风险管理目标。本节将从税收政策层面对保险业的风险管理加以进一步的讨论。

（一）税收政策的风险管理作用

1.税收政策的相关概念

保险税收是政府干预保险的经济手段，发挥着引导居民消费、建立公平有序的市场竞争秩序、扶持民族保险业成长以及促进保险制度创新的重要作用。由于保险是国民经济中的特殊行业，担负着防范风险、化解损失的重任，因此各国对保险业普遍实行"轻税政策"，以达到鼓励和扶持保险业发展的目的。

所谓轻税政策，是指根据客观情况的需要对保险企业实行"免、低、减、缓"的税收政策：免税是指对于符合规定的某些保险产品或保险企业免征全部税款；低税是指按照低于全社会各类企业平均水平的税收标准征收税款；减税是指对于某些保险产品或保险企业减征部分税款，如经营巨灾风险或创新产品的保险企业等；缓税是指对长期规范经营、但遇到暂时经济困难的保险企业暂缓征税，如遭遇巨灾损失的保险企业或遭遇不可抗拒风险（如经济危机）的保险企业等。

2.保险税收的风险管理作用

保险税收是国家利用税收手段对保险业进行调整，以实现税收征收及合理收入分配的有力武器。保险税收集中反映了一个国家对保险发展的态度。要使保险的功能和作用得到充分发挥，离不开适度的、完备的保险税收政策的支持。

（1）保险税收可以调节保险供给。通过保险税收，国家可以调节保险企业的收入水平以及再生产的投入水平，进而调节保险市场的供给能力。当前，风险领域更多地依靠竞争性保险市场已成为一种发展趋势。但业内普遍认为，只要当某种首要的社会问题有此需求（如失业、伤残、养老等），而市场没有有效的解决方案时（如巨灾风险——地震、洪水或政治风险等），政府应当通过税收优惠或补贴政策直接参与这类稀缺性保险的供给，以帮助企业承担巨灾性风险。

当保险市场供不应求时，可以减少税收，使保险企业增加收入和利润以及再生产的投入，也鼓励其他资本投资于保险业；当保险市场供大于求时，可以提高税收，减少保险企业的收入和利润，从而迫使保险企业减少再生产投入，也排挤其他资本进入保险市场或驱使原有资本退出保险市场。以此来调节保险供给水平，达到与保险需求的平衡。

（2）保险税收可以调节保险需求。投保人的支付能力是决定保险需求的关键因素。通过对投保人的保费支出和保险赔款或保险金给予减免税，可以提高投保人的实际可支配收入，从而鼓励保险消费；反之，则会抑制保险消费。通过对需求的影响，税收能够在保险业低迷时期发挥重要的风险管理作用。

（二）国际保险税收政策比较及对我国的启示

1.对保险公司的税收

国外对保险公司的税收最重要的是营业税和所得税。

（1）营业税。在部分国家和地区，营业税近似于当地的保费税，即以保费收入为税基征税。各国营业税制度如表5-5所示：

表5-5   部分国家营业税制

美国	各州自主计税： 团体险、农险等：不同程度的优惠税率或扣除额。 年金：年金保费收入免税，仅有6个州以0.5%～2.25%的税率对年金征税。 寿险：税率平均在1.5%左右，各州可自行调整。 意外与健康险：税率为2.5%，少数州具有优惠政策。
日本	船舶保险：税基为纯保费收入的25%，税率1.5%。 运输保险：税基为纯保费收入的45%，税率1.5%。 汽车第三者责任保险：税基为纯保费收入的10%，税率1.5%。 地震保险：税基为纯保费收入的20%，税率1.5%。 其他财产保险：税基为纯保费收入的40%，税率1.5%。 寿险：年净保费按照1.3%～1.365%的税率收取。税基是净保费的10%～45%。根据保险的类型而定。
法国	火灾保险：税率7%～30%。 汽车保险：家用汽车免税，其他汽车保险税率5%～18%。 游艇保险：税率19%。 海上航运险、运输工具责任险、农业保险、各种再保险：免税。 寿险：免征保费税。
德国	寿险：免征保费税。
澳大利亚	非寿险：由各州征收，税率0～20%；机动车辆保险、航空保险、伤残保险、农作物保险、牲畜保险、住院保险、职业伤害保险以保费收入的0～5%计征，其他险种以保费收入的5%～11.5%计征。 寿险：按第1年保费收入的10%计征，具体根据州和保单的种类决定。
英国	非寿险：按照毛保费总额（扣除寿险、养老金、水险、航空险、国际货运险、出口信用险等的保费收入）的4%计征。 寿险：免征。

考察部分国家和地区的营业税制度，可以总结出以下特点：

a. 税率较低。考虑到保险行业的特殊性，各国一般都给予倾斜的税收政策，特别是对寿险业务一般都实行免税或低税。

b. 税基较小。各国多按照纯保费收入或是做了一定扣减后的总保费收入进行征收，使实际税率比名义税率更低。

c. 依据险种分别计税。各国多采用差异性税率来调节保险市场的险种结构，对国家鼓励发展的险种实行低税率，对限制发展的险种实行高税率，以此引导保险消费者的投保取向，发挥税收的政策调控作用。

（2）所得税。以寿险公司为例，部分国家的公司所得税制度如表5-6所示。

表5-6　　　　　　　　　　　部分国家寿险公司所得税制

美国	税基：总收入减去精算准备金。 税率：35% 其他规定：对保单持有人红利可以无限减免税务。
日本	税基：总收入减去费用。 税率：36.21%（其中国家为30%、地方为6.21%）。 其他规定：本国公司分红收入的50%可税前扣除；保单持有人红利可以全额在第二年税前扣除，但是如果前一年没有分红给保单持有人则要交税；再保险的保费一般税前扣除。
加拿大	税基：总收入减去费用。 税率：32.02% ~ 38.37%，各省不等。
英国	税基：投资收入减去费用。 税率：20%/30%，对应保险客户/股东基金
法国	税基：总收入 – 精算准备金 – 费用。 税率：34.43%，保单持有人红利收入可税前扣除。

在公司所得税制方面，以上国家和地区的突出特点有：

a. 在税率方面，大多数国家采用累进税率。

b. 在税基方面，各国多以净所得为计税基础，扣减项目包括管理费用、已发生的赔款及风险准备金等。有些国家还允许将一般意外事故和巨灾准备金予以扣除，使其应纳税额减少，增强了保险公司的竞争力。

c. 对小型保险公司给予特殊优惠政策，体现了政府的扶持作用。

2. 对保户的税收

对投保人和被保险人的税收主要是个人所得税。对于非寿险保户，各国普遍规定个人投保职业或商业风险所支付的保费以及公司所支付的保费可作为扣除项目。对于寿险保户，基于寿险所具有的储蓄和社会保障性质，大多数国家都给予了一定的优惠政策，以鼓励个人购买和持有寿险保单，见表5-7。

表 5-7　　　　　　　　　　部分国家和地区对保户的税收制度

美　国	保单红利、保单现金价值、年金和死亡给付减免税。延期年金支付保险保费减税。参加雇主提供的健康险与其他福利性保障计划免税。
瑞　士	商业性两全寿险保单所得利息免税。强制性社会保障项目、国家养老金计划缴款免税。
日　本	应纳税额中，企业非累积型和累积型保费支出可税前扣除；个人寿险保费支出可税前扣除。
英　国	年金保费可按比例扣除，最高额为收入的 17.5% ~ 40%。
澳大利亚	健康险：个人购买健康保险给予保费补贴，即 30% 的保费折扣。

可以看出，大多数国家对保户都采取了宽松的税收政策，以鼓励个人踊跃购买保险特别是寿险，这不仅给保险业发展提供了良好的税收环境，也可通过保险公司的风险管理使整个社会的风险因素减少、风险程度降低，有利于创建更加和谐、稳定的人文环境与自然环境。

（三）我国保险税收政策在风险管理中的不足

1. 对保险公司的税收

伴随经济环境的变化，我国保险税收政策也发生了较大的变化。税率方面，自 2001 年起，保险业营业税税率每年下调 1%，至 2003 年，保险业的营业税税率从 8% 降至 5%，并施行至今。所得税方面，2001—2008 年，中资保险公司执行 33% 的所得税率，外资保险公司享受两免三减半的税收优惠政策，到了 2008 年，中外资保险公司的所得税率均为 25%，并施行至今。税基方面，营业税是按照保险公司总保费及贷款利息收入和手续费收入之和为基础缴纳，国外分入业务、农险业务、出口信用险和出口货运业务免收营业税。

2. 对保户的税收

现行税法对投保人和被保险人购买保险的支出没有减免税的规定，但规定保险赔款免征个人所得税，见表 5-8。

表 5-8　　　　　　　　　　对保户的税收

险　种	对单位保户	对个人保户
产　险	车险和企财险保费进入成本。	保险赔款免征所得税。
寿　险	为雇员购买的企业年金在工资总额的 5% 以内的部分进入成本。为雇员购买的补充医疗保险按工资总额的一定比例进入成本。	

通过与国外保险税制的比较分析，可以看出我国目前的保险税制存在着一些不完善的地方，给保险业发展带来了不利的影响，主要包括：

（1）税基不合理、税负较重，影响了总准备金的积累。在税基方面，现行税制对保险行业的特殊性考虑不足。首先，保险业不同于其他商业企业，保险公司的保费并非真正意义上的收入，而是一种负债，其中相当一部分要以赔款的形式支出，以保费收入作为征税税基显然不合理。近年来，保险公司尤其是寿险公司开发了一系列投资联结、分红、万能等集保障和投资于一身的新险种。这些险种的保费收入一部分为按照合同约定支付的赔款或给付，另一部分为投保人委托保险公司投资理财的本金，将这部分本金也纳入课税税基显然不符合营业税的计税依据。其次，现行税法采用权责发生制，意味着保险公司的当期应收保费，无论是否实际收到，都必须缴纳营业税及附加。然而由于保险经营的特殊性，应收保费十分常见且数量巨大，几乎所有的大型财产保险及长期寿险都采用分期交费的方式，加上中途退保，使得保险公司的应收保费比其他行业的应收账款数目要大得多，把应收保费纳入课税税基大大加重了保险公司的税收负担。

此外，在保险经营中，由于损失的发生具有很强的随机性，有可能偏离损失期望值，为了防止实际损失大于期望损失给保险公司的财务稳定性造成冲击，保险公司必须根据经验数据对期望损失的偏离程度提存一笔总准备金，以应付某些意外、特别是巨灾损失的影响。总准备金的唯一来源是扣除了税金和留利后的利润余额，高税负极大地限制了总准备金的总体规模和积累速度，直接影响到保险公司的偿付能力。

长期以来，我国保险公司总准备金的提存水平十分不稳定，总准备金的积累速度远远低于保费增长速度和利润增长速度，某些年度总准备金提存额甚至为负数。当保险责任以年均20%以上的速度扩张时，总准备金的增长速度不仅远远不能实现同步增长，反而在某些年度出现负增长，潜伏的危机日益加深，给保险的健康发展埋下了巨大隐患。

（2）税率偏高且单一，不利于保险公司对高风险业务的开展和管理。在税率方面，与大部分发达国家相比，我国保险企业营业税税率、所得税税率都处于较高水平。营业税2001年之前适用8%的税率，比交通运输业、建筑安装业、邮电通信业、文化体育业的3%和服务业、销售不动产、转让无形资产的5%的适用税率都高。从2001年开始，这一税率每年下调1个百分点，直到2003年下调至5%，但与世界范围的税率水平相比仍然偏高。我国保险行业承受的高赋税的负担，直接影响到行业的风险承受与风险管理能力。

此外，国外的营业税普遍采用分险种的差别税率，以发挥税收的杠杆作用，鼓励高风险保险业务的发展。我国则实行统一税率，对健康保险、养老保险、洪水保险等高风险业务没有给予税收优惠，无法体现税收的风险管理作用，其政策导向性也大打折扣。

（3）对保户的税收减免不足，抑制了保险需求

a. 对单位保户，现行税制规定企业可以税前提取不超过职工工资总额 4% 的资金用于购买企业年金即补充养老保险，相对于发达国家平均 15% 的优惠比例来说，5% 的比例明显偏低，且仅在全国部分地区试点，对企业年金的投资收益也缺乏免税的规定。这在很大程度上抑制了企业建立补充养老保险的积极性，成为企业年金发展的拦路虎。

b. 对个人保户，现行税制只对保险赔款免征个人所得税，但保费支出、年金给付、满期给付、保单红利等都无法减免税，这与其他国家和地区有很大差距，一定程度上打击了顾客的投保积极性，减慢了潜在保险需求转化为有效保险需求的速度。

当前我国已进入老龄化社会，医疗和养老保险制度改革正在积极进行，各种社会和经济环境正处于大变革、大发展的时期，保险需求必将日益增长，然而现行税制的种种弊端不利于潜在需求转化为现实需求，给保险发展带来了一定的阻力，已成为摆在保险业面前的一道"坎"。

二、完善保险税收政策的建议

税收政策是国家宏观调控的有力工具，国家通过对税种、税基和税率等的调整，调节社会资金流向，促进资源优化配置，扶持战略部门发展，进而实现国民经济可持续增长。对保险而言，不同的课税基础、减免税和退税规定可以直接或间接影响保险交易的制度结构，一些新的保险交易组织和交易方式在很大程度上可以看作风险交易主体对某种税制所做的反应，如避税就被许多经济学家视为专业自保公司（Captive Insurance Company）兴起的重要原因。因此完善保险税制、发挥税收对保险的调控和导向功能，是促进我国保险业发展的不可缺少的政策举措。

（一）调整保险公司营业税税制

1. 适当调低营业税税率

目前 5% 的营业税税率不仅高于国际平均水平，而且比国内邮电通信业、文化体育业、建筑安装业和交通运输业适用的 3% 的税率高，无法体现国家对保险业的扶持意图，可考虑调低营业税税率 1～2 个百分点。

2. 调整营业税税基

应明确应收保费、分出保费不作为营业税纳税税基，将保险赔款和给付、保户储金及其他需返还被保险人的本金等从税基中扣除，以缩小营业税税基，减轻保险人税负。

3. 分险种征收营业税

借鉴国外做法，从长远发展的角度，按照不同险种对经济发展的促进作用、对社

会保障的重要性、与国计民生的关系以及国家产业政策导向，分别征收营业税。具体来说，对一些政策性的、非盈利或低盈利的、对社会稳定有重要作用的险种，实行免税或低税，对一些赔付率较低、利润丰厚的险种采用较高税率，以发挥税收的调控和杠杆作用。

（1）对地震保险、洪水保险等涉及巨灾风险的保险实行免税。地震保险和洪水保险是专门针对巨灾风险开发的险种，对保障人民群众的生命财产安全有十分重要的作用，加之巨灾风险具有偶发性强、损失严重、难以预测和控制的特点，保险公司的赔付压力极大，因此宜实行免税，以降低保险公司的经营成本。信用保证保险保障的是当事人的信用风险，在当今信用缺失的现实条件下有特殊重要的意义；强制保险保障的是一旦发生将带来灾难性后果的风险，且投保人没有选择余地，因此也应给予免税政策。

（2）对医疗保险、商业补充养老保险、长期护理保险等可实行减半征税。按照现行税制，农业保险免征营业税，但仅限于种植业和养殖业。随着产业结构的调整，农业的外延在不断扩大，应根据农村经济社会的发展需要，扩大税收优惠范围，对农业财产保险、农业人身保险等涉农保险采用减半征税或先征收后返还的方式。医疗保险、商业补充养老保险（即企业年金）是构筑"三支柱"型社会保障体系不可缺少的组成部分，应给予鼓励和扶持。

（二）调整保险公司所得税税制

1.适当调低所得税税率

过去，我国33%的所得税税率在国际上处于较高水平，尽管新通过的《中华人民共和国企业所得税法》将所得税税率调整为25%，下调了8个百分点，但对保险业没有任何优惠。当前世界各国都在努力降低所得税税率，对于保险亟待发展的我国更应该采取低税政策，以体现政府的鼓励和扶持。可以仿效台湾地区的做法，区分不同所得，实行不同税率，最高不要超过25%。

2.调整所得税税基

合理确定企业所得税税基有利于增加保险公司的税后利润，增强偿付能力，也有利于税源的稳定和保护被保险人利益。对于现行所得税税基的改进建议如下：

（1）取消内资保险公司的计税工资制度，允许工资、职工福利费、工会经费和职工教育经费税前据实扣除。

（2）允许坏账准备提取和核销税前据实扣除。

（3）允许保险业信息设备实行加速折旧。

（4）根据国家税务总局《关于保险企业所得税若干问题的通知》规定，保险公司按照1/2法列支未到期责任准备金，按照不超过实际赔款的4%列支已发生未报告的未决赔款准备金，但这种方法会导致保险公司准备金计提严重不足，无法反映实际应承担的保险责任。建议按照会计核算的真实结果税前全额抵扣，以保证准备金计提充分。

（5）允许巨灾准备金税前列支，改变以往保险公司只能从净利润中提取巨灾准备金的状况，增强保险公司应对巨灾风险的能力。

3. 分险种征收所得税

为进一步发挥保险在解决"三农"问题中的作用，建议在农业保险免征营业税的基础上，免征种养两业的所得税；对其他涉农保险采用外资保险公司 15% 的税率进行征收。

（三）健全保险资金运用的相关税收规定

保险资金运用收益是保险公司重要的利润来源，对提高偿付能力有至关重要的作用，应逐步建立健全保险资金运用的相关税收支持政策。目前免征营业税的人身保险产品只包含普通人寿保险和养老年金保险等传统类型，但对万能寿险、投资联结保险等新型保险产品缺乏明确的免税依据，以至于出现了有的保险公司获准免税，另一些保险公司的同类产品尚未获准的现象。这种实践中的不一致既扰乱了市场秩序，又与同为投资类产品的开放式基金享受免税待遇的规定不符，有悖于公平原则。

按照国际惯例，分红类保险产品通常属于免税范围，应当参照这一做法，对万能寿险和投资联结保险等从事证券交易产生的收益免征营业税，使其享受与证券投资基金同等的税收待遇；对投资于国家重点建设的基础设施项目产生的收益，免征所得税，以鼓励保险公司拓宽投资渠道，提高投资效益。

（四）增加对保户的减免税规定

利用税收手段可以刺激保险需求，催生人们的风险和保险意识，促进国民积极选择这一科学的风险防范机制，为安定生活、全面实现小康社会增添动力。应增加对保户的税收优惠，尤其是对购买人寿保险的保户给予税收优惠，这不仅可以带动寿险业的持续发展，还可以减少社会保障的压力，同时起到科学引导消费者购买行为的作用。具体建议如下：

1. 加大对企业年金的税收优惠力度

在西方发达国家，员工福利计划能带动公司经济效益增长的观念，已成为企业界的共识。然而《2005年中国企业员工福利保障现状调查报告》显示，2/3被访中国企业从未投保团体保险，在已投保团体险的企业所购买的保险产品中，多数只投保了意外伤害、重大疾病和住院等保费较低廉的保障型险种，67%的企业年人均保费低于1 000元。《调查》同时显示，在未投保团体险的企业中，对年金类产品有需求的达到75%，可见企业年金类产品未来需求强劲。7年过去了，企业年金的供需仍然存在很大缺口，尤其是数量众多的中小企业，有很多处于创业之初，抗风险能力弱，对企业年金的需求最大，迫切需要税收政策的支持。

从发达国家的经验来看，税收优惠政策是企业年金发展的主要动因。我国一方面可以扩大企业年金缴费税收优惠的范围，另一方面可以对企业年金的投资收益予以免税，提高企业参与养老保险的积极性。与此同时，可以借鉴国外延迟纳税制度，对个人购买养老保险性质的保费支出从本期应纳税所得额中扣除，待年老获得保险金给付时，列入当时的应纳税所得额，缴纳个人所得税。这种制度安排对当期消费和未来消费进行了调整，使收入再分配更加合理。

2.运用税收杠杆发展健康保险

应允许购买健康保险的保费支出从个人所得税税基中扣除，以吸引和鼓励更多的居民积极购买商业健康保险。从商业健康保险的保费收入占私人卫生支出的比重看，2000年该比重仅为2.31%，2007年升为6.22%。在我国私人卫生支出中，由商业保险承担的部分非常有限，大部分成本仍然落在患者及其家属身上。缺乏风险分担机制的结果是，一方面影响了居民就医的积极性，另一方面则是在就医后陷入贫困境地难以恢复。通过税收减免加大政府支持力度，鼓励个人积极购买商业健康保险，弥补社会保障的不足，是缓解保险业遭受人口风险冲击的重要举措。

3.适时开征遗产税

西方发达国家普遍征收遗产税，税率高达40%～60%，出于合理避税的目的，国民纷纷购买人寿保险，因为死亡给付的保险金是免税的。我国由于遗产税的缺失使得寿险的节税功能无法体现，丧失了寿险产品的一大"卖点"。

当前相当一批国民财产增长迅速，贫富差距日渐悬殊，可以说已具备了一定的开征遗产税的基础。适时开征遗产税不失为推动我国寿险发展的一种选择，通过遗产税的征收，社会财富得以重新分配，富有阶层出于避税的目的会扩大人寿保险的消费，而攀比和效仿的心理又会带动中间阶层对寿险的需求，这两种人将成为寿险消费的中坚力量。不仅如此，遗产税的征收使政府获得了更多的财政收入，贫困阶层会得到更多的转移支付，从而增加其可支配收入，使得这一阶层的寿险购买力也有一定程度的提高。这些因素都会对寿险的发展产生有益影响，尤其是降低寿险业被经济增速放缓影响的风险。

（五）实行区域差异化税收优惠政策

考虑到我国经济发展和保险发展的不平衡性，宜制定差异化税收优惠政策，对中西部地区和东北老工业基地的保险公司可在原有基础上，进一步实行减免税以及税收返还等差别待遇，鼓励保险资源向中西部地区转移，同时吸引外资保险以及民营资本到中西部开展业务，增加中西部地区保险市场主体数量。对于开办适合当地风险状况和保险需求的业务应给予税收优惠，如中西部的农业保险、东部的责任保险和信用保险等，以促进不同地区保险产品结构的优化。除了直接税收优惠外，还可采取间接税收优惠，如投资抵免、加速折旧、再投资退税等，降低我国区域保险发展不平衡的风险。

第六节　保险监管与企业层面对保险企业风险管理的进一步讨论

保险人作为重要的金融中介，出售未来才能兑现的承诺，其本身是否安全、经营行为是否规范，关系到广大消费者的切身利益，也关系到保险市场乃至金融市场的稳定，因此各国都对保险业实行不同程度、不同形式的监管，保险企业本身也实施了不同程度的内部风险管理。本节将从这两个层面对保险业风险管理加以进一步的讨论。

一、完善保险监管体系

（一）保险监管的风险管理作用

保险监管是政府干预保险的行政手段，是政府管理经济的职能在保险领域的具体体现。保险业是经营风险的特殊行业，对社会经济的稳定和人民生活的安宁负有重大责任，因此政府对保险业的监管不仅有别于其他行业，也有别于其他金融业。保险监管通常通过以下方面帮助保险行业做好风险防御。

1.平衡竞争的好处与对消费者的保护

过度的、恶性的竞争不可避免会对消费者的利益带来损害，因此平衡竞争的好处与对消费者的保护、维护好保险市场秩序也是保险监管的重要内容之一。通常会涉及以下几方面：控制市场准入、费率和保单监管、财务监管、中介监管和竞争政策监管。其中竞争政策监管主要涉及个别企业的反竞争行为以及企业间横向和纵向的削弱竞争安排，它通过禁止价格共谋、禁止限制竞争的兼并和收购、禁止滥用统治地位等手段来限制和消除反竞争性行为。

2.监督保险人的偿付能力

偿付能力是保险公司经营的安全底线，一般受到监管层面的重点关注。监管部门通常借助以下两种方法进行保险人的偿付能力监管：

（1）财务报告要求。这是偿付能力监管的核心。政府会要求保险人提供详细的年度财务报表，包括资产负债表、损益表以及其他规定的记录和凭证。监管者将依据所报告的信息对保险人进行财务分析，对保险人的资本充足率、资产质量、利润率、现金流量等进行评估，以便从中发现需要引起监管者注意的保险人。

（2）财务检查和专业人员监督。监管者通过现场检查或个案检查等方式对保险人的财务状况进行核实。与此同时，监管者通过会计、精算等方面的专业人员进行补充性的偿付能力监督，以事先抑制和事后揭露保险人的不当行为。

（二）发达国家保险监管的发展趋势及对我国的启示

保险发达国家都有一套成熟有效且富于变化的保险监管体系。20世纪90年代以来，伴随经济全球化和自由化的浪潮，国际风险环境发生了巨大变化，为适应这些变化，各国政府对自己的保险监管体系也进行了很大调整，呈现出以下发展趋势：

1. 分业监管转向混业监管

当前，金融一体化趋势日益明显，银行业、证券业和保险业的联系越来越紧密，由原来的平行发展变为互相渗透、互相融合，更加多元化、综合化和同质化。与此相适应，金融监管也从分业监管日益转向混业监管，主要表现为成立统一的金融监管部门，集银行监管、证券监管和保险监管于一身，共享信息和技术优势。

2. 机构监管转向功能监管

机构监管是指依据金融机构的不同类型分别设立不同的监管部门，各部门各司其职。功能监管是指一个给定的金融活动由同一个监管者监管，而无论这个活动由谁从事。功能监管可以大大减少监管职能的冲突、交叉重叠以及监管盲区，有利于提高监管效率。功能监管是混业监管的必然结果。

3. 市场行为监管转向偿付能力监管

市场行为监管和偿付能力监管是保险监管的两种模式。市场行为监管侧重于对保险公司具体经营行为的监管，偿付能力监管则侧重于保险公司经济补偿能力的考查。随着保险市场的进一步发展以及保险业全球化、自由化趋势的日益明显，许多国家都不约而同地放松了对市场行为的监管，而将监管重点转向保险公司偿付能力和风险资本的动态监控，其目的在于提高监管效率，切实保护被保险人利益。

4. 静态监管转向动态监管

静态监管和动态监管是偿付能力监管的两种方式。静态监管侧重于对保险公司历史及现状的考查，通常是通过一系列指标体系对保险公司的当前偿付能力予以考查，属于事后监管。动态监管则是根据一定的假设条件对保险人的现金流量和财务状况做出预测，考查保险公司未来的偿付能力，属于事前监管，因此更具前瞻性，更为科学和合理。如今，已有越来越多的保险发达国家，如美国、加拿大、日本和英国等将偿付能力的动态测试模式引入监管手段中。

从上述发达国家保险监管的发展趋势可以看出，各国的监管制度有不同的特色，且始终处于动态变化之中，如金融危机爆发后，美国和其他发达国家的金融监管体制就发生了重大的改革。这对我国有着重要的启发意义。

　　首先，应高度重视保险行业的安全问题。作为经营风险的专业机构，如果保险业本身出现了重大问题，其破坏力不可想象，而影响保险业安全的最终因素是偿付能力。所以发达国家始终把偿付能力监管放在保险监管的核心和首要位置，监管发展趋势从市场行为监管转向偿付能力监管、从静态监管转向动态监管就说明了这一点。

　　其次，应因地制宜、循序渐进地完善保险监管制度。要立足本国的政治、经济、社会和法律制度及历史、文化背景，尤其是保险行业风险状况，通过充分学习和借鉴他国先进经验，建立适合本国国情的保险监管制度，绝不能超越特定的经济、社会和法律环境的制约。此外，保险监管制度的建立和完善是一个循序渐进的过程，表现为一种持续的制度变迁，不能一蹴而就，应根据保险市场的发展变化不断进行动态调整和改进，为保险发展提供持久的动力。

（三）我国保险监管体系在风险管理中的不足

　　我国保险监管的发展与保险业的发展息息相关。近年来我国保险监管工作取得了长足的进步，但同保险业一样还处在发展的初级阶段，存在一些与当前风险环境不相适应的方面，主要有：

1. 监管主体单一

　　从 2003 年在法律上确立分业监管体制至今，我国一直实行一行三会的金融监管主体架构。随着综合经营的深化、风险环境的变化，监管主体也对其进行了适应性调整。例如自 2004 年起，银监会、保监会、证监会召开过多次监管联席会议，讨论监管的指导原则、职责分工、收集与交流和工作机制等问题，并确立了对金融控股公司的主监管制度，即对金融控股公司内相关机构、业务的监管，按照业务性质实施分业监管，而对金融控股公司的集团公司可依据其主要业务性质，归属相应的监管机构负责。但从现实效果来看，监管联席会议还只是论坛式的制度，缺乏决策基础，这种意在调和机构性监管和功能性监管的工作方式并未取得显著的效果。

2. 偿付能力监管存在较大差距

　　当前我国初步确立了以偿付能力监管为核心的"三支柱"监管模式，但在偿付能力监管上还存在着十分薄弱的环节，具体表现如下：

　　（1）现有的最低偿付能力额度无法反映不同保险公司的资产风险。我国规定的最低偿付能力额度是根据自留保费或赔款总额（非寿险业务）以及保险金额和责任准备金（寿险业务）的一定比率计算出来的。这种方法计算方便、实用性强、透明度高，却不能准确反映不同保险公司的不同风险结构与风险分布。也就是说，两个风险结构与分布完全不同的保险公司，有可能具有相同的最低偿付能力额度，因此仅依靠最低偿付能力额度无法实现对保险公司资产风险的评估、分析和量化，从而为准确判断保险公司面临的风险程度埋下了隐患。

（2）偿付能力监管指标体系存在一定滞后性，预警作用不强。偿付能力是保险公司整体运营的多元函数，不仅依赖于产品定价、准备金提取、资金运用及再保险安排等多种因素，而且受到经济增长、通货膨胀、证券市场运行、保险税收和监管等宏观环境的制约，偿付能力监管指标必须周密、全面，才能真实、完整地反映保险公司的经营状况。我国的偿付能力监管指标体系侧重于盈利和经营性风险的分析，对综合财务状况和准备金方面的考虑较少，在全面性、有效性上打了折扣。另外，我国的监管指标体系对保险公司财务状况的考虑仅限于历史状况，难以迅速检测偿付能力和财务状况的变化，从而无法对可能存在的风险做出早期预警，基本还处于"事后救火"的被动状态，丧失了采取补救措施的时机。

（3）现有的偿付能力监管基本属于静态管理，缺乏动态管理。我国的偿付能力监管只测算保险公司的静态偿付能力，即在某一个给定时间段内（我国是一年）保险公司偿还到期债务的能力。既没有考虑保险公司长期连续经营的特性，也没有考虑公司技术、管理、业务发展和经营环境的变化，难以真正反映保险公司的实际偿付能力。随着保险的不断发展，产品日趋多样化、复杂化，保险公司面临的不确定性越来越多，静态偿付能力监管已经越来越跟不上保险发展的步伐。如何实行偿付能力的动态管理，成为日渐紧迫的一个问题。

3.监管基础工作薄弱

当前，金融一体化趋势日益明显，银行业、证券业和保险业的联系越来越紧密，由原来的平行发展变为互相渗透、互相融合，更加多元化、综合化和同质化。但现有保险监管缺乏市场经济条件下所必需的信息披露制度和外部审计制度，市场力量和公众监督作用还没有充分发挥出来。由于对信息披露还没有明确规定和要求，保险公司的资产负债状况和经营业绩缺乏必要的透明度，尤其在很多业务和产品日趋复杂和交叉化后，保险人和投保人之间的信息不对称问题比较突出，消费者的知情权保障不够。而外部审计制度的不健全，如保险公司报表、数据等信息资料的公允性和真实性缺乏有效的监督认证机制，更是造成投保人和潜在消费群体缺乏选择依据，市场力量和公众监督对保险人的约束力不强，风险问题容易长期潜伏和积聚。

4.监管方式和手段需要改进

当前保险监管手段落后，主要依靠现场检查和手工操作，建立在计算机和网络等现代化手段基础上的非现场检查系统尚未形成，对静态的、现场查处做得比较多，对动态的、持续的非现场分析做得比较少；对个别具体经营行为的定性查处比较重视，对保险公司整体状况和保险体系风险程度的定量分析和评价工作比较欠缺，制约了监管效率和水平。

与此同时，当前监管人员的市场意识、风险意识和整体化风险管理意识都有待增强,对保险公司的整体运营和风险状况关注不够,对混业经营及各种问题背后的机制和深层次原因分析不透,对解决问题的办法更是缺乏研究,使得有限的监管资源没有被充分利用,也未与其他监管资源实现协调性配合。

(四)完善保险监管体系的建议

1.构建高效监管主体

考察监管主体架构最终要落脚于适应市场需要。通过国际经验比较可知,无论是分业监管还是混业监管,无论是功能监管还是机构监管,能够明确分担交叉金融业务和金融控股公司监管职能的即为有效的监管主体架构。我国存在建立由各监管机构负责人组成的金融监管委员会、合并现存监管机构成立新的监管当局、保持现有监管主体但加强协调合作等多项选择,但无论如何选择,解决好综合经营中的风险防范和管控,并尽可能地减少行政机构执行成本是选择改革路径的最好参照。

2.完善偿付能力监管体系

尽管形式有所不同,偿付能力都已经成为世界各国保险监管的核心内容。例如欧盟已经制定偿付能力监管标准体系,通过引入风险管理方面新的发展成果来改善保险监管,美国也提出了偿付能力体系完善计划。面对国际监管框架的变化和我国保险业的不断发展,我国应积极研究保险监管框架的新发展,通过积累管理经验、数据基础、技术资源和人员力量等,逐渐构建以风险和效率为基础的偿付能力监管体系。

(1)建立动态的风险评估标准。在评估保险公司的偿付能力时,应改变传统的最低资本金的要求,代之以风险资本(Risk-based Capital)要求,即要求保险公司必须具备与其整体风险相适应的最低风险资本金,包括资产风险、信用风险、赔款准备金风险、承保风险、利率风险及其他相关风险等。应增加对保险公司未来偿付能力状况的模拟,将静态指标与动态预测有机结合起来,更好地反映和评估保险公司的持续经营能力。

(2)建立保险信用评级制度。保险信用评级制度是解决保险市场信息不对称的重要手段。通过保险信用评级可以向投保人提供高效的风险信息服务,减少因信息缺乏而导致的交易风险和不确定性,增加市场透明度;可以督促保险人加强风险管理和经营管理,保证充足的偿付能力。

(3)建立科学有效的风险预警机制。目前我国的保险监管还流于主观性和经验性,应尽快建立一套适合我国国情的保险风险评价和预警系统,对保险公司实行持续、有效的风险监测,根据监测和分析结果及时发出预警信号,采取纠正措施,逐步实现从以业务规模为基础的静态监管向以风险为基础的动态监管转变,从结果性的事后监管向过程性的事前、事中监管转变,使保险监管真正发挥防患于未然的作用。

3.加快保险法制和信息披露制度建设

在保险法制体系中，保险监管部门颁布的规范性文件以及有关保险的司法解释等也在实践中起着规范作用。目前在这部分法制建设中还存在一些现实问题，包括某些国际惯例的立法缺失；法制体系内部存在重复现象和冲突现象；一些规定与实际脱节，缺乏可操作性等。例如，随着金融一体化和保险并购的不断发展，竞争政策监管在保险监管中的地位日益突出，但有关竞争方面的法制建设却相对滞后。保险监管部门应从行业风险管理需要出发，对现有的法律体系进行有益和适当的补充。

与此同时，信息不对称是保险市场不能高效运转的主要障碍之一，建立可靠、及时、标准化的信息披露制度不仅有助于减少信息不对称、保护消费者利益，而且有助于确保监管的有效性。西方发达国家普遍建立了信息披露制度，高度重视信息的公开与共享。相比之下，我国保险业的信息披露制度尚不健全，一定程度上增加了市场摩擦、降低了市场运行效率。应该加快信息披露制度建设，对保险公司的财务状况和偿付能力进行客观、公正的资信评估，定期在媒体上予以公告，以借助社会力量共同监督和促进保险业的健康发展。

4.加强国际监管机构的相互合作

在当今经济全球化的背景下，加强与境外金融监管当局之间的监管协作与信息交流有特别重要的意义。应尽快与在我国境内设有保险机构或我国在对方境内设有保险机构的监管当局建立稳定的协作机制，加强对跨国保险机构的有效监管。这不仅有利于保障众多投保人的利益，还能有效防范跨国金融犯罪。尤其是应积极参与国际保险监督官协会（IAIS, International Association of Insurance Supervisors）的各项活动，充分利用这个国际保险监管交流与合作的平台，研究借鉴国际保险监督官协会制定的具有普遍指导意义的保险监管原则、标准和建议，探索出一套既符合中国保险业实际，又能与国际接轨的保险监管制度。

5.实行差异化、多样化的监管策略

随着市场主体日渐增多，竞争机制日益完善，不同地区的保险业呈现出不同的发展规律和发展轨迹，要求因地制宜地实施与当地保险发展要求相适应的保险发展战略。基于我国区域保险发展不平衡的客观现实，在监管策略上应针对不同地区、不同领域采取不同的程度和力度，提高监管的弹性和灵活性。如对市场机制完善、行业自律组织健全、保险较发达的东部地区，可实行多层次监管；对各方面条件还不成熟、保险较落后的中西部地区，仍实行政府监管。对保险公司的偿付能力应加强监管、绝不放松；对市场经营行为则可适当放宽、以扩大市场机制发挥作用的空间。通过推行差异化、多样化的监管策略，优化监管效果，提高监管水平，为区域保险的健康发展提供持续动力。

二、完善保险企业内部风险管理机制

传统保险理论假设保险公司所有者可以通过资本市场充分分散自身的特质风险，从而定义保险公司本身为风险中立者。但这样的假说很快被经济现实中代理成本的存在、经济资源的有限性、税收凸性，以及行业监管等因素所否定。保险公司所有人与管理者面临的内外约束条件直接决定了保险公司对预期现金流的波动存在一定的承受上限，简化的预期利润最大化目标于是转化为对内嵌风险管理行为的预期利润最大化问题，建立和完善保险企业内部风险管理机制也就成为保险行业的共性任务。

（一）风险管理行为内在化

在环境变迁的背景下，面对日益显著的风险与相对松弛的外部约束，保险公司需要进一步强化自身的风险管理动机，以内在需要指导自身的风险管理行为。根据代理成本说，具有高财务杠杆的企业主体由于在融资过程中面临高昂的代理成本，因而具有更强的风险管理动机。但这一点在美国次贷危机中并未得到佐证。从住房抵押贷款公司、银行、证券公司、银行到保险公司，金融机构在此次危机中形成了完整的因果链，而作为风险经营者的保险公司恰恰是系统性风险的最后承担者。传统理论中债权人与所有人之间是信息对称的，债权人了解企业的经营信息和现金流状况，从而能够通过与所有人的博弈促使所有人选择企业价值最大化的目标。但世界金融业发展至今，金融机构的债权人数量愈发众多和分散，对金融中介的监督愈发困难。尤其是定价难度最高的保险业，其公示的经营方式与运营指标很难向诸多保单持有人提供足够清晰的内部信息。而与此同时，信息不对称也存在于保险经营机构与保单持有人的监管代理人，即各国保险监管机构之间，再加上包括寻租、谈判等导致的政府失灵，缺乏外部约束的资本很难贯彻理论上存在的风险管理意识。

危机对于资本而言将是一次积极的转折。该转折就是从消费者到监管者再到企业自身都承担了资本利用高杠杆从事高风险行为的苦果。债务融资的高成本、日益严谨的监管体系、将重新塑造资本的生存环境。对于我国保险业而言，尽管不是遭受冲击的第一线，获取保单持有人的信任以及保持自身对潜在消费者的吸引力，也已成为持续性发展的最基本条件。而获取信任的核心内容即风险管理，通过多样化的风险管理工具化解企业流动性危机，向市场传递健康和积极的信号，具有比追求超额利润率更为积极的意义。

（二）风险整体化

强烈的风险管理动机下，还需要有效的风险管理方法。传统的风险管理一般从业务结构角度对各类风险进行单独评价和独立管理。例如通过购买再保险、优化保险合同设计对自然巨灾风险以及人口风险进行转嫁与化解，通过买卖金融合约及构建有效的资产组合进行经济投资风险的转移与规避，通过严格内部组织管理降低法律风险等等。与前面所说的最优化框架相对应，每一项最优风险管理决策问题，都可以转化为预期利润既定的风险最小化或风险既定的预期利润最大化问题，进而得到风险管理方案的最优解。

但在现实中，将每一种风险都最优的风险管理决策集合在一起，并不一定是保险公司总体风险的最优管理方案。因为保险公司所面临的整体风险并不是各项分类风险的加总：在风险之间存在内在交叉重合并体现为一定负相关关系时，风险之间会产生对冲作用；而在风险之间相互独立时，风险的集合也会降低总体预期收益的波动性。这种分散作用会使对风险进行整体性管理的成本大大低于对每项风险进行管理的成本之和，从而可能在低成本乃至零成本的情况下提高公司的安全程度。

在业务之间的相互独立方面，保险业具有得天独厚的优势。就财产的自然灾害风险而言，个体的、可分散的特质风险与市场组合的收益之间相关性相对微弱，而寿险的生命风险相对更加稳定，人口结构与预期寿命的变化与资本市场的风险更是具有天然的独立性。这样的业务结构特点决定了保险公司具有进行整体性风险的巨大空间，但一个重要条件是，保险公司应通过强化产品的保障性质，即为传统可保风险提供解决方案来保证这种自然对冲的实现。因此，在各家保险公司通过产品创新，尤其是投资联结型或其他理财型保险产品的创新来引导需求的同时，从风险管理的角度则要注意产品开发的风险性与适度性，要保证创新产品与传统产品的合理比例，并保证保障因素整体上的导向性作用。

（三）风险外部化

与非系统性风险相比，系统性风险是无法通过构建多样化的资产负债组合、业务组合而实现分散的。更多的时候，它需要通过资产负债久期匹配、交易衍生性金融工具来化解和转移。传统保险的运作基础是风险汇聚与风险分散，而资产运用则要求与负债在期限与头寸上相匹配，因此遭受系统性风险的影响较小。但随着市场竞争加剧，保险业开始全方位地扩展传统领域。在负债业务方面，越来越多产品涉及了对系统性风险的承担。例如，美国次贷危机中的信用违约互换合约 CDS，它名义上是一种衍生工具，实际上却是对信贷或违约风险进行承保的保险产品。而一些适应大型企业风险转移需要的整体性风险管理方案将传统可保风险与传统不可保风险，如利率风险、汇率风险等同时纳入承保范围，承诺一张保单下的综合性财务偿付。新的产品扩展了保险的功能，吸引了新的需求，但当保险公司可以通过集合大量独立的风险标的实现可保风险的分散时，价格类的风险却更多的是带来难以估计的系统性风险累积。更重要的是，保险公司对于传统可保风险具有成熟的准备金提取和定价技术，对于财务风险的准备金估计和定价则存在一定程度的投机性，加上处于金融监管的边缘地带，往往容易低估风险、最终导致承保方面的损失。我国保险业所承担的系统性风险还相对有限，但保险公司从单纯的保险从业者到金融集团的转变，以及金融一体化所催生的各类金融创新都意味着，在接下来的发展阶段，如何控制和转移系统性风险将逐渐成为保险业的重要任务。

除了关注负债风险，关注资产风险、维护资产业务的安全性是保险公司面临的另一重大任务。长期以来，各国监管机构都对保险资金的运用施加了各种各样的约束，除了对具体投资渠道的导向性限制，还包括对偿付能力监管方式的完善等。但随着竞争的加剧，以及上下游产业对投资需求的诱导，保险业的投资也趋向于风险化。这主要表现在投资组合中承载系统性风险的结构性资产和表外金融衍生工具比重增大。这些资产的价值非常容易受到利率、汇率、宏观经济等系统性指标的影响。而在这些资产的运用过程当中，保险业如果不进行有效套期保值对风险进行对冲，而是通过投机获取超额收益，则很容易使自身陷入流动性陷阱，进而突破监管的底线，产生严重的偿付能力问题。

保险业在资产与负债业务方面过多涉及系统性风险，同时并未为系统性风险采取充分对冲措施，成为保险业在美国金融危机中遭受重创的根本原因。作为提供财务安全保障的金融中介，通过承担系统性风险追求可能的高收益，进而在社会中产生大量交易成本的行为，与其本身存在的意义是相悖的。以此为鉴，在我国当前环境变迁导致系统性风险增大，以及国际保险市场竞争日趋激烈的背景下，控制对系统性风险的承担，加强对系统性风险的外部转移或对冲，寻求合理的行业利润率，将是我国保险业保证自身安全与提升行业声誉的必然选择。

（四）有效的内部环境支持

除了风险管理主动性的内在加强，非系统性风险与系统性风险管理方法的科学化，保险公司进行有效的风险管理还需要若干内部条件的支持。

1.灵活而明确的风险管理目标

保险公司的风险管理行为越来越具有主动性，但究竟将风险控制在怎样的程度却因主体的不同而不同。风险与收益是相对应的，既不能定位于完全化解风险，忽视收益与成长的要求，也不能过分追求增长而完全忽略风险。在风险和收益之间的取舍，要根据风险管理主体的风险态度、业务性质、资本市场的交易成本，偿付能力要求等因素来共同决定。与此同时，风险管理目标的影响因素是动态的而不是静态的，相应地，风险管理目标也应该随着影响因素的变化进行适时的调整，以满足不同发展阶段的现实需要。

2.顺畅的风险信息沟通机制

构建顺畅的风险信息沟通机制更多地涉及公司业务部门，尤其是风险管理部门的安排。对于风险管理部门的安排有两种较为常见的模式：一是建立独立的风险管理部门，所有的业务部门对它负责，而它直接对最高管理层负责；二是建立风险管理委员会，即由各个部门协作建立非实体化的定期沟通机制。选择何种模式应视保险公司内部治理结构、组织结构而定，但无论选择哪种模式，都需要强调各业务部门之间的合作与沟通，各项财务指标与报表只有与精算、承保、投资等部门的业务报告结合起来才能提供最完善的风险信息，进而便于管理层进行风险管理决策。

3. 完善的组织结构

风险管理的基本方向由公司所有者决定，而实际操作由公司管理者执行。信息不对称下的委托代理关系会弱化风险管理动机，因此，在组织内部，如何构造有效的激励约束模式，使得风险管理目标和计划被管理者有效贯彻非常重要。管理者通常被假设为普通的风险回避者，在这样的假设下，赋予其一定的权益剩余索取权被证明能够提高其进行风险管理的效用。因此，无论是何种组织形式的保险经营机构，完善信息、改善薪酬机制、通过所有者与管理者适当共享剩余索取权或建立有效的组合性激励约束机制，都是推动公司管理者进行有效风险管理的重要环节。

第六章 保险企业内部信息沟通与内部控制评价

第一节 信息与沟通

从保险公司内控体系建设的角度说，"信息与沟通"是实施内部控制的重要条件。有效的沟通从广义上说是信息的自上而下、自下而上以及横向的传递：公允的信息必须及时确认、获取并以一定形式及时传递，以便员工履行职责；所有员工必须从管理层得到清楚的信息，认真履行自身职责；员工必须理解自身在整个内控系统中的位置，理解个人行为与其他员工工作的相关性；同时，员工必须有向上传递重要信息的途径。信息系统涵盖保险公司经营、财务和合规报告等各个方面，以有助于经营和控制子公司和相关机构；同时，与外部诸如客户、供应商、管理当局和股东之间也需要有效地进行沟通。

根据信息与沟通所包含的内容，我们将其细分为内外部信息收集与沟通、反舞弊机制、法定和敏感信息的管理和披露，以及信息系统建设和规划等四个子流程，分别阐述。

一、内外部信息的收集和沟通场景

信息与沟通，是一个较为软性的内控要素，往往没有对应的硬性规章制度。但是，一旦沟通上出现问题的话，就往往使得相关的管理层较为被动。根据美国的COSO内部控制框架，企业应当以一定的形式、在一定的时间范围内识别、获取和沟通相关信息，以使企业内部各层次员工能够顺利履行其职责。这样的要求包括两层含义：① 及时有效地识别和获取企业内外部信息；② 及时有效地进行企业各层级间的内部沟通。

每一个企业均应当识别和捕捉广泛的信息，包括涉及外部事件和内部活动中与管理实体相关的各类信息。各类信息以适当的方式，在一定的时间内，告知有关人员，使其能及时履行他们的各类责任。

这里所说的信息，是指与多个业务目标相关联的、承载着有意义情报的财务信息和非财务信息等。财务信息，主要是用于编制财务报表，但也同样为经营决策提供依据。例如，业绩回顾和经济资源分配计划等。可靠的财务信息，对于保险公司战略规划、财务预算、产品定价、供应商业绩评估、评估投资和联盟，以及其他的管理活动，都至关重要。非财务信息，是指业务渠道、内部运营等相关信息，包括保险公司常规经营，如销售、保险资金应用策略和具体交易、适当评估竞争对手/交易对手的产品情况或经济条件等内容。信息可以是公开市场信息，也可以是非正式获得的。例如，通过与客户、供应商、监管部门和专业中介公司的人员对话和沟通，往往可以为保险公司控制风险和寻找机遇提供重要的信息。

在保险公司内，最普遍和常见的便是保险机构及其代销机构间的信息沟通。代销机构，如银行应当将投保单中投保人、受益人等信息，通过互联网等渠道及时通知保险公司，将保险资金打入保险公司账户。以外部互联网为基础，既方便了投保人，也提高了信息沟通和资金运转效率。网络互通也有效地提高了保险公司的后期风险管理效率和效果。各代销网点、各分支机构数据的及时汇集，方便了保费收入确认和财务对账，也方便了反洗钱调查等合规检查，以及公司进行风险监控。

所谓信息，并不应该仅仅局限在数据搜集汇总，更应该扩展到非数据性信息上。例如，分支机构通过信息系统，向总部提供客户需求和客户意向，进行折扣审批、分享创新信息等。这些信息往往是定性的，并要求保险公司动态响应其不断变化的特点。为了应对这一挑战，保险公司往往需要建立一整套的信息管理流程，覆盖内部信息的上报、收集、处理、分析和报告的相关过程。此外，该信息管理流程还可用于对外部事件信息的搜集。例如，市场或行业的具体经济信息搜集、顾客偏好或需求的分析、竞争对手的情报服务、立法条例或监管措施等。信息管理的最高级形式应当是将信息系统完全集成到保险公司业务中，甚至与相关交易对手，如再保、分保机构等，实现系统对接，促进公司流程的效率化和有效化。此外，通过交易记录查询、实时跟踪等措施可以使管理人员即时访问财务和经营信息系统，更有效地控制业务活动的进程。

信息系统必须将其信息提供给相关人员，以使其能够合理地履行相关的职责。COSO内控框架要求信息在更为广泛的范围内，自上而下、自下而上地在整个企业内外进行沟通。沟通包括内部沟通和外部沟通两个方面。

从内部沟通来讲，要求建立必需的沟通渠道和机制，这包括三个方面的内容。

首先，保险公司的所有人员从管理层获取明确的信息，明确其职责，了解自身在内部控制体系中所应发挥的作用，理解自身活动与其他员工活动之间的关系，以便在经营活动中及时发现问题、确定原因并采取纠正措施。

其次，使员工能够及时向上传递其在经营活动中所获得的重要信息。这包括三个方面：一是正式的常规性汇报途径，例如周报、月报等；二是正式的非常规汇报途径，如突发事件的报告机制和应急管理；三是举报制度和举报人保护机制。

最后，必须确保管理层与企业董事会及其委员会之间的沟通，以使董事会有效地行使监督职责，充分发挥董事会的作用。

从外部沟通来讲，COSO内控框架要求企业加强与交易对手、客户、审计师等中介机构、监管者、股东以及其他外部相关者之间的信息沟通，包括上市公司等受限制实体的各类披露要求。通过外部沟通，可以了解和掌握有关内部控制体系运行的重要信息，如通过与客户之间的信息沟通，能够及时了解和应对不断变化的客户需求和偏好；通过与审计师等中介机构之间的沟通，可以获取重要的控制信息；通过与股东、监管者等的沟通，可以了解企业所面临的风险。

沟通的方式非常多样，可以采取手册、备忘录等文字传递方式，也可以采用召开会议、谈话等口头传递方式；另外一种强有力的沟通手段就是管理当局与下属相处时，所采取的行动和言传身教的影响力。

二、反舞弊机制

一个健全的保险公司内部控制体系，是减少舞弊三角形中"机会"这个要素的最重要手段之一。我国保险业的反舞弊工作，从来没有松懈过。在2010年12月28日召开的全国保险监管会议上，吴定富主席明确提出，要把打击虚假经营行为作为规范市场秩序的重点。像财产保险领域以车险和农业保险为重点，突出整治虚假批单退费、虚挂应收保费、虚列中介代理手续费、虚列营业费用和农业保险虚假承保、虚假赔案问题，逐步解决条款、费率报备与执行不一致的问题。而人身保险领域以银行保险为重点，突出整治账外暗中支付手续费和销售误导问题，同时对电话销售业务和团体年金业务开展集中治理。保险中介领域以保险公司中介业务为重点，突出整治利用中介业务和中介渠道弄虚作假、非法套取资金等问题，同时对保险代理市场进行清理整顿。

对于保险公司来说，积极落实反舞弊工作，一般不外乎以下几种措施：一是倡导诚信正直的企业文化，营造反舞弊的企业文化环境，教育每一位员工应忠于职守、合规经营，杜绝舞弊行为；二是建立、健全并有效实施内部控制，权责对等，奖罚明确；三是落实舞弊的举报及调查机制，通过设置举报电话、举报邮箱等，给予保险公司内、外部的利益相关者一个清晰的举报信息传导渠道，并公开承诺保护举报人；四是不断加强内部审计的独立监督力量。明眼的读者应该马上就发现，上述四项内容，均是五部委内控基本规范和保监会内部控制基本准则的重要组成内容。所以说，保险公司建立健全内部控制体系，可以减少员工舞弊的机会和空间。同时，在保险公司内部各级干部中，可以树立"尽职免责"的观念，通过法治高于人治的原则管理业务，保护保险公司各级干部和员工的履职安全。另外，根据美国舞弊检查师协会调研的结果，在实务操作中，降低舞弊造成损失的最有效措施有：

1. 突击检查（Surprise Audit），降低损失率达 66%；

2. 岗位轮换 / 强制休假（Job Rotation/Compulsory Vacation），降低损失率达 61%；

3. 举报热线（hotline），降低损失率达 60%。

保险公司应当高度重视反舞弊的机制，并通过一系列的控制活动加以防范：

1. 建立反舞弊机制，坚持惩防并举、重在预防的原则，明确反舞弊工作的重点领域、关键环节和有关部门在反舞弊工作中的职责权限，规范舞弊案件的举报、调查、处理、报告和补救程序。

2. 建立举报、投诉制度和举报人保护制度并及时传达至全体员工，设置举报专线，明确举报投诉处理程序、办理时限和办结要求，确保举报、投诉成为企业有效掌握信息的重要途径。

3. 建立关键岗位员工的强制休假制度和定期岗位轮换制度。

三、法定和敏感信息的管理和披露

（一）法定信息披露管理

由于保险业是经营风险的行业，与社会公众利益相关性很强，市场要求保险公司比其他公司披露更多的信息。而信息披露则是解决市场信息不对称、提高市场运转效率和透明度的重要措施。与外部的利益相关者的有效沟通，也是《基本规范》中信息与沟通的重要组成部分。

2010 年 5 月，中国保监会发布了《保险公司信息披露管理办法》，并于 2010 年 6 月 12 日起实施。保监会希望以此办法，进一步保障投保人、被保险人和受益人的合法权益，进一步完善保险公司治理结构和保险监管体系，从而提高保险市场效率，维护保险业平稳健康发展。

保险公司为了达到《保险公司信息披露管理办法》的要求，不仅需要形式上符合该办法的相关上报要求和格式内容，更需要从本质上建立相关的内部控制，来确保所有需要法定披露的信息都及时汇总、传递到归口管理部门。保险公司应制定信息披露事务管理相关的制度，明确规定公司及其各分支机构间的信息披露基本原则、相关管理部门和分工、披露标准和范围、信息监控和汇报、应披露信息的编制及披露流程、董事会 / 监事会 / 高级管理人员及股东的信息披露义务和职责、与投资者 / 媒体的信息沟通归口管理制度等。同时，若保险公司也是上市公司，还应当根据交易所等监管机构的要求制定自身的《重大交易管理制度》及相关指引。此外，还有若干具体的重要措施，例如：

1. 使用一份有关业绩披露和公告工作的时间表进行进程管理，并应及时发送至各相关部门负责人员以便于工作顺利进行；该表应明确各项工作的具体时间与要求，由专人负责，并实时跟进。

2. 强化非常规性信息披露项目管理，由信息披露牵头部门统筹管理，相关部门及时反馈并配合实施。

（二）敏感信息管理

保险公司与社会公众利益密切相关。保险公司在金融业银行、证券、保险"三兄弟"之中，相比而言最有优势的正是拥有社会公众的大量信息。随着国内公众对于自身隐私的逐步重视和维权意识的逐步提高，以及我国个人信息保护法律的逐步完善，泄露信息所面临的法律风险也将越来越大。因此，保险公司对于敏感信息的管理，将成为影响保险公司声誉，乃至最终造成实际损失的重要风险之一。

一般来说，保险公司对自己的客户资料是非常看重的，绝不会拱手让人，因此客户资料这一敏感信息的外泄由公司行为所致还是少数。但是，绝对无法排除部分不良业务员"吃里爬外"盗卖相关信息的行为此外，较多中介机构也多少参与了炒作客户信息，成为另一股市场上无法忽略的力量。

保险公司应当制定重要、敏感信息的保密制度、年限要求、档案存取等事项，并且采取人力资源和信息系统相关配套措施，如敏感岗位轮换、保密和排他竞争协议、离职前脱密隔离规定等。针对客户相关的重要信息，应建立防火墙机制和客户信息隔离制度，公司内部共享客户信息时不得损害客户的合法权益，不得违背客户的意愿。具体的重要措施举例如下：

1. 密级分类管理以及与之配套的授权管理和接触限制即敏感信息的使用和传递，必须经过适当授权并受到控制，包括递送手段，书面登记记录要求、处理责任人等；

2. 敏感信息的解密，包括解密的授权管理和触发机制等；

3. 所有敏感信息的归口管理，包括定期复核、统一编号、集中监控、电子文档相关的控制；

4. 借助电子信息技术手段，做到事先提醒，提前告知客户的相关合法权益和信息内部共享的请求，在不违背客户的主观意愿的前提下，才可扩展客户信息约定的使用范围。

四、信息系统建设和规划

随着中国改革开放的不断深入，"要想富，先修路"这句话常常见诸街头巷尾。

随着高质量公路的铺设，很多地区也迅速地发展起来。高速公路的设计和通行效果，也直接影响了道路的总体通行能力。同样地，信息系统是保险公司信息的高速公路，信息系统的设计和实施对公司的运营效率有极大的影响。我们可以通过 5 个角度、10 个要素来解析企业内部信息系统的建设：

1. 5 个角度：硬件管理、操作系统、数据库、应用系统、网络安全。

2. 6 个必选要素：信息系统运作、信息安全、应用系统的实施及维护、数据库的实施及支持、网络支持、系统软件支持等。

3. 4 个可选要素：信息资源战略及规划、与外包供应商的关系、业务连续性计划、硬件支持。

对于保险公司而言，由于历史上分期建设的原因，以及分支机构众多、分布广泛等特点，信息系统往往比制造业更加复杂。综合起来，保险公司的信息系统往往有着以下特点：

1. 产品众多——寿险公司往往有传统寿险、意外险、健康险、分红险、万能险等险类，包含上百个甚至几百个业务险种；产险存在同样的情况，包括车险、非车险等，细分为无数险种；还存在随客户需要定制的"综合套餐"，内容更加灵活多变。

2. 全流程业务需要——业务往往包含了投保、承保、保全、理赔、续期、财务收付费等多个处理环节，同时还需要关联核保核赔管理和单证管理功能。

3. 端口多，地域覆盖面广，网络流量负载小——保险公司往往有多个分支公司，连接着众多基层销售网点（营销服务部），特别是寿险公司的大量保险代理人需要同时登录。

4. 分析功能强——总公司和各分支公司的对口管理部门、精算部门、财务部门、资金划转部门都需要对信息进行处理和分析。这要求系统能提供多种统计分析与查询权限，方便外部系统接口接入。

5. 统一架构与开发规范——由于子系统众多，系统接口复杂，为了降低保险公司的开发和维护成本，需要设计统一架构与开发规范。

6. 新产品上线要求时间短——保险公司中特别是寿险，竞争激烈，为了抢占市场，争夺客户，需要迅速研发和推出新产品，并保证实现系统支持。

7. 行业高速发展——保险行业仍在高速发展中，业务多变，现有的系统必须具备很强的应变能力。

8. 严格的监管要求和监管报告机制——保险行业监管部门有严格的监管要求，银保等交叉代理业务还可能需要及时向多个监管部门上报。

9. 信息保密——多个部门都需要获取各类信息，需要采取必要的客户个人信息隔离和保护措施，以防泄露。

10. 人员变动大——特别是寿险，其保险代理人员流动性大，系统权限可能需要不断修改。

结合上述保险公司信息系统的典型特点和要求，我们在实际工作中注意到部分保险公司的信息系统往往有着共同的缺点：

1. 系统功能不够完善，许多业务无法通过系统完成；

2. 系统权限划分不够细致，权限管理比较混乱；

3. 与公司利益息息相关的财务系统没有和业务系统集成，导致成本控制困难且公司业务水平不能得到及时反映；

4. 客户细分不够，所有客户都享受同等待遇，很难体现客户的层次，实现差异化销售，同时使得员工办事效率低下；

5. 部分业务联系不够紧密（例如同一客户下的不同保单），导致大量数据冗余；

6. 系统可扩展性不足，导致系统的升级代价太高。

第二节　内部控制评价

一、产生来源

内部控制自我评价（Control Self Assessment，简称 CSA），也被称为管理自我评估、控制和风险自我评估、经营活动自我评估以及控制 / 风险自我评估等，是指企业内部为实现目标、控制风险而对内部控制系统的有效性和恰当性实施自我评估的方法。它具有三个基本特征：关注业务的过程和控制的成效，由管理部门和业务负责人员共同进行，用结构化和标准化的方法开展自我评估。内部控制自我评估最早在 1987 年由加拿大海湾公司（Gulf Canada）首次提出。促成该公司实施 CSA 的环境因素主要有两个：① 一项法庭判决要求该公司报告内部控制；② 传统审计程序在解决油和气的计量问题方面碰到了困难。会计人员和审计人员决定召开引导会议（Facilitated Meeting）来说明双方的问题。他们发现这种方法是一种比一对一审计访谈更为有效地实现其目标的方法。于是，在接下来的十年中，该组织不断使用 CSA 来评价和改进它的内部控制系统。20 世纪 90 年代，这种方法也正式被国际内审协会（IIA）所接受和认可，并且为其设置了专业资质认证和考试的机制，通称为国际内部控制注册评估师（Certified for Control Self Assessment，CCSA）。2002 年出台的美国萨班斯法案中要求管理层出具内控声明（Management Assertion），标志着 CSA 的运用范围从原本作为内部审计的工具，扩展到了整个公司的管理领域。

二、主要环节

结合内部控制体系管理形成闭循环的要求，从国内外包括金融保险类在内的各类企业的内控实践的经验来看，企业实施内部控制建设和评价监督的机制一般具有三个重要的环节。

1.业务部门内控自查

由业务部门自己根据 COSO 五要素之一的"监督"要素中持续监控的原则，自行/自发对监督权限内的内部控制进行自查。对于自查过程中发现的内控缺陷，业务部门将制定并实施整改方案，从而实现对内部控制的持续更新和完善。

2.内控体系评估

由独立于业务部门的体系建设或者管理统筹部门，运用统一的方法，通盘评估内控管理体系的设计和执行情况，促进体系完整、消除盲点以及促进跨部门的联动。

3.独立内控测试和评价

由企业内部具有相对独立地位的部门，即内审部门或聘请外部独立的中介机构组织运用专业的审计判断和测试技能，针对企业内部控制的行为合规性、资产安全性、信息真实性、经营有效性和战略保障性进行独立测试和评价。需要说明的是，此处的中介机构是作为内部审计的外包方，执行辅助管理层进行测试和评价的职能，而并非作为内控审计师对内控有效性出具审计意见。这种情况大多见于把内审职能外包的美国和日本企业。

以上三个环节，均是针对内控设计和执行有效性的一种评价，但是其保证程度（Assurance Level）随着评价者与被评价者之间的逐步分离而提升。在不同的企业、不同的监管环境和报告要求下，三个环节可以单独存在，也可以联合使用，以达成 CSA 工作成本和保证程度之间的平衡。

第七章　跨国保险企业战略竞争与风险管理研究

第一节　跨国保险公司的竞争战略

一、世界保险业的发展趋势

受高新技术的推动和发达国家经济增长的内在约束，国际经济正呈现出前所未有的自由化，并推进金融全球化的形成。与此密切相关，世界保险业的发展也呈现出新的特征和趋势。在发达国家，经济自由化在保险业的主要表现是放松保险管制，打破保险与金融、寿险与非寿险业务的界限，相关业务呈现出很强的融合与渗透的发展趋势。在发展中国家，来自外部的压力要求其减少或取消保险市场准入的障碍，放松对保险业的管制并按"国际惯例"的原则进行监管。发达国家保险业大力向其他国家尤其是新兴市场国家渗透，已从极度竞争的国内市场转向海外寻求新的发展空间和高额利润来源。这一发展战略必将对未发达国家的保险业带来极为严峻的挑战。

兼并风潮源自保险公司云集的发达国家，表现为强强兼并、跨国兼并、跨业兼并。自1996年起的5年间，全球保险业的并购超过5 100宗，涉及金额达1 100亿美元之巨。无论在某个国家内部还是在全球市场，并购风潮都波及了保险市场和金融市场上的各个主体和经营环节，表现出不可阻挡的趋势。技术创新成为保险业兼并和国际化的重要推动力。保险业正经历着一场前所未有的技术创新，保险电子化、网络化、自动化以及新的保险需求的形成和新险种的开发利用，成为新世纪保险业技术创新的一个主要内容。迅速发展起来的电子信息技术和国际互联网正在引发保险业的一场新的革命。保险业电子商务作为一种新的经营方式和商业模式，其中所蕴含的商机已被越来越多的保险人和保险中介机构所认识。技术创新无疑将对提高保险经营管理水平和服务质量、改进保险经营方式产生重大而深远的影响。近年来，在互联网上提供保险咨询和销售保单的网站在欧美大量涌现，网上保险业务激增。

目前，保险业借助先进的电子信息技术、利用互联网这个平台开发的新的保险业电子商务模式包括：

保险公司网站。旨在宣传公司产品和服务，销售保险产品，提供咨询、索赔等保险服务。

网上保险超市。由独立的服务商为保险人和顾客提供的一个交易场所，它提供了不同保险公司的产品信息，为顾客和保险中介提供了广泛的选择和完成交易的渠道。

网上金融超市。在这类和网上保险超市有些类似的市场上，顾客可以享受到金融超市提供的集储蓄、信贷、结算、投资、保险等多功能于一身的"一条龙"服务。

网上风险交易市场。这是由充当经纪人的网络服务商开设的为保险公司、再保险公司和公司客户相互寻求风险交换的网上市场。

网上风险拍卖市场。客户通过这种 B2B 商务模式，利用互联网来处置自身的风险。这是一种真正体现了以顾客为中心的商务模式。毋庸置疑，随着信息技术和互联网的迅速发展和普及，保险业电子商务必将产生出新的商业模式。

此外，保险与银行的相互渗透值得关注。保险业和银行业日益明显的相互渗透、相互融合是西方国家经济、金融自由化的一个直接结果。由于全球养老保险基金规模的日趋庞大，其在金融市场投资的规模和影响力超过以往任何时代，进一步在广度和深度上强化着保险与银行乃至整个金融业的融合趋势。

二、跨国保险企业在华竞争战略

凭借国际化、信息化和混业经营的优势，跨国保险公司势必与东道国的保险企业展开激烈的竞争，包括产品、客户、成本、规模、体制的竞争等多个方面。跨国保险公司要想在竞争中取胜，则对其经营管理、组织模式等提出了更高的要求。例如，由于跨国保险的业务和投资遍布世界各地，对国际保险的管控力度提出了更高的要求；跨国保险的雇员来自世界各地，也就面临着不同文化在企业内融合的要求；同时，国际保险业的白热化竞争趋势，对国际保险的技术、产品开发和创新也提出了更高的要求。

（一）跨国保险公司市场拓展战略

一直以来，在对中国保险市场的开拓上，外资保险站得高看得远。远的有百年前发源于上海的友邦保险"回家"行动，近期有英国鹰星集团，正如它的主席桑迪·李署所云："我们不是只在中国待一两年，我们有长期打算，准备应付挑战"。对于任何一个国际保险巨头来说，都不会把中国市场眼前可得的蝇头小利放在眼里，但都不会漠视中国市场的巨大潜力而无动于衷，如何发掘中国的巨大市场潜力并占领它才是关键。

随着中国加入 WTO，保险业逐步开放，外资保险公司进入中国的消息频频见诸媒体。从地区看，上海仍是目前外资和合资保险公司最集中的城市。上海是中国保险业第一个对外开放试点城市，保险业的发展具有明显的地位优势和先发优势。因此，多数外资保险公司选择上海作为其进入中国市场的桥头堡。广州是另一处外资、合资保险公司聚集地。包括信诚人寿、中意人寿等公司在内都看好广州，而中宏人寿也已进军广州。此外，由加拿大永明人寿保险公司与中国光大集团合资的光大永明已落户天津，而荷兰保险与北京首创集团合资的寿险公司将定址大连。自 1992 年中国对外开放保险市场、美国友邦保险公司登陆以来，外资保险企业数量已超过中资。2001年年末，中国保险监督管理委员会在批准 4 家新筹备的中资保险公司的同时，又批准了 11 家外资保险公司（其中有 7 家是欧盟保险公司、4 家是美国保险公司）。虽然外资公司对中国公司的影响并不大，而且在整体市场份额上，外资保险公司只拥有中国保险市场的 1%，但在局部市场上，已经能感受到外资公司的竞争。仅在上海，友邦保险公司的市场份额就占到了 11%。

外资保险公司进入中国市场的组织形式主要有：设立代表处、设立独资分公司、参股中国企业。建立代表处是国外保险公司收集信息和建立知名度的第一步。在开发海外市场时，只要当地法规允许，国外保险企业一般更愿意建立完全属于自己的业务分支机构，它们在多数亚洲国家的战略皆是如此。这种组织形式的好处是可以更好地执行母公司的国际战略和市场意图，但通常要经过长时间的努力才能获得较满意的市场份额。于是，参股当地企业也就成为跨国保险企业热衷的市场拓展战略。在目前的情况下，跨国保险公司先要投入一定的资金和技术，但出于中国目前对外资参股保险企业股份上限的严格规定，外方暂时难以在合资企业中拥有控股权，推行国际化战略需要经历渐进的过程。即使如此，先期进入的优势仍很明显，也就是在中国仍对市场准入进行严格控制的阶段先人一步进入市场，可为日后的全面扩张积累丰富的经验和准入资格。瑞士再保险集团曾进行过以下分析："跨国保险公司设计了不同的打入亚洲保险市场的战略，但这些战略通常只有通过在当地获准建立合资企业的形式实施。因此，合资保险企业成了最符合严格的政策法规和最能迎合当地企业对专有知识的需求的合作形式。这通常也是当地政府部门对外开放、引入竞争机制时要坚持的原则立场。"

跨国保险公司以合资形式，"由外而内"的进入策略打开中国市场。继全球最大的保险经纪公司霍顿牵手浙江万向后，刚拿到执照的美国纽约人寿就牵手海尔，成立了一家合资寿险公司——"海尔纽约人寿保险公司"。海尔和纽约人寿各占 50% 股份，注册资金为 2 亿元人民币；美国大都会的威廉·托比塔最近也透露，选择的合作伙伴可能不是保险公司，希望合作者能够更多地学习保险方面的知识。据纽约人寿中国区总经理乔依德介绍，他们选择中资伙伴时依据如下标准：

第一，对方应该和纽约人寿有类似的管理经营理念；

第二，要有长期投资准备；

第三，财务方面健全，因为随着合资公司的发展，需要注入更多的资本金；

由于纽约人寿的定位是要在中国成为全国性的人寿保险公司，所以合资方的服务对象、产品和销售网络也要是全国性的，这才可能对中国的市场和消费者有更深刻的了解。中资保险公司拥有历史形成的健全网络，这正是外资对手们最大的弱点所在。为此，外资保险公司设定的理想合作伙伴标准为：对于中国的市场、消费者和本土文化有着深刻的了解，并不一定非要是懂保险的企业。他们注重合作伙伴能带来的其他领域的专长。

与外资企业合资有助于国内保险公司借鉴人事和业务管理方面的经验。中外方体制上的差异固然会引起经营理念、方式和企业文化等方面的冲突；然而恰恰因为中方对国际保险业的生疏，留给外资方在经营管理上更大的决策空间，因而在日后的业务和企业前景领域有了更大的控制权。

在开发中国市场的具体业务种类方面，跨国保险公司则运用企业核心竞争力，各显神通。先期进入中国市场的丰泰集团选择了其擅长的非寿险业务。巨大的人口规模、收入的迅速增长和有待唤醒的保险意识意味着寿险业务在中国，尤其是农村地区有难以限量的发展潜力。瑞士寿险业的主力——瑞士人寿公司也正在瞄准这一市场。

中国对引进外资保险公司持谨慎的态度，明确保险业的开放只能是逐渐进行，加之外国保险企业从市场开发期到盈利期有一个漫长的过程，因此，国际保险公司致力于多方面扩大影响，夯实业务的基础。

以瑞士丰泰保险集团（Winterthur Insurance Company）为例，该集团为早日进入中国市场做了多年努力，积极对华合作。近期的动作包括：举办中国经济发展与投资环境问题研讨交流会。丰泰国际研讨会是由丰泰集团主办的世界经济研讨活动，每年一届，参加者均为世界著名的政治家、经济学家、学者及大型企业高级管理人员，因此享有"小达沃斯世界经济论坛"的美称。该公司还出资支持中国的教育、文化事业。

可见，外资保险运用公共关系扩大影响力，意图长远。各外资保险公司针对中国市场的战略均有一个重要前提，那就是充分了解市场，通过大量的前期准备工作为今后进入市场打下坚实的基础。

（二）跨国保险公司产品、服务战略

跨国保险公司与东道国保险公司在客户方面展开全方位的争夺战，集中表现为双方在产品、服务上的较量：外资成功进入中国市场后，为稳固和扩展业务，就要充分利用服务和技术的优势，提高保险产品的附加值。高质量、高水平的附加服务，是外资保险公司吸引中国客户的法宝。

鉴于各险种赔付率高低、经营风险大小、金融功能和社会覆盖面的差别，结合国际上保险市场结构的变化趋势，可以断定外资保险机构首选进入的将会是人寿保险市场，其次为非人寿保险市场，最后为再保险业务。因此，不同险种市场竞争的激烈程度会有较大的差别。外资保险公司进行市场竞争不依赖于传统保险产品，而是主要集中在新设计开发的产品上，以及财产险中的一些高风险、高技术或高科技的保险产品上。在客户服务上外资保险公司有自身的方法和理念，能够提供十分个性化的服务，险种设计更贴近客户的需要；另外，许多国际著名的大型保险公司拥有我国保险公司所没有的信誉与经济实力，能够让客户获得更多更好的实惠和服务。

保险金融服务不同于一般商品，保险服务的关键在于"信誉"，而品牌正是保险服务能否兑现其对客户极少服务需求承诺的外在体现。没有哪个客户会愚蠢到将自己的养老和救命钱交由一家资信不住的金融机构。金融品牌正如同金融企业的染色体，统一的金融品牌策略成为竞争力的基础。它不仅是金融企业实力和信誉的体现，更可以在树立金融强势品牌方面节约成本。

外资保险为打开中国市场，试图以高质量的产品与服务取胜。美国友邦保险有限公司上海分公司向上海的居民提供多种人身保险业务，包括人寿保险、人身意外险以及健康保险等险种服务。为了保证良好的服务质量，友邦投入巨资建立了先进而强大的计算机支持系统，该系统在国内保险业中尚属首创，在国际保险业亦居领先地位。其自动核保系统实现了一张保单从核保、理赔到保户服务的全过程服务。友邦还与银行密切合作，在国内首先采用了保费通过银行自动转账的处理系统、方便了客户缴纳保费和领取理赔款。

在外资公司打出高品质服务的同时，锁定高端客户群也似乎成了外资保险公司的共识，通过个性化的服务迅速提高保费收入。当然，这种策略的成功建立在明确的市场定位和营销决策基础之上。正是细分化的策略使得外资保险公司的业绩优于国内同业。对高端客户的特殊服务筑就了市场壁垒，避免了落入简单的价格竞争的误区。

第二节　跨国金融企业的网络保险战略

一、全球范围内网络保险的蓬勃发展

当今世界，在信息技术革命大潮的推动下，保险业这个沉睡的巨人开始苏醒，它

开始摆脱以往守旧的形象，逐渐向当代信息技术敞开大门。

网络保险是保险业电子商务的创新产物。从狭义上讲，网络保险是指保险企业通过网络开展电子商务，如通过 Internet 买卖保险产品和提供服务；从广义上讲，网络保险还包括保险企业的内部活动，保险企业之间、保险企业与非保险企业之间以及与保监会、税务部门等政府相关机构之间的信息交流和活动。因此，网络保险是指保险企业采用网络来开展一切活动的经营方式，它包括在保户、政府及其他参与方之间通过电子工具来共享结构化和非结构化信息并完成商务活动、管理活动和消费活动。利用电子商务，保险公司不仅可以通过网络直接接触成千上万的新客户，而且可以随时为老客户提供详尽周到的服务，同时与各行各业进行交流合作，从根本上精简业务环节，降低运营成本，提高企业的效益与效率。

真正的网络保险必须实现保险信息咨询、保险计划书设计、投保、缴费、核保、承保、保单信息查询、保权变更、续期缴费、理赔和结付等保险全过程的网络化，免除了网下的人工程序。它的具体程序应该包括以下几步：客户浏览保险公司的网站；选择适合自己的产品和服务项目；填写投保意向书；确定后提交；通过网络银行转账系统或信用卡方式支付；保费自动转入公司；保单正式生效；经核保后，保险公司同意承保，并向客户确认，则合同订立。另外，客户还可利用网上售后服务系统，对整个签订合同、划交保费过程进行查询。

美国金融界成为发展网络保险的先驱者。美国独立保险人协会发布"21 世纪保险动向与预测"的报告，该报告预测今后十年个人险种的 37% 和企业险种的 31% 将通过互联网来完成。美国国民第一证券银行首创通过互联网销售保险单；安泰、友邦等国际保险巨子网站建设颇具规模；在美国新近成立的 eCoverage 公司，据称所有业务活动均通过互联网进行。Cyber Dialogue 的一项调查表明，目前美国约有 670 万消费者通过国际互联网选购保险产品，这些网上购物者颇具投保潜力，年收入一般在 7.4 万美元左右，个人拥有资产平均达到 14.5 万美元。其中，有 20% 是通过在线保险市场上的保险公司设立的网站进行的，近 80% 通过非保险公司网站进行。Cyber Dialogue 的财务策略专家认为，互联网的独特优势在于为消费者提供了一个比较保险产品价格的最佳途径。

欧洲互联网普及率相对美国较低，缺乏统一的政策和规范，形成跨国界网络保险市场目前尚存在诸多障碍，但就各个国家来说，网络保险的发展势头也相当可观。英国于 1999 年建立的"屏幕交易"网址提供七家本国保险商的汽车和旅游保险产品，最初的几个月里用户数量以每月 70% 的速度递增。通过互联网这个特殊的媒体，传统的保险销售手段发生了深刻的变革，保险公司的业务领域得到很大的拓展，服务体系也越来越完备。全球最大的保险集团之一法国安盛，1996 年开始网上直销，目前其8%的新单业务是通过互联网来完成的。全球三家网上保险服务公司（LIMNET，RINET，WIN）合并为WISE（world Insurance Ecommerce），即全球保险电子商务。这一体系的统一将会进一步推动全球保险业电子商务环境的完善。

二、网络保险的优势

保险机构大力发展的网络保险方式与传统的营销方式相比有以下优势：

最显而易见的优势是网络保险可以大大降低经营成本，信息技术改变了传统的保险产品销售方式。由于客户自己上网完成申报程序，既节省了保险公司的人力，也免除了电话委托所产生的必须由保险商承担的话费，从而大大降低了成本，增加了效益。网站的后期维护成本较低，相对于开设营业点的销售成本和广告成本都将大大减少。

据国外有关统计数据，通过互联网向客户出售保单或提供服务要比传统营销方式节省58% ~ 71%的费用。保险公司只需支付低廉的网络服务费，就可以一天24小时在全球范围内进行经营，同时免去了代理人、经纪人等中介而且直接与保户进行业务往来，大大缩短了投保、承保、保费支付和保险金支付等过程的时间。网络保险不仅增加了业务量，而且在质量方面也得到了优化。

不仅如此，网络保险还提高了保险公司规避风险和管理的效率。外资保险机构利用先进的计算机系统加强经营管理，对公司财富创造的全过程进行随时监控，合理配置公司各项资源具有明显优势。由于公司的决策层可以通过内部网及时采集到本系统的各种业务数据和政策信息，从而保证了决策的科学性和及时性，提高了管理效率。对数据的及时集中管理，有利于公司对各项指标的控制，及时规避各类风险。由于信息技术可以使公司在管理上突破时空的限制，赋予了公司前所未有的灵活性，因此必将导致公司在组织结构、管理模式方面出现变革，极大地增强公司的竞争力。

除了以上的优点以外，网络保险还有利于提高保险公司的整体服务水平，为客户创造和提供更加高质量的服务。外资保险公司的网络保险拉近了保险公司与保户之间的距离，两者不用通过第三方就能直接双向交流。通过自助式网络服务系统，保户足不出户就可以方便快捷地从保险服务系统中获得从公司背景到具体险种的详细情况，还可以自由选择所需险种并进行对比，瞬间做到货比三家，这样还避免了与代理人打交道的麻烦及可能产生的误导。保险公司通过Internet设立站点及建立网页，还可在网上介绍保险知识，解答保险疑问。以及家庭理财、保单设计、投保技巧等相关资料和信息。

三、我国发展网络保险的关键所在

随着网络技术以及网上金融的发展，实施网络保险业务已是业界的大势所趋。而目前在我国，由于网络技术的相对落后和认识上的保守，大部分保险公司对互联网发展所带来的外部竞争环境和市场变化趋势缺乏敏感的意识，对于互联网对保险业的冲击缺乏清醒的认识。大多数网络保险公司的网络保险建设还只是停留在试行阶段，没能从国内网络保险发展现状、本企业的经济实力以及目标市场等方面制定发展规划。目前真正进入实质性建设的只有少数几家、我国保险业在互联网的影响极小。跨国金融企业正通过包括销售网、服务网、信息网的三网合一的营销方式和管理方式及网上作业的全方位金融服务对我国保险业形成巨大冲击。这将使我国保险公司在国内外的市场竞争中处于被动。要生存，就应抓住时机缩小与世界先进水平的差距，为此国内的保险公司务必要端正思想，充分认识网络保险的重要性，加大投入以追赶网络保险发展的趋势，这将是我国保险业发展的必由之路。

在发展网络保险的过程中，网络保险自身的缺陷也不可忽视，这些问题如不能妥善地解决，会成为网络保险发展中致命的羁绊。而目前存在的主要问题：一是网上保险营销对传统经营模式提出了人才、管理、技术、法律等方面的挑战；二是保险电子商务工程涉及银行、电信等多个行业，这一工程的完善需要较长的时间，网上黑客的袭击使目前计算机网络系统的自身安全缺乏保障，网上保险商务存在安全隐患，网上货币和网上签名等方面还没有一个满意的解决方案，另外保险公司的安全、保密问题，客户的个人隐私等如何保护，也是必须要解决的；三是网上投诉、理赔容易滋生欺诈行为。

最后特别值得注意的是，虽然网络在很大程度上去除了人工交流的过程，但一些适合采用传统模式销售的险种将很难移植到网上。例如对于家庭财产保险（30%）、医疗保险（46%）、意外伤害保险（21%）、企业财产保险（14%）等险种，消费者仍希望通过传统的投保方式进行投保。Cyber Dialogue 在一份调查报告中指出，通过有力的推广和行销手段，各种网站能够在这个分散的市场上攫取较大的份额。在 670 万网上购物者中，只有不到五分之一（130 万人）提出了在线保险申请。也就是说，至少在目前，尽管消费者通过互联网获取保险信息和报价，但是在最终做出购买决定时，仍然需要有专门人员协助整个购买过程。

第三节　跨国保险企业风险管理

保险，是在大数法则的基础上，保险人通过向投保人收取保费，建立保险基金，以对自然灾害和意外事故所造成的财产损失或人身伤害进行经济补偿或给付。作为经营保险业务的法人主体——保险公司，是一类特殊的金融机构，它向社会提供保险服务，起到社会稳定器的作用。跨国保险公司作为保险公司中的具有代表性的行业领导者，对降低国际经济活动风险起到了积极的作用。

一、跨国保险企业的风险

跨国保险公司是风险的经营者，其本身也存在风险。保险公司的风险是在经营过程中，由于社会、经济和自然环境的不利变化或自身经营不当，而造成保险公司财物损失的可能性。根据造成保险公司财物损失的原因的不同，保险公司的风险可分为竞争风险、经营风险、投资风险、利率风险、通货膨胀风险和汇率风险。

1. 竞争风险

保险公司本身财务状况的好坏与保险市场的竞争情况有很大的相关性。对保险公司财务状况产生影响的竞争有以下四种：

（1）行业内的竞争程度：行业内的竞争程度可以用几种指标来衡量。如某一地区或国家保险公司的数量；前几家大的保险公司在保险市场上所占份额的大小；同一个地区、同一种保险业务是否有两家或两家以上的保险公司从事等。

（2）行业间的竞争程度：在许多国家，银行业、证券业、保险业和信托业也是分业经营、分业管理的。非保险机构是禁止从事保险业务的，但目前西方某些国家如加拿大已经允许银行业涉足保险业。这使得传统的保险公司的部分业务被实力雄厚、网点众多的大银行抢走，由此对传统的保险公司的财务状况产生不利的影响。

（3）竞争的有序程度：这主要涉及一个国家或地区对保险市场和保险从业人员的监督和管理。其管理分为两部分：一是保险业的行业自律；二是保险的管理部门制定的法律和行业规章对保险业的监管。跨国保险公司在保险业正处于发展阶段的国家经营业务时，会更多地遇到市场监管不力、市场竞争混乱无序（如乱收保费、随意调高或调低费率、乱抢业务等）等增加企业经营风险的问题。

（4）国家对保险业的保护程度：一个国家为保护国内保险业免遭外来冲击，限制或严禁外国保险公司的进入，或者对进入的保险公司限制其经营范围。这种保护举措在发展中国家比较普遍。跨国保险公司在这些国家开展业务时，会由于业务经营范围受限制，而使其竞争力受到不利影响。

2. 经营风险

保险公司的目的是通过自身的经营活动。达到经营目标，实现财务的稳定性和营利性。在承保的保险责任确定的情况下，保险公司的保费收入是一定的（假如费率不变的话），而公司的赔偿或给付却是不确定的，这就存在公司经营亏损或倒闭的可能性。

（1）费率风险：在保险公司承保时，一个重要的因素是保险费率，费率的高低直接关系到保险公司收入的高低、保险公司要根据在一定时间和范围内的各种灾害事故的损失概率，计算实际的保险费率。保险公司通常把同一险种的赔付率视为比较稳定的常量。然而，随着社会、经济不断向前发展以及技术的进步，实际赔付率的波动性很不稳定。

（2）承保过度的风险

保险公司所承担的责任必须与其自身财力相适应，才能符合稳健经营的原则。如果保险公司只追求盈利性，而不顾自身偿付能力，过多地承接保险业务，将会增加其由于无法赔付而宣告破产的可能性。

（3）赔付率过高的风险：保险公司的赔付率是其在一段时间内赔付的金额占其所收保费多少的比率。保险公司的支出主要以赔付形式进行，所以赔付率的高低，决定了保险公司支出的多少，决定其盈利或亏损。一般而言，赔付率的高低有一定规律，但是由于投保人的道德因素和心理因素会造成赔付率的上升。道德因素是指投保人为了获得私利而采取欺诈或故意毁坏保险标的行为。心理因素是指投保人出于参加保险而放松对保险标的谨慎保护，放松警惕性。另外，自然界异常灾害也会使保险公司遭受巨大损失。

3. 利率风险

保险企业面临的利率风险主要反映在两个方面：一是保险公司利用债务杠杆经营的情况下，在对外融资过程中由于利率变动，可能会使其增加直接融资成本或间接机会成本，使保险公司的预期利润难以实现或在同行业竞争中处于不利地位；二是保险公司在将其收取的保险基金和提取的各种准备金进行运作，在金融市场进行投资时，利率的变动可能使其拥有的金融资严的价格大幅下降。有可能使投资收益率大幅下降，严重时可能使保险公司的投资亏损巨大，造成保险基金和各种准备金的金额急剧下降，为今后的赔付带来意想不到的困难，甚至导致保险公司的破产。

4. 市场价格波动风险

各种债券、普通股、优先股、商业票据等金融资产的价格都具有波动性。其中，普通股的市场价格风险最显著，保险公司所遭受的市场价格风险也主要是指普通股的市场价格波动的风险。对于保险公司来说，由于投入资金往往较多，所以很容易进行分散化投资，也就是说其投资的非系统风险可以通过投资组合而予以抵消。所以，保险公司所面临的市场价格波动风险主要是系统风险。当股票市场中价格的波动趋势正处于循环低点，而保险公司由于临时赔付不得不将持有的股票变现时，就会遭受巨大损失。

5. 流动性风险

由于自然灾害和意外事故的发生具有随机性，保险公司的赔偿和给付也是临时性的，这就要求保险公司随时可将持有的证券变现，因而对其资产的流动性要求也很高。保险公司在将持有的金融资产变现时，在短时间内找不到合适的买家或不得不大幅度压低价格时，就会面临由流动性风险所导致的损失。

6. 信用风险

保险公司的信用风险主要由两个方面构成：一方面是一般意义上的信用风险，指保险公司对外的贷款和购买的债权及其他到期所需还本付息的债权，由于债务人财务恶化、破产和其他一些主观原因，导致其不能按期还本付息或根本无法偿还，造成保险公司本金和收入的损失；另一方面，如果保险公司所投资的普通股和优先股，由于发行公司经营不善、竞争激烈等因素影响而导致利润微薄甚至亏损，那么保险公司就只能得到很少的股息或在投资期间根本得不到任何收益。而且，由于利润和股息反映出公司未来盈利的降低，必然引起其发行股票价格下跌，使保险公司的投资遭到严重损失。这种收益减少风险和跌价风险也是信用风险的一种。

7. 通货膨胀风险

通货膨胀的急剧上升对保险公司来说，也意味着潜在风险。从直接方面来看，由于通货膨胀的居高不下，具有保值条款的给付金额也必然增加。从间接方面看，高通货膨胀的压力将导致利率的提高，使保险公司的证券投资收益大幅减少。

8. 汇率风险

对于从事国际保险项目的跨国保险企业而言，汇率风险影响到保险公司的融资和外汇资金的运用。保险公司在国际金融市场进行融资时，如果汇率下降，在将外汇兑换成本币时，兑换金额也将减少相应幅度。在归还本息时，如果相对于借款汇率上升，保险公司也不得不用较多的本币兑换外汇支付本息。同样的情况在保险公司收取国外保险费和对外进行赔付时也会发生。

9. 监管风险

关于保险的法律或行政法规的变动，也可能对保险公司构成重大风险。例如，一个国家取消对保险企业的优惠税率或提高税率，就会使得保险公司增加税务支出。国家监管部门为保护投保人的利益，增强保险公司的偿付能力，可能规定保险公司的偿付额度必须达到一定水平。未达到标准的保险公司将面临两种选择：要么增加资本金数额，要么削减承保的金额，这对保险公司而言也是极大的风险。

二、保险业金融风险管理

跨国保险企业作为金融机构和跨国银行一样十分重视金融风险的管理。跨国保险企业在管理理念和方法上与跨国银行有许多相似之处。但由于保险业自身业务的特点，跨国保险企业的金融风险管理也有其特色。

1. 定价和承保

保险业的经营中，是"先有定价，后有成本"。这与一般工商企业的"先有成本，后有定价"的程序恰恰相反，也给保险管理者带来风险。针对这种风险，跨国保险公司采取的一种比较切实可行的办法，就是在定价和承保中采取谨慎的态度。例如，寿险公司在定价中，其死亡率、利率和费率是三个重要的因素。为了降低风险，对上述三种比率尽可能地估计到其不利的一面，并为恶劣的经营环境做好比较充分的准备。谨慎承保也是不可忽略的重要环节；承保过程中对保户标准的松严直接关系到承担风险的大小，因此谨慎承保是寿险公司风险管理的一个重要方面。

2. 分散化投资

保险企业可进行投资的金融资产种类很多，每种金融资产具有不同的风险和与之相适应的预期收益率。不同金融资产在同一时刻的收益受到不同因素的影响，即使它们同时受同一种因素影响，它们所受影响的方向和程度也是不相同的。也就是说，各种金融资产都具有各自的非系统风险，且非系统风险对金融资产的影响性质和大小是不相同的。对于资产安全性有严格要求的跨国保险企业而言，资产组合是降低其金融风险的一个有效、简便的方法，被各跨国保险企业广泛采用。通过分散化投资，虽然不能消除所有金融资产都面临的系统风险，但可以把非系统性风险降到最低限度。

3. 利率风险的防范

利率风险主要是资产和负债的不对称造成的。如果保险公司的资产和负债能够对称的话，利率的波动就不会对保险公司造成大的影响。因此资产负债管理是跨国保险企业防范利率风险的一种重要手段。资产负债管理既包括资产管理又有负债管理，内容复杂，和商业银行的资产负债管理十分相似。但就保险企业防范利率风险的目的而言，资产负债管理最重要的目的是保持资产和负债的对称性，这主要体现在：

（1）资产和负债规模对称，使两者的风险能相互抵消。

（2）资产和负债的期限结构对称，长期负债对应长期资产，短期负债资金来源于短期资产。另外，资产和负债的到期日力求一致。

（3）两者性质相对称，浮动利率负债对应浮动利率资产，固定利率负债对应固定收入资产。

利用利率期货的套期保值是避免利率风险的最好方法。保险公司通过卖出套期保值避免利率上升造成的融资成本上升和购入金融资产后价格下降所带来的损失，还可通过买入套期保值来转移利率下跌使融资后相对成本上升和准备购入金融资产时价格上升的风险。利率套期保值利用"均等而相对"的原理，使资本现货市场和利率期货市场相互提供了保护屏障。

保险公司还可以利用利率期权交易以防范利率风险。利率期权规避利率风险的原理和套期保值规避利率风险的原理是相同的，即利用期权市场的盈利来弥补现货市场的亏损，从而转移价格风险。在利率期权市场中，可通过购入卖方期权或卖出买方期权以规避利率下跌风险，即用利率下跌时期权权利金收入或行使期权所带来的收益，来弥补融资后间接成本和购买买方期权或卖出卖方期权，还可以转移利率上升的风险。当利率上升时，期权权利全会给交易者带来收入，或者行使期权也会给交易者带来收益。这些刚好弥补融资时成本的上升和资产价格下跌给保险公司造成的损失。

当保险公司资金的性质与保险公司金融资产的性质不匹配，往往会使保险公司遭受利率风险。当保险公司所获取的资金是浮动利率或者有利率保值条款，而其金融资产多是固定收入，或者是相反的情况时，就会出现负债与资产性质的不匹配。

保险公司可以通过在资本市场上以较优惠价格获取固定（流动）负债，将其转换成保险公司需要的流动（固定）负债，即通过利率调换得到其所需性质的负债，且融资成本也大人降低。

4.市场价格波动风险防范

市场价格波动风险主要是指保险公司所投资的股票的市场价格波动风险。保险公司把股票指数期货合约作为主要的规避证券市场价格波动风险的工具。利用股指期货合约规避风险有股指期货卖出套期保值、股指期货的买入套期保值两种主要的操作方式。

5.道德风险的防范

保险公司试图依据投保者所做出的影响受损概率的选择，在投保者中实行差别费率。例如，保险公司通常根据企业建筑物内有无洒水防火系统实行不同的费率，或针对吸烟者或者不吸烟者的健康保险收取不同的费率。然而，由于保险人和投保人的信息不对称，保险公司并不能知悉他们承保的那些被保户的全部相关行为。为了减小此类风险，保险公司向被保户提供一种"非完全"的保险合同。在这种合同中含有免赔额条款，规定在某一特定数额或比率以下的损失由被保险人自己承担，超过部分由保险公司负责赔偿。这样，让投保人或被保险人承担风险损失才能克服其"躺在权利上睡觉"的消极心理，充分调动其积极性，采取措施防止损失的发生以及在损失发生时竭力控制损失程度。还可建立保险金返还制度，投保人（被保险人）在保险期限内，恪守诚信原则，在运营中和其没有投保时一样谨慎行事，避免了保险事故的发生，保险人可以按保险金的一定比例予以返还。

6.再保险管理

再保险是保险公司进行风险管理的一个相当重要的工具。保险公司通过签订再保险合同支付规定的分保费的方式，将其所承保风险和责任的一部分转嫁给另一家或多家保险公司。经由签订再保险合同，使保险人可以积极大胆地开拓业务，承保超过其自身能力所能承担的业务，同时在巨灾发生时，保险公司不致遭受重大损失。

案例篇

第八章 中国人寿保险公司基于业务操作的风险管理研究

一、中国人寿保险公司简介

中国人寿保险股份有限公司是目前我国最大的人寿保险公司，总部位于北京，其前身于 1949 年 10 月 20 日在北京成立。成立初期名为中国人民保险公司，经过多年的发展和积累，1996 年，公司分设中保人寿保险有限公司，1999 年更名为中国人寿保险公司。此后中国人寿保险公司以令人震惊的速度发展壮大。中国人寿保险公司于 2003 年经国务院和中国保险监督管理委员会批准备案，进行了重组改制，发展成为中国人寿保险（集团）公司。集团下设中国人寿资产管理有限公司、中国人寿财产保险股份有限公司、中国人寿（海外）股份有限公司以及保险职业学院等多个子公司和分支机构，业务涵盖寿险、养老金、财产险、资产管理和投资等，服务范围遍布全球多个国家和地区。

此外，中国人寿保险股份有限公司广泛扩大业务，已参股多家证券公司和银行，成为我国资本市场中首屈一指的机构投资者。在我国，中国人寿保险股份有限公司以其悠久的历史、专业的服务、强大的实力、雄厚的资本以及各方面的竞争优势，获得了大众的信赖和赞誉，在我国保险行业中，担当着"中流砥柱"的角色。在国际上，中国人寿保险股份有限公司也不乏客户的支持和业界的认可。截至 2017 年的数据显示，中国人寿的品牌价值已达到 2 871.5 亿元人民币。公司总资产为 2.875 万亿元人民币。总保费收入 3 459.67 亿元，占总市场份额的 19.38%。公司已连续九年入选《财富》杂志的全球 500 强企业，2003 年中国人寿保险股份有限公司在这一世界公认权威的排行榜上位居第 290 位，而八年后的 2011 年，排名提升至 113 名。

2003 年 12 月，中国人寿旗下的寿险公司在纽约和香港两地同时上市。2007 年强势归来，征战境内 A 股市场。中国人寿保险公司成为世界上第一家在纽约、香港和上海三地上市的保险公司，成为全球市值最大的上市保险公司，在内地更称得上是"保险第一股"。中国人寿保险股份有限公司始终坚持"以客户为中心、以基层为中心、以价值为核心"的经营理念，积极承担社会和行业责任，致力于成为客户信赖、行业领先的保险公司，最终成为国际顶级的金融保险集团。截至目前，中国人寿是中国最大的商业保险集团，在其发展历史中，始终是中国保险行业的领军人物。

二、中国人寿保险公司操作风险管理现状分析

1.操作风险管理体系的初步建立

中国人寿保险公司寿险业务部实行董事会决策并负责的责任制度。公司委员会讨论并支持董事会的决策，形成了以各风险管理部为首，管理层负责管理和执行的大致局面。公司内的各职能部门各司其职，员工积极参与，组建起了具有一定规模的风险管理体系，其主要业务和工作由审计委员会和稽核中心共同监督负责。统观整个风险管理体系，中国人寿保险公司的风险管理防线由前台、中台和后台组成。其中前台以各主要业务部门及其分支机构组成，前台为接触风险的第一道关卡，在业务开始阶段对风险进行分析和识别并及时汇报给上级。风险管理委员会和合规以及风险管理部门组成了中台防线，中台防线的主要职责是确定风险容忍度和风险限额，综合协调并制定风险管理政策和制度，在各部门实施风险管理工作中给予指导和相应的帮助。稽核中心和审计委员会组成了后台防线，后台防线对公司各级机构风险管理活动进行监督和评价，间接推动公司风险管理系统的不断完善和进步。

2.由合规及风险管理部对公司风险管理工作负责

为了实现风险管理工作的目标，使公司免受风险事件的影响和损失，中国人寿保险公司专门成立了合规及风险管理部，该部门由风险管理室、稽核督导室、合规内控室和法律室四个部分组成，主要负责组织公司风险的稽核、管控、合规和法律方面的工作并对其负责。风险管理室作为合规及风险管理部最重要的角色，主要负责组织并制定和完善风险管理制度及实施流程，促进公司风险管理体系的建立和提升，针对不同的风险类型，提出相应的管理方法并积极实施。稽核督导室的职责为对重大稽核发现问题和涉事人员，对整个风险管理系统的工作实施进行协调、管理和督导。合规内控室，顾名思义，主要负责内控管理和相关的合规审核，其中主要涉及反洗钱管理和关联交易管理。法律室是合规及风险管理部的法律和理论支撑。在公司的合同、诉讼方面提供法律依据和框架，在公司各项工作中负责相关法律事务的处理。

3.中国人寿保险公司操作风险的制度简述

操作风险管理制度中的信息管理：中国人寿保险公司早已预见到防范信息安全问题在操作风险管理中的重要性和必要性，公司制定并实施了《员工办公终端安全使用管理细则》《终端安全配置指南》《安全意识培训管理办法》和《病毒防护安全管理办法》等多部与终端和用户信息安全相关的规范手册。在这些管理办法和规范手册中，公司通过禁止显示上次登录用户名、禁止远程共享及禁止磁盘自动运行等科技手段保

护信息安全,防止泄露。而在当今信息科学被广泛应用于工作中的状况,过于依赖电子产品及衍生品无疑存在更多的风险因素。为防止由于网络和信息方面出现差错导致的工作中断,公司特制定了一套连续性工作应急预案以应对信息传输中断和系出现问题导致的工作停滞状况。在启动全司灾备方案前短时间内无法恢复正常运转时,可以继续办理承保、理赔和客户服务等工作。根据公司部署,该方案中不仅配备应急指挥中心,在具体的承保服务时还提供了相应的应急处置方案和理赔应急处理方案,确保问题出现时在最短的时间内做好衔接工作。

三、中国人寿保险公司操作风险管理工作存在的问题

1.操作风险管理系统不完备

目前中国人寿保险公司风险管理工作主要由合规及风险管理部负责,对于在公司发展中十分重要的风险管理工作给予的关注度及人员配备,不足以应对风险管理工作的需要。而成立独立、专门的风险管理部门自然十分必要。在中国人寿保险公司,将不同阶段发生的操作风险进行识别和分类,并由相应的部门负责实施管理。而保险公司日常工作的繁杂,各部门负责本职工作以外还要分担操作风险的管理工作,既给工作人员带来压力,影响其本职工作的完成质量,又无法做到相互协助,共同顺畅、全面地解决操作风险问题,对操作风险战略和政策的确立和制定造成阻力,难以实现协调统一。

2010年12月6日齐鲁银行诈骗案曾因高达10亿元人民币的涉案金额轰动国内外。而如此巨大的损失和漏洞,究其原因,竟是我国大部分金融证券公司和单位的稽核部门都位于单位内部,由本部领导直接控制管理。如此一来,独立性和权威性大大削弱,作用自然难以充分发挥,所以稽核部门形同虚设也就不难理解。在实际的经济运转中,此类案例比比皆是。稽核部门领导权重一方,所有授权、核算、财务和人力资源管理均由一人负责且没有任何制约,加之上行监控力所不能及,导致基层单位操作风险事件频发,却始终未能出台一个科学、严谨的管理流程。公司若能成立专门、独立的操作风险管理部门,形成一个全面统一的风险管理系统,将会更大程度地避免操作风险案件的发生,减少损失,赢得更多客户的信赖和市场认可,提高公司的社会地位,创造更大的自身和社会价值。

2.管理人员未尽其责,信息透明度低

不可否认,我国的保险公司与国外保险公司在管理模式上存在很大差距,特别是对于前文中我们提到的操作风险隐患的识别和把握重视不够。操作风险管理理念落后主要表现在,相对于操作风险而言,业内普遍对信用和市场风险的关注度比较高,对于随处凸显的操作风险却并未投入相应或足够的关注和管理力度,对操作风险的定义

和内涵、外延的界定划分不清晰。与发达国家相比，我国的银行和保险公司对于事前的操作风险防范工作认知度不够高，总是在问题出现以后亡羊补牢，因此造成的损失其实已经远远超出事前防范工作所需的投资。中国人寿保险公司也存在同样的问题。然而一个个教训让人招架不住，警钟不断被敲响，却鲜见有人提出一套全面系统的操作风险管理方法。由于没有设立独立专门的操作风险管理部门，各部门管理人员主要职责并不在此，而对于操作风险，公司内部缺乏专业的操作风险管理人员。管理层对于操作风险管理的认知水平参差不齐，一些领导片面追求业绩，对操作风险隐患熟视无睹，最终酿成大祸。

此外，在操作风险管理中，最初，也是最重要的步骤就是对操作风险进行识别。而在中国人寿保险公司，由于主观的刻意隐瞒和疏忽，造成的数据失真现象频繁出现。而出现操作风险时，一旦被外界披露，势必会影响公司形象和前途，此时公司内部通常会隐瞒或篡改数据以尽量保全形象价值。这两种情况造成的真实数据收集困难，给操作风险管理带来阻碍。

3. 缺少先进的操作风险管理方面的理论指导

近年来，在经历和见证了一些操作风险案例后，随着管理的科学程度加深，中国人寿保险公司学习了国外先进的风险管理办法后，已深刻认识到操作风险管理的重要性。我国的很多学者也陆续开始涉足操作风险管理方面涉足并潜心研究，但具有突破性的成文寥寥无几。很多研究都以阐述分析操作风险现状入手，以提出一些简单的理论建议结尾，并未有实施方面的具体办法出现。在操作风险管理比较成熟的国外银行，对每一个业务中可能涉及的风险进行分类并分别制定全面详细的操作指引，以应对突发状况。这样做的好处一方面对可能发生的操作风险起到防范作用，另一方面，对员工的工作起到规范和指导作用。而相比之下，中国人寿保险公司虽然在各方面建立起了操作风险管理的框架，却疏于对内容细节的填充。在操作风险管理工作上，中国人寿保险公司需要做的工作还有很多。

4. 操作风险管理人员素质有待提高

我国多数保险公司长期以来都将信用风险的管理摆在至关重要的位置，往往忽略了对操作风险的管理。由此导致了两种后果：一是公司内部操作管理体系不够健全和先进，无法适应操作风险管理工作的需要。公司整体对操作风险缺乏识别意识，缺少必要的关注和投入。二是导致公司内部缺乏专业的操作风险管理部门和人员。而在保险公司运营所面临的众多风险中，操作风险的成因最为复杂，覆盖面最广，损失也较大，管理难度也就相应增加。自然对操作风险管理人员的专业水平和职业素养要求也就更高，作为公司操作风险管理的工作人员，必须具备扎实的风险管理理论知识、熟练的业务实践技能以及观测操作风险的敏锐洞察力，这样才能对操作风险进行行之有效的管理。显然，由于操作风险管理专业人才的稀缺，使得中国人寿保险公司操作风险管理状况的改善，在一定程度上受到了制约。

5. 操作风险管理工具落后

2004年11月，欧洲保险和职业年金监管委员会成立，其主要职责是负责欧盟成员国保险公司和职业年金机构的监管制度、标准的制定、意见的收集和反馈及相关工作的联络、沟通与协调。而后，2007年Solvency II指令被提出，以资本标准为核心的保险公司整体风险管理体系初步建立。与国外相比，中国的操作风险管理研究起步晚，发展慢。

中国人寿保险公司操作风险管理系统功能具有明显的局限性，往往不具备管理业务功能而只提供单一的经营业务功能，导致数据收集不足，无法为操作风险的分类提供识别依据，也就不能进行操作风险的评估、监控和报告。并且，中国人寿保险公司目前的核心系统建设工作仍然停留在业务一线，没有一套完善的预警系统可供操作风险管理部门使用。完善操作风险管理的信息系统已成为当务之急。

6. 外部监管力度不够

普华永道在全球范围内的一项调查结果显示，"监管部门的要求"是推动保险公司实施操作风险监管的第三大动力。除去内部控制和市场调节机制，外部监管是否得力也决定着操作风险管理工作的成败。目前，中国人寿保险公司操作风险管理急需整个保险行业市场、外部审计机构的支持和帮助，以完善操作风险管理体系，实现风险管理目标，促使公司长期、稳健发展。

四、中国人寿保险公司寿险业务操作风险管理对策

（一）提高对操作风险的防范意识和度量能力

1. 提高操作风险防范意识

随着经济全球化的日益深化，操作风险逐渐由低损事件升级为高损事件。AIG被接管和日本大和生命破产等一系列事件，都表明操作风险隐患危害极大。由于公司运营漏洞难以避免以及操作风险本身的复杂性，保险公司对于操作风险的忽视和防范意识不够成为操作风险事件频发的一大原因。在操作风险事件中不论是直接的金额损失，还是抽象的形象价值损失，都极有可能使公司陷入万劫不复之中，甚至难逃破产的厄运。因此，对于操作风险的防范意识在操作风险管理中至关重要。而对保险公司操作风险及其分类的探讨，对操作风险本身的度量和检测，对于确定操作风险应对措施亦十分必要。

2. 选用合理方法对操作风险进行度量和监控

当操作风险被识别出来后，应加以度量和评估。操作风险的度量和评估意义在于，它能使公司的操作风险管理人员得以通过对操作风险管理战略及对策进行比较，

识别分辨出不同种类的操作风险中，保险公司所不能接受或超出其风险偏好的风险暴露，继而选用合适的环节、机制，对所面临的操作风险进行管理和解决。

而对于操作风险的监控程序应力求实现以下目标：首先，对于操作风险的识别和度量工作实时监控。其次，对操作风险的识别、度量工作是否进行得当且有效进行评价。最后，协助以上工作的运行，确保风险管理程序的正常、有效运转和操作风险管理目标的实现。

（二）发挥内部控制在操作风险管理中的作用

内部控制是操作风险管理的重要组成部分：风险管理既包括对遵守既有规章制度的要求，又囊括了对实施框架的构建和评价、风险文化的建设和宣传以及对风险控制成本与收益的权衡。内部控制在对风险的防范中，亦通常通过规章制度规避风险，其对制度层面的侧重倾向非常明显。内部控制通过对相关人员的管理和约束，控制内部人员的行为，避免在责任上发生冲突。除却对控制行为与职责分离的重视，它也强调资金的安全、会计信息的真实，是操作风险管理中一个非常重要的组成部分。而其同时作为一种系统的制约机制，又包括了委托人对代理人经营过程的监控。从委托人的角度出发，内部控制是关于其经营利益的重要保证。除此之外，内部控制对于经营者与所有者之间的利益冲突的协调作用也十分难得。综上所述，内部控制不仅可以直接有效地避免操作风险，又是通过改善委托代理关系间接减少操作风险的有效途径。

（三）操作风险防范体系的构建

1.构建完善的整合性风险管理体系

从宏观的角度，我们可以将整合性风险管理理解为风险识别和衡量，将企业面临的所有风险纳入一个既定的管理框架中，运用多种风险管理方法，以实现操作风险管理目标的一系列过程。具体而言，整合性风险管理，以企业的经营管理活动为考察对象，将企业价值作为分析基础，通过风险的识别、分析等步骤，运用现代科学的风险管理方法，及时发现并控制对企业有不良影响的风险，最终进行解决平复。内部控制对于操作风险的防范手段分为两个方面，一方面是加强财务和业务方面的控制以降低威胁，另一方面是通过加强对内部控制体系和内部控制环境的建设来实现防范操作风险目的。

在加强财务和业务控制方面，在公司已建立并应用的财务管理体制中，对各分支机构的财务主管实行两种负责制，即"双线负责制"和"垂直管理负责制"。对公司财务管理体制中的各方面，要分清主次，着重关注公司的收入、支出和负债管理工作。严格规范各部门在工作的各方面和步骤中的监督和检查，建立合理的处罚方法，对于日常工作中发生的保费收入确认不真实、制造假赔案套取资金、非正常目的的退保等行为应给予相应的处罚和整治。在工作人员的聘用和选拔上，应建立严格的合同签约制度，对于入司的工作人员，要保留健全的简历档案，严格履行人员的管理和离职制度。明确各部门、各岗位工作人员的工作职责。明确再保险的实施细则，建立并随时完善再保险的具体操作流程。

在加强内部控制体系和内部环境建设方面分工明确，董事会在内部控制的建立和实施环境这一环节的主要职责是，保证内部控制体系的建立和实施，而对于企业的决策以及实施的监督工作则主要由监事会负责。公司的决策人员、管理层和监督部门以及全体员工应形成一个整体，在公司内部建立起良好的操作风险管理体系的内部控制环境，构建合理、合适的组织框架。

除了要建立与企业实际状况相适应的组织框架以外，在制定和实施整合性风险管理方案时，还要遵循一定的程序。

首先是准备工作。我们应明确企业的风险管理目标。企业风险管理目标无疑要与企业的经营目标相适应。之后，对整个企业范围内的风险进行分类和衡量，对于操作风险的识别、分类和度量是实施整合性操作风险管理方案的起点。

其次，根据准备工作得到的结果，分析风险管理方式，在这一步骤中，风险管理人员应从调整资本结构、转变经营方式等多方面入手进行分析，不同的风险管理方式要结合起来，以实现一个共同的目标。

最后，对动态实施检测并适时调整。整合性风险管理是一个动态过程，一成不变的监管模式并不适合其实施。因此，整合性风险管理在实施过程中，一定要做到随时调整，以适应多变的市场环境。

2.构建全面的操作风险管理流程

保险公司的风险管理流程大致由风险的识别、风险的评价和度量、风险的监控和风险的报告组成。操作风险的识别既包括对当前存在的风险因素的探索，也包括对未来潜在风险的发现。在操作风险的识别过程中，尤其应当注意对交易过程、管理过程、人力资源和外部环境等方面的考查。操作风险的评价和度量的意义在于估计操作风险可能发生的概率和其影响大小，而后构建相应的模式以适应各种风险量化的需要。为确保风险管理系统的正常运行，公司应建立风险衡量标准，特别是对于已识别出的操作风险因素，要具备关键风险指标加以区别。由此可在短时间内加深管理人员对重大潜在隐患的重视。对风险报告是否有效的衡量非常直观，包括其内容是否引起对相应操作风险的重视，是否基于报告而对操作风险做出正确的分类和处理以及关键操作风险管理工作是否以适当的频率重复进行。

3.加强公司数据库的建设和更新

加强操作风险数据库的建设，简单来说就是改进计量方法和开发风险计量模型，保险公司的基础数据对于构建操作风险度量模型来说至关重要。在全面操作风险管理中，应及时、准确地对数据进行整合和更新，之后结合自身状况选用科学的度量和统计方法，建立先进、合理的风险度量模型，同时还要留意国际上操作风险度量方面的动态，积极吸收国外先进的模式和理念。

4.完善公司的信息系统

中国人寿保险公司的日常运营中离不开计算机和网络。公司的每一笔业务都需要通过计算机的录入、处理和输出等功能来完成记录和上传，并使得客户和业务信息得以保存下来。那么在操作风险的防范工作中，关于信息系统，有哪些方面的防范工作呢？在这些方面的防范工作中又有哪些实施细则呢？我们来简要分析一下。

首先，对于硬件原因造成的操作风险隐患加强防范。计算机的硬件主要负责数据和文件的保存，在对硬盘的保存过程中，我们要注意防止由于物理和化学原因造成的硬件的磨损和毁坏。对于保存环境，要注意防水、防火。而人为因素造成的硬件损坏也占一大比例。对于计算机的使用和保养，一定要做到认真、小心。防止因刻意和疏忽造成对计算机硬件的损伤。在安全设置方面，我们要对公司的计算机进行必要的设置来防止网络黑客的进攻和破坏，尤其要避免外界对于本公司计算机设备的远程控制行为。采取安装防毒防攻软件和登录设置等方法来防止将公司的数据和资料暴露在黑客的视野之中。

其次，对于计算机的软件维护也至关重要。与计算机的硬件比较起来，软件似乎更为灵活和复杂多变。在选用软件的时候，我们有引用外来软件和自行研发软件两种选择。对于外来软件，一定要高度注意其安全系数和与本公司业务特殊性的兼容情况。而与其他专业公司合作研发的自主软件，我们最应该注意的则是实用程度，在保障了安全的同时，也要使软件在操作过程中方便、顺畅。在软件的使用和维护上，要及时对其进行检测和更新，以便更好、更安全地为公司服务。最后，要制定紧急运行规则。这项工作的核心内容是成立应急中心以解决在紧急的突发状况中计算机操作业务的衔接和替补工作，防止因信息系统问题造成业务中断、工作停滞的现象。

最后，防范网络信息安全隐患是重中之重。网络结构是否合理、网络环境是否整洁干净、信息系统的操作人员是否认真工作，都直接关系到信息系统方面操作风险隐患的出现。在网络结构的布置上，一定要由专业的人员根据本公司的实际情况，为公司布置一套合理又安全的网络结构。一方面，要做好访问的控制，另一方面要保证频繁的安全监测工作，实时监控网络数据流，对于随时可能发生的网络攻击事件要有最锐利的眼光和最果断的判断能力，并以最快的速度进行解决。要特别做好对接入网络的软件的安全扫描工作，如出现漏洞，要第一时间下载补丁进行补救。使用最安全的软件对公司计算机操作中用到的密码和口令进行保护，并做到经常更换口令，加大破解口令的难度。充分利用网络防火墙的防范功能，对公司的计算机网络进行保护。在网络的使用过程中，防火墙可以拦截住大多数外来的恶意攻击，在文件的下载过程中，依靠网络防火墙的作用，可以对信息的类别和安全性进行鉴定，这对我们来说都是非常实用的功能。而在网络操作人员的管理上，我们也制定了一些详细的规则。例如明确操作人员的权限和职责，对不同级别的工作人员的计算机系统操作权限加以区分，并赋予他们不同程度的操作权限；在系统内部建立操作岗位、管理岗位和监控岗位，安排不同的工作人员使用相应的账号进行登录和操作。明令禁止未经授权的人员进入公司的信息系统，杜绝最原始的安全隐患。对工作人员要加强网络信息方面的教育和培养，并保证所学知识和内容的不断更新。

总而言之，公司信息系统方面的操作风险防范工作，是很多复杂的方面和过程组合起来的我们要长期面对的一个挑战。我们要以最大程度的努力使信息系统方面隐患的威胁降到最小。

5.启动完备的应急系统

近年来，诸多突发事件给金融机构的重创使得国内外金融机构将应急系统纳入重要研究课题。相对于国外的应急系统发达程度，我国保险和金融机构对应急计划的重视和研发仍远远落后。一套完备的应急系统不仅可以减少操作风险事件的发生，还可以降低操作风险事件所带来的损失，也有挽回公司信誉度和形象价值的作用。因此，启动完备的应急系统十分迫切和必要。

（四）培育良好的操作风险管理文化和人才

1.科学的企业文化对操作风险管理的意义

企业文化是在企业的发展过程中产生并逐渐明确和发展起来的。企业文化具有继承性和渗透性两大特点。两种特性均对操作风险管理系统的构建和实施具有难以衡量的意义。

首先，企业文化的继承性决定了其在风险管理中的作用。操作风险管理中的各项规章制度是通过约束和规范工作人员的行为来发挥作用的，而对于相关人员的思想倾向和处事方式却无能为力。同时，这种制约性的条款往往造成一种心理负担和暗示，很容易导致工作人员的消极情绪，不利于工作的进展。

其次，企业文化的渗透性使其可以发挥风险管理的作用。企业的风险管理文化是一种非正式的制度。以类似于世界观的形式渗透在企业风险管理过程中。保险公司的操作风险管理工作是否实现了预期目标，通常可以通过对比其方向是否与企业风险管理文化的发展方向相一致来判断。在成功的风险操作管理实践中，文化方面应随管理工作发生变化并与其相配合。

保险公司应具备与其自身状况相适应的行为规范，如《员工手册》等书面文件，以规范工作人员的思想和行为，明确每一位员工的操作风险防范职责，对企业内部加强教育培训、提高整体操作风险防范意识。而后要明确违反风险管理职责的相应惩治，建立风险责任机制，必要时将这些表现纳入绩效考核中。同时，在操作风险的文化管理方面，借助企业内部的宣传工具，积极推动风险信息的流动和扩散，不断促进企业风险文化水平提高。

2. 加强操作风险文化培育的内容

（1）制定企业道德行为规范：企业道德文化的制定首先应注意其本身的合法性。首先，在任何情况下，企业道德文化的内容都应符合国家法律的规定，与之相协调一致。其次，企业道德文化应不违背社会公共道德。在合法合规的前提下，力求企业道德文化与本企业的适应性和实施的有效性。在实施过程中，将企业道德文化由文字转换成对工作人员行为约束的一只隐形的手。还要注意其发展和拓宽，确保企业道德文化建设的高效率和高实用性。

（2）实施人性化管理，形成自律风气：人既是文化的主体，又是传承文化的载体。风险管理是人主观能动性的一种行为体现，归根到底还是要依靠人的力量来完成。而在实施过程中，如果没有人的自我约束和自我纠正，对规章制度熟视无睹，则再先进的企业文化也形同虚设。在当今个人主义、拜金主义和利己主义盛行的社会大环境下，保险公司内部极易出现违法乱纪和有章不循的行为。各种以权谋私、监守自盗、渎职犯罪的现象屡禁不止。大力开展企业道德文化建设，倾听并最大限度地满足员工的需要已迫在眉睫。自律文化的倡导，定会促进精良团队的建立、优秀公司的前进。

（3）将风险管理文化渗透到日常管理工作中：风险管理文化绝不是口头空喊的精神食粮，而是实实在在满足企业和员工需要，实现共赢的一面旗帜，是公司实现操作风险管理目标，发展壮大的必经之路。企业文化的建设任重而道远，涉及整个企业的方方面面。为适应操作风险管理的需要，要将风险管理融入企业日常管理当中，建立可行有效的员工记录机制，注意风险和收益的制度导向，不断深化风险管理文化的渗透能力，实现其效率最大化。

3. 建立专业的风险管理队伍

操作风险管理队伍的专业素质是操作风险管理文化建设成败的关键性因素。在操作风险管理队伍建设方面，中国人寿保险公司应抓住两点。其一，统观国内业界的操作风险管理现状，向国内大型企业学其管理经验以充实自己。其二，密切关注国际动态，对于国外相关的先进理论和案例要加以研究和学习。充分利用国内外的优秀资源，提升自己，建立起一支专业水平高的风险管理队伍。注重员工的继续教育，鼓励员工进行进修和学习。

（五）利用操作风险管理工作的外部力量

1. 依靠和利用保险监管机构的引导和督导作用

由于我国保险制度长久以来是在渐进和强制性中发展起来的，如果完全依靠保险公司的内部控制来实现操作风险管理目标势必会显得非常吃力。保险监管机构的指引和督导同时具备弥补制度供给速度快和实施成本低的特征，这一优势，在整个操作风险管理过程中，尤其是在操作风险管理制度构建初期将起到不容忽视的作用。中国人寿保险公司应对保险监管部门的工作予以配合并协助其创新和发展，以使其能够更好地发挥作用、实现职责。

2.业务外包及风险缓释

业务外包是指客户将特定的服务业务分担给外包服务供应商，以减少或消除本单位在该业务方面的管理成本和费用，从而使企业将精力主要集中在核心业务的一种经营方式。通常金融和保险公司在使用外包业务时，有两种做法：一是将信息系统的开发和维护外包给专业的 IT 公司，二是将电话和网络客服等工作岗位外包给相关机构。这些做法都可以适当地减少操作风险。

第九章　中国平安保险公司证券投资风险管理体系研究

一、平安保险公司证券投资面临的风险

中国平安保险（集团）股份有限公司是我国第一家股份制保险企业，在"百舸争流，不进则退"的保险行业里，中国平安保险公司对其客户群、渠道、产品和后台进行全面整合，不断深化业务结构调整，加强承保和理赔能力，为客户提供高效优质的服务，为建设客户忠诚度而努力奋斗。其领先的保险业务网络、强力打造的知名品牌和多渠道的分销能力为人们所津津乐道，目标是持续地获得稳定的利润增长，让股东获得稳定的回报。为此，中国平安保险公司将证券投资业作为其主要业务，努力实现价值和利益最大化。

据相关统计数据显示，保险公司所面临的最大风险为保险资金证券投资风险。该公司保险资金在证券投资过程中所面临的风险主要包括以下几类：一是保险资金证券投资所面临的市场系统性风险，是指事关证券市场全局发展的事件引起的导致市场投资收益率波动和价格变动的可能性，又被称为不可分散风险；二是保险资金证券投资所面临的流动性风险，由于受到一个国家或地区政治、经济、文化和法律等因素的影响，证券价格经常产生剧烈的波动，其变化的幅度和频率并没有预测趋势可言；三是保险资金进入证券市场的委托代理风险，这种风险的产生根源是保险资金的投资运用人与证券公司的股东之间是委托代理关系，二者在利益上未必完全重合，可能存在分歧。在没有系统、完善的相关法律的制约时，证券公司的股东很容易为谋求股东利益最大化而损害基金持有人的利益。因此，如何有效地防范和化解利用保险资金在证券投资过程中所面临的风险，规范引导资金运作模式，已成为平安保险公司亟待解决的问题。

二、平安保险公司证券投资风险管理存在的问题分析

（一）保险资金证券投资结构不够合理

1998 年以前，保险公司的资金运用渠道较为狭窄。自 2000 年实施《保险公司管

理规定》后，保险公司的资金运用渠道逐渐拓宽。但与西方国家保险公司资金运用相比，无论是投资渠道还是投资结构方面都有待完善。中国平安保险公司证券投资资金运用不合理主要表现在：

1.现金和银行存款比重过高

从中国平安保险公司近几年的年报中可以看出，为了资金安全起见，其投资方式以现金和银行存款占总资产的比重最高。虽然近年来，平安保险公司对资金运用的重视程度不断提高，但在各投资途径中，现金和银行存款在所有资金投资方式中仍然保持较高的比例，这种被动地参与投资使得中国平安保险公司的投资收益难以凸显。

2.固定资产比例过高

由于现行的监管政策只允许保险公司资金投资于固定资产，这便造成了我国保险公司资金运用的投入成本较高。这一方面占用大量流动资金，过多的资金占用将影响平安保险公司的正常运作，降低其证券投资的收益；另一方面固定资产的价值受外部环境的影响很大，保险公司招致损失的可能也较大。

3.证券化投资的比例较低

由于中国资本市场结构不完善、体系不健全、投资品种单一，加之近两年来国际金融形势的变化莫测，使得证券投资将面临更大的风险。这使得平安保险公司在证券投资的过程中面临的风险更大，也对其风险管理提出了更高的要求。平安保险公司在我国大中型保险公司中的证券化程度相对较高，但与发达国家相比，中国平安保险公司资产的证券化程度整体仍然较低，风险管理体系也相对薄弱。

（二）保险资金证券投资决策机制相对薄弱

中国平安保险公司是我国为数不多的设立了资产管理公司的中资保险公司，截至2011年底，中国平安保险公司下设的资产管理公司资产突破8 000亿。可以说，资产管理公司的设立为平安保险公司建立了相对完善的资金运用管理体系，使得保险资金的运用能够按照保险资金运用原则进行投资和管理，并能够为资金的运用建立有效的风险监控机制和考核评价体系。

中国平安保险公司目前的职能单位大都自成体系、独立分工，这样的组织结构不利用投资信息的横向沟通，容易产生重复工作，不仅增加了整个公司的管理成本，也不利于各职能部门之间的信息沟通。

（三）保险资金证券投资收益水平较低

在国外，由于其保险资金运用的起步较早，其资金投资利用率已达到90%，而我国由于保险公司对保险资金进行投资运用的主要途径为银行存款，严重制约了我国保险资金投资运用的收益水平。目前，我国保险资金的利用率还达不到50%。将资金存入银行可以保证保险资金的安全，但保险公司却只能获得固定的较低的存款利息。中国平安保险公司主要将大量资金存入银行，虽然近些年来，中国平安保险公司正在逐步拓宽保险资金的利用效率，但与发达国家相比，我国保险公司要保证资金的收益性和安全性，必须开拓出新的投资领域。

在资金运用的证券投资收益率方面，由于受国际形势动荡的影响，中国平安保险公司证券投资已实现及未实现的收益由 2010 年的 43.72 亿元人民币大幅下降至 2011 年的亏损 9.61 亿元人民币，可供出售权益投资的减值损失由 2010 年的 5.40 亿元人民币增加至 2011 年的 26.06 亿元人民币。

（四）保险资金证券投资缺乏相关专业人才

人力资源在促进保险行业内增长方面具有重要的作用，从某种意义上讲，人才的质量和数量关系着保险公司的核心竞争力。由于保险投资涉及存款、国债、证券等多个金融领域，因此其从业人员必须广泛涉猎各行业、各领域、具有长远的投资眼光。随着保险行业的快速发展，保险人才队伍暴露出越来越多的问题：素质不高、数量不多、培养力度不够和队伍管理不善等。

中国平安保险公司的人才队伍建设显现出老龄化趋势，成立初期注入很多军队转业人员以及企事业单位调动人员，这些员工的年龄大都在 40 周岁以上，人才问题已经成为其持续快速发展的瓶颈。这种不完善的人力资源结构使得公司整体结构老化、公司发展缺乏创造性，存在着明显的弊端。保险公司的资金运用就是要使其在保险投资中获益，为了完成这一目标，中国平安保险公司在人才培养的过程中应不断注入新鲜的血液，在引进优秀人才的同时也不断加强对人才岗位职能的培养，靠"引进和培养"才能解决人才匮乏的问题。

（五）保险资金证券投资风险管理理念相对薄弱

平安公司经过二十年的资金积累，目前已有相当的规模。由于规模较大，所以公司除了要规避小规模资金所要规避的一般经营、管理风险外，还要对证券投资所带来的风险格外关注。2008 年由于中国平安保险公司在资金运用特别是证券投资风险控制管理体系相对薄弱，不能有效地识别和应对证券投资所带来的风险，其对富通集团股票投资所造成的巨额损失不仅危害了公司的稳健发展，也破坏了保险行业资金运用的市场秩序。因此，为了保证保险资金与资本市场以及货币市场之间的顺利流通，保证保险公司资产收益与风险控制的均衡发展，保险公司必须建立健全有效的保险资金证券投资风险管理体系。在强化内控管理、合规操作、风险识别等机制的基础上，保证保险资金专业化、规范化的市场运作。

为了维持保险公司的持续经营，促进保险行业健康、有序的发展，需要一个完善的保险资金证券投资风险管理体系。这个体系的建立并不意味着保险资金的运用受到各方面的限制，而是意味着保险资金的运用已经进入一个规范、有序的金融环境中。

三、基于 VaR 模型的平安保险公司证券投资风险管理方案设计

（一）构建有效的证券投资事前风险识别体系

毫无疑问，保险资金的证券投资具有高风险、高收益特征。而对风险的认知，有广义和狭义的区分。笔者对其理解主要从狭义的角度出发，即保险资金证券投资风险是以资本市场投资领域为主，投资者在追求利益最大化的同时，尽可能地规避投资风险。为满足投资者的这一需求，保险公司在对投资项目进行决策时，最重要的就是对项目风险程度的识别及其可控程度的管理，从而为随后的投资决策奠定良好基础。

1. 事前系统风险识别方法

系统风险也称不可避免风险，它主要包括宏观政策风险和法律法规风险。系统风险的主要特征是它对投资组合以及投资公司所产生的危害是巨大的、具有破坏性的。例如，在证券市场中，将一只股票所承担的风险强加于全社会所带来的损失，要远远大于这个风险由单独某一个投资者来承担。金融体系的外部效应非常庞大，系统性风险的蔓延、传播对整个金融系统或整个集团公司，将会产生非常巨大的破坏性影响。

目前，国际货币基金组织等机构的专家和学者针对证券投资过程中的系统风险的识别提供了一些具体的方法，按由简单到复杂的过程，大致可分为：指标预警法、前瞻性市场指标法和状态转换法，不仅反映了人们对证券投资系统风险的认知由简到繁的深化过程，同时也反证了证券投资所面临系统风险的多样性以及多元化的特征。这要求平安保险公司要将这三种方法融入日常的证券投资过程中，作为重要的指标进行跟踪观察。以下对三种方法进行简要的介绍：

（1）指标预警法：从 20 世纪 90 年代开始，国外主流的专家和学者在监测证券投资风险的过程中，尝试通过分析某个金融机构的财务报表相关信息来发现金融系统内的不稳定性。国际货币基金组织在过去的几年中，也尝试着构建相关的定量指标来衡量系统风险，特别是金融稳健指标的建立和健全，为通过相关指标来衡量系统风险的大小奠定了坚实的基础。在衡量系统风险、评价金融系统稳定性的项目中，为了评估金融体系整体承受的系统风险及其稳定程度，经过国际货币基金组织的不懈努力，全球范围内已有将近一半的国家和地区使用这一指标。

为了证明金融稳健指标的有效性，国际货币基金组织选取了全球各地的 36 家主要商业银行和投资银行为样本，它们分布于不同的种族和地区，面临着不同国家的政治和经济风险。研究其在 1998—2008 年、2005—2007 年两次金融危机期间，未被和已经被社会资助的商业银行、被救助和干预的美国商业银行等投资银行行为，其主要目的是衡量金融稳健这一指标的有效性，并在此基础上，判断这一指标是否能从一个只包含主要金融机构的小金融样本中，果断分析出金融危机出现的可能和发展态势；

是否能够判断哪些金融机构是真正承受着风险而急需政府的救助和干预，以避免一个小银行的倒闭而导致整个金融系统爆发危机的可能。

通过上述研究，国际货币基金组织得出结论：这种方法的长处在于所考察的指标均可以从单个金融机构获得，并且通过指标的分析能够有效地分析出整个金融系统承受系统风险的程度；但其不足之处在于，该方法所使用的指标多为相对静止的指标，这会导致这种方法的预测结果相对狭隘，缺乏预见性，这需要相关的机构来进一步地加强和完善。

（2）前瞻性市场分析法 i- 单变量法：在理论上，传统意义上的公允价值可以帮助投资者及时判断其投资的股票或者证券是否承受较大的风险，制定公司的战略发展目标和管理理念。也就是说，这些反映在外部的指标能够为保险资金证券投资的投资人员制定投资策略的制定提供有益的帮助，为相互之间的作用提供更为敏感的检测方法。

因此，当投资者清楚这一概念之后，这一指标便被用来衡量投资者所在的金融机构对整个金融环境变化的敏感程度。经过一段时间的归纳和总结，投资者认为以市场为基础的技术方法在识别即将到来的系统风险时，是非常有效的。通过单个金融机构的单个风险判别指标来评估系统风险的方法主要包括：

a. 未定权益分析法。与前文的指标判断方法类似，这种方法也是以财务会计报表为基础，但与上文不同的是，此时使用的财务报表为经过风险加权调整后的财务会计报表数据，借此来分析保险资金证券投资者所投资的特定金融机构（例如上市公司、商业银行等）所承受的风险加权负债值、权益常数及其风险资产价值。因此，这种方法常被用于评估证券投资过程中所面临的系统信贷风险。

b. 股权高阶矩和隐含资产分布指标检验法。可以从概率论的角度将系统风险的发生表示为"小概率"事件，在这一论述被证实后，相关学者开始对其尾部风险暗示指标的相关探讨。这种方法的操作非常简单，投资者可以利用股权的相关信息采用编写计算机相关程序来计算尾部风险指标。这一指标包含的变量包括偏度、峰度以及压力情况。

（3）前瞻性市场分析法 ii- 多变量法：从识别指标的应用能力以及适应性角度出发，上文分析的两种预测方法只考虑单个金融系统的单个金融风险，并不能识别金融风险的动态性特征，也不能有效地反映金融系统所承受的系统风险，因此，前文所述的方法具有一定的局限性。下面将介绍在开放式的经济条件下，用动态的方式去衡量整个金融系统所承担的系统风险。

a. 基于期权的分析法。由于系统风险是多元的、变化的，因此，采用传统的单因素方法对其识别和分析并不能奏效。而基于期权的分析方法很好地解决了这一问题，这一方法在衡量和识别系统风险时,不仅分析和关注不同金融系统对传统系统风险的识别,同时还能够识别一些具有特定地域特色的非系统风险。

b.联合违约概率和银行业稳定指标方法。这一指标可以用来分析整个金融系统内所承受的全部来自系统风险的共同压力,这一指标的成功运用更为全面地显示了多指标识别方法对金融系统风险识别的强大能力。因为,尽管在全球范围内不同金融个体所面临的地域和业务范围不同,但由于单个金融机构的风险压力与其他地区的风险压力并行,因此,这一指标的预测结果比单一指标的预测结果更快且更准确。

(4)状态转换法:在影响金融机构资产价值的诸多因素中,金融机构利率水平的高低和风险偏好水平等金融环境因素扮演着举足轻重的角色,对金融系统的稳健性和防范系统性风险具有重要作用。这使得引进马尔科夫状态转换技术具有现实意义,通过考察市场条件的替代指标,跟踪这些替代指标是否发生状态波动,何时从低波动性状态转向中、高波动性状态,观察投资者风险偏好的变量情况,追根溯源,得出当前金融机构面临的主要风险和金融系统所承受的压力,从而检验出触发系统性风险的相关因素。

通过前文提供的识别系统风险的相关技术和方法,以及对各种方法的相互理解和交叉运用,投资者可以有效地对一组证券投资组合在特定的开放市场条件下所承受的风险进行统计和计算,能够及时发现在证券投资过程中所面临的系统风险。

2.事前非系统风险识别的方法

非系统风险通常又被称为非市场风险或可分散风险。它是与系统风险相对的一种风险形式,也就是说非系统风险与整个金融系统、股票市场以及除此之外的相关金融机构的市场波动无关,它是指某些可以控制的因素变化而导致单只股票的价格变动,从而使投资者的投资收益产生波动的风险形式。非系统风险主要包括以下几种形式:

(1)证券投资风险。保险资金证券投资的资金主要用于投资股票和债券,因此,保险公司证券投资所包含的风险包括股票投资风险和债券投资风险。股票投资风险主要取决于上市公司的经营风险、证券市场风险和经济周期波动风险等;债券投资风险是指利率变动影响债券投资收益的风险和债券投资的信用风险。此外,由于保险公司证券投资的投资目标不同、投资者的风险偏好也不同,会导致各个保险公司证券投资所承担的风险也不尽相同。主要考虑收益性、相对保守的投资者会选择投资风险较低的债券和股票进行投资;而如果将保险资金投资于成长性基金,则保险公司将会承担更大的收益,其承担的风险也更大。

(2)管理风险。保险公司证券投资的管理风险在于保险资金的投资者的投资管理水平对保险公司带来的风险。例如,保险公司证券投资者的投资管理能力将决定保险公司的年收益状况、注册登记机构的运作水平等。保险公司证券投资的投资决策是否有效，内部风险控制的好坏等管理因素都将影响公众对保险公司的信心，各方当事人不同的管理水平使得投资者要承担一定的投资风险，尤其是投资者的管理水平将直接影响基金的收益状况。

（3）流动性风险。流动性风险在保险资金证券投资上表现得也比较突出。保险公司由于要面对保险赔付、退保等来自投保人的压力，其公司的资产必须保持一定的流动性，以维持保险公司的正常运作。对保险公司而言，其流动性风险主要表现为投保人在需要保险公司赔付或退保时，保险公司变现困难或不能及时处理重大赔付等风险。

（4）上市公司经营风险。投资者所投资的上市公司可能会受到如经营决策、技术更新、新产品研究开发、高级专业人才流动等多种因素的影响。如果投资者所投资的上市公司生产经营出现问题，该公司的股票价格可能会下跌或者影响股东和投资者的利润收益。此时，保险公司的证券投资收益也会下降。虽然保险公司证券投资者可以通过投资多样化来分散这种非系统性风险，但是可能会由于信息披露不完全等原因而不能完全规避。

3. 事前风险识别系统的构建

针对证券投资过程中面临的风险，中国平安保险公司应根据"专业管理、层级控制、责权明确"的指导思想，以集团总公司制定的中国平安保险公司战略发展目标为导向，分别依据集团、子公司以及业务发展战略层面的发展目标制定投资发展策略。

基于此，中国平安保险公司应分别从集团总公司和子公司两个层面构筑证券投资风险管理组织体系。在集团发展层面，中国平安保险公司应建立完善的公司发展治理结构，以董事会为领导的各个公司层面应依法构建完善的治理体系，依法履行职责使其能够形成高效地运转监督管理机制。

除此之外，完善的公司治理结构应在董事会的领导下，下设资产投资委员会、风险管控委员会以及审计委员会，并在中国平安保险公司总部设立公司业务投资发展部。各个部门有效运作，各司其职，履行其在资金运用以及风险投资方面的职责。与此相对，在中国平安保险公司子公司层面，应以中国平安保险公司集团总部制定的投资发展策略为准绳，以适应自身发展状况的投资发展策略为出发点，建立适应集团子公司发展的保险资金证券投资风险管理体系。

与此同时，中国平安保险公司也应将培育员工风险管理意识，树立风险管理理念的企业发展文化作为目标，不断提高员工识别风险、控制风险的能力，保障公司证券投资业务的顺利进行。

（二）构建高效的证券投资事中风险预警体系

在识别了相关的证券投资风险之后，就要确定如何计量和控制证券投资所面临的风险。中国平安保险公司应构建有效的组织体系，明确证券投资所能承受风险的能力，期望在遵循风险收益最优均衡的前提下，充分考虑各项投资对整个投资组合以及企业业务发展的影响，制定和执行适合公司发展的证券投资策略。

1.构建平安保险公司证券投资管理体系的组织结构

适当的组织模式对投资决策的风险管理具有不可忽视的作用，因此，要对中国平安保险公司证券投资体系进行设计，就要使构建的投资管理体系的组织结构，能够有效应对证券投资所面临的系统风险并能够对其进行合理的划分，以保证集团总部风险管理政策的顺利落实。

中国平安保险公司通常在一个集团或控股公司下设保险子公司和专门的证券投资子公司，这些子公司接受集团的监督和指导，利用自身在人才、管理技术以及资金运作的优势，实现精细化管理和专业化投资，这种投资模式称为集团控股投资模式。该投资模式实现了保险业务与证券投资业务的有效分离，让专业的公司做专业的事情，实现资源优化配置，提高企业收益。在风险管理方面，集团控股投资模式可以实现集团公司与监管机构的双重风险管控体系，提高集团整体的风险管控能力。这样，既保证了证券投资绩效，也有效地防范和化解了证券投资的风险。

目前，虽然这种集团控股的投资模式为整个金融机构的投资风险管理和控制的实现提供了一个前提和条件，但在这种模型下，各家金融机构是否能够准确有效地化解保险资金证券投资过程中所面临的风险，还要看整个金融机构的集团内部是否具有完善的内部风险管理组织框架，以及该管理组织框架能否在这个金融机构内部有效地运行。

2.证券投资风险额度的分配及管理

如何把投资活动产生的风险限制在可控范围内，是证券投资风险管理的重要命题。证券投资风险限额管理模式有效地解决了这一命题，实现了在层级管理过程控制证券投资风险。首先由决策层统筹规划，考虑资本实力、预期收益和风险偏好等各因素，实事求是地，做出整体决策。然后按照一定的原则、程序将风险总量在保险公司整个体系中进行配置与分布，并对各层次的限额执行情况进行监督，使风险暴露处于管理层的授权和风险承受能力之内。

在一定时期内保险公司综合考虑收益与风险，愿意并且能够支付的证券投资风险总量就是其证券投资风险承担总量。保险公司的证券投资风险承担能力受一系列主客观因素影响，如公司的经济实力、资本充足性、经营管理能力、投资偏好和盈利能力等，很难对其证券投资风险承担能力进行精确的量化分析，所得结果均为匡算结果。

对中国平安保险公司来说，目前由于国内外经济形势的不稳定以及中国平安保险公司在证券投资领域的经验不足，中国平安保险公司在制定投资策略时，应遵循稳健的投资原则。与此同时，为了有效约束各投资单元所承担的投资风险，使得动态监控指标RAROC（风险调整后的收益回报）能够及时地反映资金运用时风险与收益的关系，便于集团总部风险管理部门及时地掌握和检测整个公司资金运用所承担的风险，并在实践中对该子公司所承担的风险进行限额管理，为其制定风险限额上限。

但是，风险限额的制定是一项复杂而烦琐的工作，它需要收集统计公司投资各方面的数据信息，包括公司旳资本经营状况、股东风险偏好水平、全球的金融市场环境等。对中国平安保险公司来说，风险限额的制定首先要将公司的总体限额分配到各级子公司层面，使子公司中每一个业务部门都能够分配到一个合理的风险限额配置，这有助于对各个子部门进行有效的风险控制。其次，在明确子公司的风险限额之后，再将整个部门的限额具体分配到资金投资运用的每个投资交易员手中，执行明确风险额到人的风险管理体系，将最大限度地减少证券投资所带来的风险。

根据对VaR模型的基本理论的论述，在对风险限额的分配过程中应遵循风险调整的绩效评估（RAPM）结果。但在现实中，对风险限额的分配则可以直接采用VaR模型中旳风险值限额。这一方法充分利用了模型计算出的风险值指标的特点，计算方法方便，灵活。在分配的过程中，只要各子公司所承担的风险限额不超过风险限额的总量，便可以不考虑各个模块具体的风险构成情况。

从层级管理的角度来看，专门的证券投资公司证券投资风险限额管理一般分为三个层级，即投资公司层、投资中心层和投资单位层。从投资公司层来看，把所有的公司资产当作一个整体，集团或控股总公司根据公司已制定的风险决策，确定风险额度，对公司整体进行风险控制。从投资中心层来看，根据各中心业务定位、资产、管理和人才等方面存在的差别，设立相宜的风险价值量，进行相应的风险控制。从投资单位层来看，分门别类，依据各单位特点设立风险限额，管控风险。

中国平安保险公司证券投资风险的分配应符合以下要求：收益指标与风险数额对称，风险配置与分布服从并服务于投资战略目标。证券投资风险限额的分配标准为各投资部门获准运用的证券投资资本总量，但这并不是唯一的标准，还需结合各部门特点和能力做出调整。因为在不同投资过程中，投资者扮演着重要的角色，其期望的收益水平和愿意承担的风险程度不尽相同。

3.基于VaR模型的风险管理指标体系设计

衡量公司风险收益的指标主要包括：资本收益（ROC）、动态风险收益衡量指标——风险调整的资本收益（RORAC）、经过风险调整后的资本的风险调整收益（RARORAC）等，各个指标之间的比较见表9-1。

表9-1 整合性风险绩效指标比较

	标准计算方法	含 义	优 点	局限性
ROC 资本收益	调整的收益、必要的监管资本	度量与监管资本相关的收益率	简单直观易于实施	无法度量交易风险
RORAC 风险调整的资本收益	调整的收益、必要的监管资本	度量与经济资本相关的收益率	计算资本需求时间考虑了资产及非资产风险	倾向于持有低风险资产
RARORAC 风险调整资本的风险调整收益	风险调整的收益、经济资本	根据保险公司要求的资本缓冲额和市场风险进行调整所得出的纯粹的经济资本收益率	可用于不同等级资产的风险决策	忽略了业务的监督成本

这种方法的使用可以充分考虑风险调整前后公司的收益来评估公司的业绩，这样可以有效地防止交易员的投机行为。

4.建立保险资金证券投资相关风险考核体系

风险考核是指为了使员工更好地遵循相关法律、法规、章程、政策以及公司制定的各项制度与流程的要求；使公司各项业务和管理工作更好地合规和程序的进行；减少甚至避免相关员工在业务处理与各项管理活动中，因道德不良、疏忽大意、技能生疏等原因产生相应的风险，按照既定的风险考核标准对员工的相关风险与违规行为进行考核的活动。进行风险考核可以完善风险管理体系、提高风险管理地位及完善风险管理职能，将风险管理由被动管理变为主动防御。

平安保险公司的风险考核应该主要遵循的程序：

（1）平安公司事先应该尽量识别出公司可能存在的各类重要风险点，包括业务领域可能存在的重要风险点与非业务领域容易产生的重要风险点。

（2）在识别风险的基础上，事先根据各个重要风险点的表现形式、发生概率、出现风险暴露的后果的严重程度等制定出相应的标准并予以描述。

（3）对各个岗位制定出岗位职责，并将各个风险点明确地划入相关的岗位职责中，使得各个重要风险点都有专人负责，避免盲区与死角。

（4）对各个岗位工作进行日常检查与考核，防范与发现相关重要的风险点暴露。

（5）对暴露的风险点进行分析与责任划分，为后续的责任追究提供依据。

风险考核体系建立的关键在于风险考核标准的建立，该标准应该由平安公司集团或控股公司层次的证券投资风险管理委员会负责统一制定。在此，主要是对证券投资公司相关人员制定标准。在标准中的风险点主要分为活跃型和稳定型两个方面。稳定型风险点一般较少变化而且始终存在于证券投资公司内部，主要包括员工容易触犯相关法律、法规以及政策的禁止性或限制性规定而产生的风险点，还包括非合规方面的操作风险与道德风险。活跃型风险一般包含在具体的业务操作领域，而且较多地因为交易对手和利益相关者的行为和状况而产生，还源自证券市场的系统性风险。制定风险考核的意义在于，首先在风险考核标准中既定的有关操作方面的指引，可以对公司员工的具体业务操作与管理活动起到指引和规范作用；其次能够对相关业务人员在对国家法律、法规、规章和公司制度、办法、操作规程等方面的遵循情况进行合规性指引；最后通过风险考核标准对由于员工的过失、欺诈与专业能力的欠缺等方面的原因造成的操作偏差进行考核，并对该员工的不良或不当行为予以扣分和处罚，从而能促使平安保险公司的员工主动合规、谨慎行事，降低产生违法、违规和道德风险的概率。

在制定好风险考核标准后，还必须对相关责任人进行责任追究。通过责任追究，既防范道德风险和操作风险，更好地促进平安保险公司的管理水平和执行力水平，从而更好地保障公司的战略目标的实现；又建立健全平安公司的业务管理责任制，加强对公司业务的内部控制，规范业务流程，防范业务风险，提高业务质量和效益。

（三）构建完善的证券投资事后风险管理体系

1. 基于 VaR 的证券投资风险管制与投资策略确定

保险公司的证券投资部门是以负债为中心运作的，所以证券投资策略势必充分考虑负债特点与结构。证券投资部的投资管理人必须与产品精算师密切合作，了解保单支付特点，并据此形成一般的投资指导原则。证券投资管理人在此指导原则下，组合安排资产，目的在于使资产与负债相匹配，尽可能化解各种风险。

2. 基于 VaR 的证券投资风险分散与投资组合管理

基于 VaR 模型的分散风险与投资组合管理的核心思路是通过分散证券投资风险，从而实现分散保险公司经营风险的目的。根据风险与收益的同向性与对称性特点，证券投资风险的分散同时就是证券投资收益的分散，证券投资风险通过组合的抵消、对冲，实际上也就是收益的平均化。这一问题的解决最终体现在风险确定下的收益最大化或收益确定下的风险最小化，即证券投资风险与收益的均衡关系上。

因此，在证券投资管理过程中应建立有效的证券投资组合，实现在既定的条件下风险和收益的均衡。这种投资组合的有效构建能够有效地分散系统性风险，在一定程度上降低中国平安保险公司资金运用特别是证券投资方面的不确定性。但对于由系统性风险对投资经营产生的不确定性，保险公司并不是完全无能为力。正因为系统风险来自于宏观因素，即来源于宏观经济政策的调整、主要经济指标的波动、经济周期的影响等，所以这些风险在一定程度上是可以预测和控制的。因此加强宏观经济研究，把握政策导向，可以有效地降低系统风险。

3.证券投资风险回避与资产管理

投资风险是客观存在的，保险公司证券投资活动无法完全回避风险，只能采取各种方式尽可能降低和分散风险。但对于具体投资对象、投资项目来说，可以通过有效的信用分析实现回避违约风险的目的。

在证券投资组合管理人决定了进行何种投资以后，具体买入债券、股票的任务就落在资产管理人或交易员身上。在各证券投资类型成千上万的具体投资对象中，选择哪一个加入投资组合，则依赖于资产管理人员对各投资对象的信用分析。根据不同投资类型业务特点的不同，对不同投资形式进行信用分析的方法、程序、角度也有所不同。

第十章　新华人寿保险公司关于团体保险承保风险管理研究

一、新华保险团体保险承保风险管理现状

随着客户需求的日益多样化，保险市场竞争主体的增多，信息技术在保险公司业务管理中的密集使用，以及国家法制监管环境的日益严峻，新华保险团体保险承保风险损失事件不断涌现，其中不乏触犯国家法律、法规的大案，承保风险管理的现状及环境不容乐观。

（一）面临的外部形势压力

1.保险市场竞争加剧

随着中国 2001 年加入 WTO，中国保险市场市场主体日益增多，截至 2011 年底，中国共有保险公司 120 家，其中寿险公司 61 家，财险公司 59 家。不断涌入的市场主体都不愿意放弃能迅速提升公司品牌形象的团险业务，但是在团险产品和服务创新上的投入又比较少，不重视加强内部管理和产品服务创新，导致产品同质化严重，只能在承保费率、营销费用率、理赔条件等方面进行原始的激烈竞争。

2.保险消费理念尚不成熟

我国一直以来虽然极力倡导以社会保险为基础，以商业保险为有力补充，构建现阶段的社会福利保障制度，但是在养老、医疗等福利保障方面，企业和个人还是倾向于依赖国家和政府，而不是寻求通过商业保险的形式解决。尤其是企业还没有将商业保险纳入员工福利保障计划，将其作为企业进行人力资源管理的有力手段，而是通常将保险作为发放奖金和福利、满足企业极个别人员私利的途径。这些不成熟的保险消费理念也成为团体保险产生承保风险的外部诱因，使得真正的团体保险需求没有被充分挖掘出来。

3.团险承保风险表现形式呈现多元化

团体保险经营灵活，标准化作业程度低，本身就面临较大的承保风险。随着竞争程度的加剧、现代化操作手段的不断推出，承保风险的表现形式日趋多样化。首先，团险业务目标市场不断细分，承保险种不断推陈出新，但与之配套的风险管控手段却

相对滞后，使企业前后线经营脱节，面临较大的经营风险；其次，电话、网络等现代化的营销手段，使违规作业手段更加丰富、具有隐蔽性，更难被识别和评估。

4.承保风险损失增加

承保风险损失日益增加，主要体现在：一是保险业承保违规处罚频率增大，2011年保监会共对保险公司进行了2 768项行政处罚，相比于之前的处罚频率有所上升；二是承保风险单位损失增加，造成了非常恶劣的社会影响。

5.外部监管环境日益严峻，违规成本提高

面对日益复杂的市场环境，为了维护市场竞争秩序和被保险人利益，监管政策日趋严格。以2009年新保险法颁布实施为中心，《人身意外伤害保险业务经营标准》《关于规范人身保险业务经营有关问题的通知》等各类监管规定不断出台，对团体保险出单管理、单证管理、信息系统等监管提出了明确规定。其后出台的《保险机构案件责任追究指导意见》（保监发〔2012〕12号）对保险机构违规案件的责任人和处罚金额均进行了详细规定，形成了对违规案件"前追三年上追四级"的责任追究机制。保监会甚至明确提出保险市场检查的重点领域之一即为团险业务违规，使得团险业务面临的监管形势空前严峻。

（二）面临的内部管理压力

1.公司经营理念尚不科学

与大多数保险公司一样，目前新华保险公司团险业务不规范经营的问题还比较多，究其根源，在于公司和其他大部分保险公司一样尚未树立起科学发展的理念。经营管理行为较为短期化，以规模为导向、以保费论英雄的短视行为还普遍存在。经营管理人员和员工的薪酬绩效只与保费收入和业绩挂钩，从而导致一些分支机构以违规的手段和方式进行不正当竞争追求保险规模，各种违规操作层出不穷。

2.内控体系尚不健全，风险管理理念不强

与高速发展的业务规模相比，公司的专业化经营管理还相对薄弱、内控体系尚不健全，风险管理作为一种管理职能还未完全纳入公司管理中，突出表现在业务操作流程不规范。在团体保险投保、承保、出单及保全服务、信息系统控制等各个方面，管理还相对粗放，远未达到完善程度。此外，即使具备有限的制度规定，在具体操作中也普遍存在有章不循、有令不行、有禁不止的局面，内控制度的执行存在较大缺陷。

3.公司销售人员素质不高、专业经营水平较低、服务水平低下

近年来，公司业务发展迅猛，但与之配套的各级岗位所需的专业人才却相对匮乏，3 200名团险销售人员中中专、高中学历的占比较高达43.1%，本科及以上学历的占比仅为14.1%，人员能力和素质不能适应现代保险业发展的要求，与银行、证券等其他金融行业相比更是差距较大。人员素质偏低、不熟悉团体保险业务知识和有关

监管规定，也是造成公司团险业务违规的重要原因。

4.没有建立健全风险管理组织机构

总公司直到 2010 年方成立内控合规部，之前的风险管理工作多由审计部门代为处理，人力、财力、物力配备严重不足。2010 年总公司成立内控合规部之后，分公司才陆续将财务部审计室单列成立了分公司风控部，但人员之前多从事财务、内审等工作，流程管理、系统管理等完备的内控管理知识匮乏，无法对业务形成有效的监督和指导。

二、新华保险团体保险承保风险产生的原因分析

承保是保险公司经营管理的第一个重要环节，是一切风险的进口。承保风险从本质上是源于内控体系的缺陷、激励机制的无效、风险管理制度的不完善和执行乏力以及内部资源配置不合理。

1.个险的市场主导地位造成的资源配置倾斜

2000 年以后随着公司个险业务和银行代理业务的崛起，取代了团险在公司规模保费贡献方面的地位，公司对团体保险投入资源渐趋紧缩，公司无论是从规模、利润还是从核心竞争力方面考虑，都视个险业务和银代业务为主导，将团险置于从属地位，从而导致公司资源配置、制度配套、发展规划方面的向个险倾斜。这或多或少造成了公司团险管理方面包括人员配置、系统投入、研究投入等资源配置都很有限。

2.以保费规模为导向的考核机制使得管理人员和业务人员缺乏主动管控风险的动力

虽然保险行业经历了一段时间的长足发展，但是行业沿袭下来的粗放发展模式却没有改变。保险业仍停留在"以保费论英雄""以市场份额论英雄"的阶段，重保费数量轻业务质量，重业务开拓轻风险管理的现象仍比较突出。大多数保险公司以保费规模和市场份额作为管理层和业务人员的考核指标，不注重业务品质的考核。新华保险公司 2006 年及之前的分支机构班子成员的绩效考核是以总规模保费达成率、市场排名和费用控制率为核心考核指标，仅将业务品质指标作为观察指标。2007 年之后才逐步引入合规指标进行考核，但是权重仅占 5%。对管理层的考核尚且如此，对一线销售人员的考核更是只将保费计划达成率作为唯一的指标。

与银行业相比，保险业在我国发展较晚，人才沉淀和储备相对薄弱，人员整体素质普遍不高。管理人员多为市场开拓型干部，风险管理意识和管理能力相对薄弱；一线销售人员的职业道德水平等综合素养相比其他金融行业也较低，尚未完全扭转保费为王的业务拓展思路。即使想进行风险管控，但是囿于自身风险识别水平低下，最终也无法达到较好的风险管控效果。

在上述考核导向下，再加上管理人员和销售人员自身风险管理素质和能力低下，无主动管控风险的动力，其结果自然可想而知了。

3. 内控机制不完善对违规违纪行为处罚不到位

保险公司内控机制不完善，首先表现为内控组织架构搭建不健全。新华保险公司在 2010 年之前均没有设置专门的内控合规部，仅设有审计部承担日常的内控监督管理职能。一是该审计部仅进行常规审计，更多承担的是事后审查堵漏职能，缺乏事前的内控合规规划和指引；二是审计部独立性不强，大多数分支机构的审计岗由财务部、人力资源部甚至是办公室人员兼任，无法从组织机构上保证审计工作的独立性。其次表现为内控制度标准不健全。公司没有系统、完整的内控管理制度，仅针对已经暴露出的问题制定相应的管理文件，头痛医头脚痛医脚，对潜在风险缺乏预警，制度建设缺乏系统性、前瞻性。且内控专业水平和能力各有高低，执行标准和尺度不一，基础工作还相对比较薄弱。

基于上述情况，传统的保险经营普遍重奖励、轻处罚，对经营过程中出现的违法违规行为进行处罚无制度依据。

4. 核保架构搭建不完善使得承保风险管控缺乏必要的技术支持

团险核保是一门实践性很强的综合性学科，涉及保险、医学、金融、法律、统计等多方面的知识，需要专业的复合型人才进行操作。团险核保人员除需熟练掌握公司产品和业务管理规定之外，还需具备一定的财税法律知识储备、统计分析素养以及较强的沟通协调能力，同时需要借助一定的风险评估工具，才有可能在面对投保单位灵活多样的保险需求时做到游刃有余。但现实情况却是：新华保险公司 1996 年即开始开展团体保险业务，年保费规模数以亿计，但 2003 年之前总公司层面只有两位专职团险核保员（同时期总公司个险核保员已多达二十多位），分公司层面的团险核保员大多由个险核保员兼任。这期间总公司甚至没有开发团体保险专用的核保手册，对分支机构团体保险核保的支持也仅限于批复业务签报，缺乏统筹管理和指导，使得分公司核保员只能各自为战，风险评估和管控能力低下。2004 年之后总公司才逐渐成立了法人核保项目组，将团险核保职能在总公司层面与个险核保完全独立出来，负责全系统团险核保人员队伍建设，同时联合再保险公司推出了法人核保手册，并陆续进行系统优化和相关规则流程的整合梳理，为分支机构提供相应的业务技术支持。但即便如此，截至 2011 年，新华保险公司全系统 34 家分公司以及总公司也仅有 15 位专职团险核保员，与其年 20 亿的保费规模相比还有较大差距。这期间暴露出了如下问题：

（1）核保专业人员匮乏。新华保险公司团体保险经历了从辉煌到落寞再到痛苦摸索转型的过程，专业人才积累较少，符合上述规定的复合型人才更是极其匮乏。团险核保人员多由个险核保人员兼任，甚至由团体业务部门的内勤人员兼任。上述人员大多欠缺团险核保的基础理念，且需面对来自管理层和业务人员较大的业绩压力，工作缺乏应有的独立性，核保受行政干预现象较为普遍，无法出具公正、客观的风险评估意见。

（2）统一的承保风险评价体系尚未建立。现有团险核保大多在复制个险的风险点分析方法，核保人员往往是只见树木不见森林，精力被纠缠在团体内某些具体的个体成员上。如果说对小团体此种方法还勉强有效的话，对大型及中等团体则基本不可行。囿于精力与信息详细度，往往会导致该重点关注的风险没有关注，而一些具体的个体风险又很难深入调查。

团体保险对经验数据有较强的依赖性，但之前公司较不注重经验数据的整理分析，且总公司与合作的再保险公司之间、其他同业保险公司之间也没有良好的核保交流平台，没有实现资源共享，无法为核保人员提供系统、科学的团险核保技术支持，核保没有标准可依，核保人员缺乏量化的、经验性数据支持。在进行风险评估和管控时大多为孤军作战，更多依赖于个人风险管控能力的高低，风险评估标准不统一，水平参差不齐。

（3）人员培训支持力度较弱，不利于核保技术水平的提升。团险的作业标准化程度低，市场环境千差万别，进行统一培训的难度较大，导致团险核保培训的频率和效果明显低于个险核保，严重制约了核保人员团险核保能力的进一步提升。

5.IT系统建设落后无法从科技层面对承保风险进行管控

先进的管理理念和管理制度需要有好的操作系统与之相配合。但是目前国内保险业多以个险营销为核心业务渠道，花大力气进行个险营销后援平台建设。在团险系统建设方面欠账太多，在响应团体客户个性化的业务需求方面疲于应对，更谈不上对承保风险进行有效的管控。尤其是保险监管机构自2009年以来陆续出台的一些监管规定，更是对保险公司IT系统建设提出了更高的要求。

新华保险公司团险业务自1996年公司成立至2007年一直使用第一代业务系统，该系统采用主机－终端的运行模式，维护权限下放至省级分公司，以单张保单为逻辑进行公司数据管理。无论是安全性、扩展性还是系统效率方面都远远无法适应团险业务日常发展要求。2007年5月，公司在借鉴个人业务第二代业务系统的基础上，开发上线了团险第二代业务系统，新华保险公司实现了数据总公司集中管理，这标志着公司向保单数据集中化、业务处理网络化、系统集成化迈出了实质性的一步。虽然该系统在安全性、处理效率等方面较第一代系统有了长足进步，但是基于个人业务数据处理逻辑的团险第二代系统，在应对灵活多样的团体客户需求以及监管部门日益严峻的监管规定方面就显得相对滞后，主要表现在以下几个方面：

（1）业务处理时效差：保险公司承保的大型团体客户有的被保险人多达5万多

人，如此庞大的被保险人群体承保在同一投保单位下，在IT后台按照个人业务数据处理逻辑，对数以万计的被保险人逐一进行校验，其处理时效大大降低，进而降低客户满意度，制约大中型团体客户的拓展。

（2）业务处理灵活性相对较差，客户灵活需求多通过外挂数据包的方式解决，导致系统稳定性较低，监管风险较大：相对于个人业务需求的同质化，团体客户对承保、保全、理赔、客户服务等方面的个性化需求较多。基于个人业务处理逻辑的团险系统，在应对此类情况时只能以临时的数据补丁或者系统外挂数据包的方式来实现，这导致系统的稳定性大大降低。此前甚至发生了某分公司近2万名被保险人数据在导入外挂数据包时丢失的情况，造成极大的业务操作风险和监管风险。

（3）决策分析所需的数据统计分析功能较弱：团险核保大多采用经验费率，对投保单位既往投保情况进行分析就显得格外重要。但现有的IT系统多侧重于新契约业务处理，缺乏对客户后续的保全、理赔数据的实时分析，不利于为核保决策分析提供数据支持。

三、新华保险团体保险承保风险管控的相应对策

保险业应把风险防范作为可持续发展的生命线，进一步完善公司治理结构，强化内部控制，推进全面风险管理，落实法人机构管控责任，不断提高保险机构自身风险防范能力。

进行团险承保风险管控首先应遵循如下原则：一是遵循通行规则与体现保险特色相结合的原则；二是原则性和灵活性相结合的原则；三是整体规划和突出重点相结合的原则。从而达到团体保险承保符合保险监管规定、符合公司管理规定、符合当地市场情况，进而达到风险控制和销售需求平衡的最终目的。

基于上述承保风险产生原因的剖析，笔者认为加强新华保险团险承保风险管控应从企业文化建设层面、考核导向层面和制度流程规范层面逐渐深化，具体为：首先建立自觉风险管控的企业文化，在此环境中加强业务品质考核，以完善的内控制度和承保管理制度为基础，利用高素质的核保人才队伍，辅之以先进的系统作业平台，只有这样才能从根本上提升内部经营管理水平。

（一）培育全面风险管理的企业文化

企业文化作为企业在日常各种活动中贯彻和体现的精神内涵，在企业的经营理念和制度的相应制定和实施过程中都发挥着重要的指引作用。这种文化是在企业经营管理的实践过程中积淀出来的有关企业行为规范的独特的模式和风格。要把全面风险管理作为一种文化渗透到从事风险经营的新华保险公司企业文化中，培育领导高度重视、内控人人有责和违规必受追究的内控企业文化，形成以风险控制为导向的管理理

念和经营风格，提高公司全体员工的风险防范意识，使内控制度得到自觉遵守。

（二）建立品质和规模并重的考核政策

考核政策在公司内部管理中起着指挥棒的作用，一方面其反映了公司价值导向，进而决定了公司资源配置的方向；另一方面考核标准是企业对员工工作行为和结果的期望和要求，进而成为塑造员工行为的工具，正所谓"你只能得到你所考核的东西"。同时保监会要求保险公司应当将风险管理绩效与薪酬制度、人事制度和责任追究制度相结合。因而要想加强承保风险管控必须要制定相应的考核管理政策，从单纯追求保费规模转变为规模与效益并重，新华保险团险考核政策即经历了上述转变：

1. 2005 年之前，考核保费计划达成率，以产品销售费用率作为支持：2005 年之前分支机构保费计划达成率是唯一的考核指标，为支持机构达成保费目标，总公司为所销售的产品分配固定的销售费用率，分支机构只要销售产品即可获得相应的销售费用。此种考核模式下分支机构只需要关注市场拓展，没有业务品质考核的压力，所有的赔付成本均由总公司承担，业务品质的好坏与分公司没有直接联系，机构没有主动控制承保风险的动力。基于此考核政策，2002—2005 年保费收入虽然有了大幅度提升，但是赔付率也在节节攀升，尤其是 2005 年赔付率达到了 39.40% 的历史高位。基于此，总公司调整了考核政策，引入了预留赔付率与销售费用率打包支持的政策。

2. 2005—2010 年，继续考核保费计划达成率，以预留赔付率与销售费用率打包作为支持：为了引导机构更多关注业务品质，2005 年新华保险总公司在借鉴太平洋保险公司打包考核政策的基础上，引入了预留赔付率与销售费用率打包考核的政策，即：每一团险产品总公司对分支机构下发的打包费用，其中包括该险种的销售费用率和预留赔付率，机构可根据所处市场竞争状况、该险种既往实际赔付率以及自身风险管控能力，自行厘定每一险种的销售费用率和预留赔付率，机构在实际支付赔付和经营管理费用后自负盈亏。该考核模式初步引入了预留赔付率管理的概念，且给机构充分的自主权来核定自身的赔付率和费用率，使得机构有较为充足的费用空间，极大提高了分支机构业务拓展的积极性和市场反应能力，且一旦赔付率控制良好，机构还将获得较为充足的利润节余。但是该考核模式由于赋予了分支机构较大的经营自主权，弱化了上级机构对下级机构的管控，容易造成内控风险。且在激烈的市场竞争下，分支机构为了开拓业务往往不断抬高手续费支出比例、压缩自身盈利率空间，甚至可能会通过"惜赔""压赔"等形式来套取阶段费用，从而引发费用前置和赔款后置的现象，增加了保险公司后期经营过程中的财务风险。以 2010 年保费收入占比较高的借贷安心和团体意外医疗险为例，为了获取较高的销售成本率，机构调低了上述两个险种的预定赔付率，但实际经营成果虽然借贷安心意外险实际赔付率低于预定水平，但是团体意外医疗险实际赔付率却远高于预定水平，有较大的超赔风险。

3. 2011 年至今，预留赔付率与销售成本率打包考核，同时考核年度利润贡献率。2011 年起新华保险公司实行全面预算管理，在此背景下，团险除了继续延用原有的保费计划达成率以及赔付率和销售费用率打包考核政策之外，还首次要求分支机构实现 10% 的利润贡献率。在此考核模式下，分支机构除了关注自身业务发展，还积极行动起来自觉向承保要利润，向业务成本控制要利润，对承保品质的关注达到前所未有的高度。与此同时，个别分公司还制定了《团险销售人员品质管理办法》，该办法规定销售人员的年终奖与其所销售保单的年度赔付率挂钩，保单综合赔付率超标将相应扣减该业务人员的年终奖金。在此考核导向下，2011 年公司不但连续 7 年超额达成保费计划，还实现了 11.01% 的利润率。

从以上新华保险团险考核政策及相应经营成果的演变可看出，科学合理的考核制度是进行团险承保风险管控的基础。

（三）完善承保管理内控机制

加强保险公司内部控制建设，是提高保险公司风险防范能力和经营管理水平，促进保险公司合规、稳健、有效经营的重要内容。保险公司通过治理结构和内控机制进一步完善，建立起全面覆盖、全程管理、全员参与的全面风险管理体系，从而在防范风险中充分发挥主体作用。根据我国保险公司治理结构的现状和国际上的发展趋势，保险公司应建立"由董事会负最终责任、管理层直接领导、内控职能部门统筹协调、内部审计部门检查监督、业务单位负首要责任的分工明确、路线清晰、相互协作、高效执行"的内部控制组织体系。

1. 完善公司治理结构

治理结构是基于相关利益的利益相关者之间的责权利结构，股东和经理层之间的关系是治理机构的核心内容，也是风险管理的最大前提。治理结构是金融机构风险管理的原动力所在。在一个自上而下的风险管理系统中，只有具备良好的治理结构才能为金融机构风险管理提供充足的原动力。在良好的治理结构的基础上，建立起包括内部审计部门和风险管理部门在内的全面的内部控制体系，是开展风险管理工作的前提条件，也是重要内容。董事会对公司内部控制负最终责任，要对公司内控的合理性、健全性和有效性进行定期研究和评价。监事会对董事会、管理层履行内部控制职责进行监督。管理层根据董事会的决定，建立健全公司内部组织架构，完善内部控制制度，组织领导内部控制体系的日常运行，为内部控制提供必要的人力、财力、物力保证。尤其是在新华保险公司分支机构层面，各分公司一把手应作为本单位内部控制体系建设的责任人，对本单位内部控制结果负责。

2. 狠抓落实加强承保风险管理内控执行力度

完善的管理制度必须要有强有力的执行，否则再严密的内控制度、再有效的风险管理措施也将形同虚设。公司内直接负责经营管理、承担内部控制直接责任的业务单位、部门和人员，对内控负首要责任，应当参与制定并严格执行内部控制制度，按照规定的流程和方式进行操作。

（1）加强经营管理人员风险防控管理：建设一支精业务、会管理、高素质、高效率的经营管理人才队伍，是保险业务管控风险的根本保证。一是加强分支机构领导班子建设，通过正确的选人、用人机制使各级领导班子成员不仅具备市场开拓能力、组织管理能力，还必须具备控制风险的能力；二是加强对经营管理人员合规管理考核，实行班子成员违规一票否决制，从根本上提升经营管理人员风险管控意识。

（2）加强前线业务人员销售行为的风险管控：保险公司销售活动是直接面对市场和客户的业务前台，这一环节是保险公司经营活动的最前端，生产压力大，内控管理容易被忽视。但销售活动实际是保险公司风险控制的第一道关口，对业务品质和效益影响大，从作业模式来说内控管理的难度也比较大，往往成为薄弱环节，因此加强销售人员风险管控显得尤其重要。

先知而后行，首先公司应加强风险管控意识的培训，使销售人员意识到协议承保、突破保险责任承保等团险业务承保风险的表现形式，及上述承保风险可能给自身、公司和行业带来的危害；其次公司应当规范销售展业行为，采取投保风险提示、销售协议管理、保单信息查询、定期排查及反洗钱监测等方式，建立销售过程和销售品质风险控制机制，有效发现、监控销售中的不正当竞争、协议承保、洗钱等行为，从根源上提升业务品质；最后公司应当建立业务人员品质管理办法，对销售过程中出现的违规展业行为进行相应的处罚。

（3）加强后台团险核保人员的管理：保险公司运营是提供业务处理和后援支持的业务后台，是保险公司业务风险控制的关键。后台是保险业务的集成处理部分，对保险公司控制经营成本和保证服务质量的影响大，对效率的要求高。后台核保管理是承保风险管控的重要环节，应加强核保作业人员的管理。

a. 加强核保人员的挑选：团险核保是一门实践性很强的综合性学科，核保人员应能掌握保险、医学、金融、法律、统计等多方面的知识，同时还应具备较强的沟通协调能力。应严把团险核保人员的选拔关，提高进入门槛，从源头上为公司遴选符合要求的专业复合型人才。

b. 强化对核保人员的培训：公司应建立适宜公司体制和监管形式的培训体系，包括完整的培训制度、教材与认证制度，团险核保人员上岗前需进行必要的培训通关认证，上岗后也应进行不同频次的系统化培训。

c. 严格执行核保人员的权限管理：团险核保人员权限的评定与授予应由总公司根据具体人员的作业能力、工作年限、培训考核情况以及其所处地区的业务状况等因素来统一核定,且应保证核保人员不得同时兼任团险契约、保全和理赔岗位职责及不得兼有相应系统处理权限,以保证业务处理的独立性。

d.强化核保业务质量管理:核保人员在日常核保作业中应遵循依法、从实、细致、专业、效率的基本准则,加强尽责至善和品牌竞争的服务意识,严格按照公司的相关规则及行业的法律法规进行风险评估。同时为加强团险核保作业质量的监督管理,确保团险业务核保政策及作业规则得到严格执行,公司应定期对团险业务核保作业质量进行检查。质量检查方式包括分支机构自查、总公司非现场检查以及总公司现场检查。质量检查内容主要包括:合规性检查:检查分支机构承保的团险业务是否符合保险监管及公司内控合规政策,是否在保险合同外签署附加协议;核保政策执行检查:检查总公司下发的核保政策是否得到严格执行;核保权限管理检查:根据团险业务核保手册、团险核保员权限划分标准及产品核保业务管理规定,检查是否存在费率下浮比例、保险责任超权限等业务并审查是否严格上报并遵照回复意见执行;核保作业检查:检查分支机构承保的团险业务是否按照承保流程进行规范作业、总公司批复的业务承保方案是否与批复结论一致、保险批注文字是否严谨且无歧义、临时分保业务是否进行分保呈报。

3.完善监督问责机制

核保主管部门和内部审计部门各司其职,按照有效性、审慎性、全面性、及时性和独立性原则,对承保风险控制进行事后检查监督。同时应当建立内控问责制度,根据检查监督中发现的违规行为,视情节严重程度、损失大小和主客观因素等,明确划分责任等级,制定相应的处理措施和程序。

(四)加强承保运营集中管理以强化风险管控

1.加强运营集中管理从而提高承保作业的标准化进而强化风险管控

新华保险公司团险原来采用相对分散的承保管理模式,在机构设置上总、分、支公司均有核保机构和核保人员;管理流程上采用层级管理的形式;权限管理和人员管理上由总公司对分公司核保主任统一授权并与分公司共同对其进行管理,支公司的其余核保人员没有核保业务签批权限。随着公司的不断发展,分散核保模式风险管控能力低下、系统风险隐患大、业务处理效率低下、标准化程度低的弊端渐渐暴露出来。

(1)风险管控能力低,系统风险隐患大:分散承保模式管理层级过多,不利于承保政策的严格落实和承保信息的快速传递,承保管理的难度增加;因承保作业人员实行属地化管理,较易受到分支机构行政干预的压力,通融承保现象较为普遍,不利于风险的管控和业务质量的提高;与信息技术的快速发展不匹配,数据统计不能及时有效地进行,风险控制效果难以预测,对业务管理政策的调整需求响应不及时,对一线销售的支持力度弱,不能适应业务发展需要。

（2）业务处理效率低下，成本增加：系统内各机构间资源无法共享，资源配置效率不高，资源紧缺与配置不合理同时存在，效率无法提升，分公司自成体系，人员配置和工作量分配不均衡，难以形成合力；作业流程无法创新、环节较多，影响作业效率；核保技术平台升级缓慢，电脑核保效率提升困难；核保管理成本和人力成本的控制需求遇到管理模式上的瓶颈。

（3）不利于核保队伍的持续稳定发展：分散式的核保队伍管理不能集中系统优秀人才发挥其专业上最大的作用，专业人才效能无法聚集，不能最大限度地提升核保业务的技术含量；各机构核保队伍发展不均衡，影响了总公司核保政策的贯彻落实和核保工作的开展；核保人员分散，培训难度及成本相对较大，整体专业水平提升缓慢；核保人员待遇无法落实，队伍缺乏活力，流失严重。

针对团险分散承保模式暴露出的种种弊端，新华保险公司于2010年采取了团险运营集中、管理集约化的管理模式，将管理职能和部分系统作业职能上收至总公司，建立了集约化、高效能、有效防控风险的团险运营支持平台，从而增强了风险管控能力。

2. 严格承保协议集中管理

原则上团险业务承保必须使用经核准备案的条款，禁止在保险合同外进行协议承保，若确有必要，经总公司审批同意，可在经核准备案条款的基础上签署合作及服务承诺，但服务承诺不得改变条款中规定的退保、给付条件及金额、保险责任和保险期间。针对较易进行协议承保的团体年金险业务，首先将中支公司印章统一上收至分公司，取消了中支公司签署协议的权限，将协议签署权限全部上收至分公司，总公司审批通过的分公司方可进行协议的签署；其次制定了标准化的合作及服务承诺文本，从源头上控制了随意进行协议承保的现象。

（五）打造高素质核保人员队伍

好的管理制度必须要有合适的人员来落地执行，专业、高效的核保人员队伍是防控承保风险的强有力保障，应充分发挥核保人员在风险管控中的积极主动作用。

1. 提高团险核保人员素质

在团险承保风险管理中核保人员承担着重要的工作职责：

（1）根据公司团险业务发展战略，制定配套团险业务核保政策，设计业务核保实务流程。

（2）执行团险核保政策，确保团险业务合规经营。

（3）建立团险核保队伍，并通过培训等方式传承、提升团险核保人员的专业能力。

（4）负责团险业务经营指标监控，为公司团险业务发展决策提供建议。

（5）了解团险业务市场发展最新信息，为公司团险产品开发以及政策制定提供建议。

在承担上述职责的过程中，核保人员需要处理好核保本身与产品开发、销售一线以及团险市场的关系。这就要求团险核保人员除了要掌握最基本的专业知识外，还应具备各种综合素养和技能。首先，团险核保人员必须掌握精深的专业知识，能帮助销售一线解决业务发展中遇到的问题，并利用自身的专业知识积极防范化解风险。其次，核保人员应具备严谨、持之以恒的基本品质。团险核保要求对所面临的风险进行准确细致的评估，必须要严谨对待、一丝不苟。但是风险识别能力不是朝夕之间养成的，只有经过长期潜移默化的积累才能培养风险识别的敏锐性，坚持的品质就显得格外珍贵。再次，核保人员应掌握包括保险学在内的基本经济学知识。团险核保人员面对的是投保单位的人力资源主管、财务主管等中高层专业人士，具备基本的金融学常识、相关财税知识和投资理财知识方能在沟通过程中游刃有余。核保人员还应具备基本的数理统计技能。对经验数据进行统计分析、对业务经营效益进行评估以及保单赔付率的计算分析等均需要较好的数理统计分析能力。最后，团险承保风险管理的目标之一就是规避监管风险，所以必须熟悉保险业和金融业监管政策。

要想使团险核保人员具备上述的综合素养和技能，公司的培养和个人的自我修炼缺一不可。团险核保的标准化作业程度低，目前公司内部技能传递多停留在"师傅带徒弟"阶段，知识和经验在公司内部的沉淀较差，应建立多层次的培训体系，通过组织现场形式的系统工作会议或专项培训对核保人员进行现场培训和辅导；定期或不定期地通过视频形式或网上工作论坛等方式进行专业培训和工作研讨，帮助核保人员不断提升专业水平和工作能力；通过指定专业教材开展自学、指定专题内容开展调研、直接组织业务考试等形式，促进核保人员在工作中学习和提高；通过安排岗位轮换、挂职锻炼等形式在全国范围内进行人员调配和培养，丰富核保人员职业生涯经历，扩大职业发展空间。

除借助公司培训平台外，核保人员还应通过以下途径加强自身职业修炼：实务经验积累：加强对既往承保保单的数据分析，不断检验风险评估结论；自觉运用核保手册、核保专家系统等风险评估工具；培养市场敏感性，密切关注包括同业公司在内的团险业务市场发展变化，分析团险业务行业政策变化及发展趋势。

2. 加强核保人员垂直化管理

实行核保人员垂直化管理，是加强承保风险控制的有效保证。通过实行垂直化管理，形成核保系统的统一文化，以文化统领队伍；通过实行垂直化管理，加强核保人员风险管理的独立性，有效抵制不合规业务，遏制承保风险的发生；通过实行垂直化管理，全面提升核保工作水平和风险管控能力。

（1）对核保人员进行垂直化管理。由总公司负责核保人员的招聘、任用、考核、薪资及权限等级认证，通过管理上的垂直化保证核保人员严格执行公司政策，不受工作属地机构的影响，保证业务质量的客观真实，以达到降低经营成本和防范经营风险的目的。

（2）建立全方位、多层次的核保培训体系。从培训的对象来建立培训体系，包括核保新人培训、普通员工培训、骨干员工培训、核保主任培训、后备干部培训。

从培训的内容来建立培训体系，包括核保专业培训、管理知识培训、能力素养培训、岗前和任职培训。

从组织、地域来建立培训体系，包括总公司轮训、分片区培训和总公司集中培训。

（3）建立科学、完善的考核制度。建立完善的核保管理制度和核保作业考核制度，对核保人员的核保作业质量和核保 KPI 指标进行检查和监控，以确保作业标准得到贯彻，风险管控措施执行严谨。

（六）加强 IT 系统建设

不断变化的市场形势，为保险业发展带来了极大的机遇和挑战，在保险业适应市场变化、调整产品结构、防范经营风险的过程中，信息技术扮演着越来越重要的角色，信息化建设水平已经成为衡量保险业竞争力的一个关键指标。保险公司要高度重视信息化工作，运用信息技术加强内部控制与合规建设，促进内部控制流程与信息系统的有机结合，实现对各项业务和事项的自动控制，减少人为操控因素，发挥其风险管控作用。

1. 通过数据集中管控建立全国统一的业务处理平台

保监会《保险公司信息化工作管理指引》要求各保险公司应实现数据信息集中管控，建立健全数据管理的有效机制，提高数据资产价值的利用能力和水平。新华保险公司通过数据大集中条件下的集中管控，充分利用信息化手段识别、评估和监控各类风险，不断提升公司风险管控能力，强化总公司的管控能力。

（1）随着 2007 年团险新核心业务系统的上线，总公司全面上收了核心业务系统的开发和维护权限，分支机构仅作为业务系统的使用者，消除了各分支机构业务各自为政，系统平台不统一的现象。

（2）不断加强业务系统的标准化，使核心业务系统与财务系统、单证管理系统无缝对接，消除了公司内各子系统互不连接、信息不能共享的"信息孤岛"现象，促进公司对数据资产的利用，便于管理层及时全面掌握公司运营状况、加强风险预警，从而进行科学决策。

（3）将团体年金险等高风险业务集中上收至总公司处理。分支机构作为业务受理机构，将所受理的业务影像资料扫描上传至总公司集中作业中心，由集中作业中心利用其客观公允的风险授权和监督机制来进行业务处理，实现前、后台分离，进而实现了风险隔离。企业通过数据集中，缩减了管理层级，减少了人为因素的干预，有力地加强了保险公司对各分支机构及对各项业务风险的管理能力。

（4）借助统一的业务处理平台进行核保作业的集中管理，有利于系统内核保资源的合理配置和有效利用，解决业务高峰期和平峰期的运营效率问题，提高运营管理效率，降低人力成本和管理成本。

2. 权限控制

（1）严格进行授权审批控制：首先对达到任职资格的人员方可授予系统操作权限，且权限申请必须通过IT平台的形式上报；然后根据实际岗位角色，定制权限组，该权限组下权限配置统一标准，对该申请人赋予菜单组权限，这样就可做到权限分配明确、合理，避免出现操作人员分配超出其岗位职责权限的情况。

（2）系统账户定期清理：定期对系统用户进行检查与清理，确保用户账号定期审阅，及时发现系统中存在的多余用户或授权不当的用户，对超过一定期限仍不活动的用户，进行权限关闭。

（3）严格不相容岗位分离控制：要求公司全面系统地分析、梳理业务流程中所涉及的不相容岗位，实施相应的分离措施，形成各司其职、各负其责、相互制约的工作机制。

3. 完善包括实时承保系统在内的出单系统

所谓实时承保主要系指与中介代理机构合作开展的业务，在展业时利用与保险公司核心业务系统对接的出单系统即时进行保单承保。通过实时承保系统进行出单，首先可以确保投保客户信息实时进入公司核心业务系统，保证客户实名制，便于客户进行后续的保单信息查询、保全及理赔操作；其次确保承保保费收入实时进行确认，规避倒签单、不如实入账、坐扣保费承保的违法违规承保；再次，便于承保单证实时进行回销，有利于加强单证管理。

4. 完善单证管理系统

根据公司实际，完善现有单证管理系统，为公司单证管理工作提供"全渠道、全流程、全模块"的单证管理系统平台，全面强化和提升公司单证管理工作，提升公司单证风险管控能力。

（1）搭建全流程单证管理平台：通过智能化的功能操作，合规化的流程管控，使该单证管理系统与核心业务系统、实时出单业务系统无缝对接，对有价业务单证进行系统管理，搭建起全流程管理的单证管理平台。

（2）通过全流程管理，促进单证管理规范化：建立单证定义、入库、发放、使用及核销等各业务处理环节的电子化管理模块，实现业务单证管理的规范化。

（3）提高工作效率和专业水平，有效防控风险：通过建立完善系统化的管理流程，降低单证管理手工操作风险，节约管理成本，提高工作效率，不断提升专业管理水平，为业务发展提供有力支持。

第十一章 太平洋保险公司内部审计参与风险管理的研究

近年来商业保险公司相继实行股份制改造，部分保险公司在海外上市，保险市场迎来新的变化。在这一背景下，太平洋保险公司要想实现进一步的发展，需要加强内部审计工作。

保险业可以说是我国支柱产业之一，在经济社会发展的过程当中有着不可替代的作用。随着太平洋保险公司管理制度的日益完善，内部审计逐渐应用在各项管理工作中，并且对提高保险公司的风险管理水平有重要意义。

太平洋保险公司内部审计参与风险管理的途径如下：

第一，内部审计能够将风险管理纳入企业文化当中。太平洋保险公司要想加强风险管理，不是某个特定管理人员或者部门的职责，只有把风险管理融合到保险公司的业务流程当中，落实到各个部门的工作人员身上，变成全体工作人员的共同意志以及统一行动，实现全员风险管理，才可以达到风险管理的目的。所以保险公司工作人员的风险意识、价值观念以及道德水准都属于内部风险治理与控制的重要组成部分。内部审计可以借助于不断的检查，调整、评估并且反馈保险公司风险管理目标实现的程度，督促保险公司在构建内部风险控制机制的时候，把道德规范以及行为准则等内容纳入内部控制制度当中。让风险管理的意识真正融入企业文化当中，成为每个工作人员的行为准则，体现在每位管理人员以及普通职工的行动当中。

第二，内部审计能够成为风险管理的参谋。风险在保险公司内部有着传递性、感染性以及不对称性等方面的特点，也就是说某个部门带来的风险或者风险管理出现的漏洞、产生的后果往往不是直接承担，反而会传递到保险公司的其他部门，最终由整个部门承担。

所以对风险的认识以及控制，都应当从全局角度出发加以考虑。内部审计作为企业内部控制有机组成部分之一，是企业自身风险监控机制的中坚力量与核心环节。内部审计机构熟悉保险公司的行业特点以及业务流程，并且对公司经营流程当中的风险点分布状况、控制系统状况、潜在问题以及经营风险了解的最为清楚全面，对于预防企业的经营风险并且实现敬业目标有强烈的义务感，同时服务性以及连续性都比较强。内部审计可以保护保险公司的资产，对经济事项连续进行跟踪审计并且及时反馈跟踪得到的信息。正是因为内部审计机构不同于其他的职能部门，其建议容易受到管理人员的重视，能够利用内部审计的独立性来实现对风险管理的整体评估，评估意见可以直接报告高级管理人员，协助决策层制定保险公司的长期风险策略以及各种具体的执行措施。所以在保险公司风险管理当中，内部审计可以作为风险管理参谋以及顾问。

第三，内部审计能够协调组织风险管理决策。因为保险公司的内部审计接触面比较广、地位独立，同时在风险管理方面更加专业，能够影响到企业管理人员，种种特点决定内部审计可以在企业的风险管理以及改进等环节发挥协调组织的作用。内部审计机构可以主动参与保险公司风险管理的过程，从而对风险管理进行全方位协调。通过建立保险公司内部各个职能机构的沟通道，通报审计过程当中发现的问题并提供改进措施，指导协调业务部门实施风险管理的策略与决策，构建齐抓共管的机制，发挥整体合力，保证经营管理活动同保险公司的目标一致。通过内部审计能够有效促进保险公司风险管理以及内部控制制度的持续改进与优化。在当前市场环境日新月异的情况下，保险公司的内审部门借助于对风险管理过程进行持续的评估检查，评估风险管理执行的效果，可以准确分析判断保险公司的潜在风险，发现内控机制同新环境、新形势不够匹配而导致的漏洞与薄弱环节。从而及时提出针对性并且具备较强操作性的改进措施，为企业的管理人员在风险管理方面的科学、准确决策提供依据，不断改善保险公司的内部控制质量。

综上所述，太平洋保险公司的内部审计可以通过检查、评估并且反馈风险管理完成状况，促进企业管理机制的不断完善，并且将准则与规范融入保险公司的内部管理中，将风险管理以及风险意识融入企业文化中。内部审计作为保险公司评估监督的重要手段，在公司管理过程中扮演着顾问以及参谋的角色，通过内部审计有利于保险公司认清自身的状况，进而做出决策并组织协调实施工作。在此过程当中将保险公司存在的各种问题呈现出来，便于管理人员做出针对性的整改，不断完善保险公司管理机制。

参 考 文 献

[1] 李佳怡.保险公司风险管理与内部控制评析[J].现代商业,2013(24):136-137.

[2] 路世谊.企业全面风险管理与内部控制[J].经济研究参考,2012(16):25-27.

[3] 王强.全面风险管理体系建设与内部控制在企业管理中的应用[J].企业科技与发展:经营管理2012(11):128-134.

[4] 李欣.保险公司内控问题与对策研究[J].经济研究导刊,2013(11):29-30.

[5] 郭菁.揭开保险合同准备金计量的面纱[J].会计研究,2010(9):3-8.

[6] 杨学君,张文峰.我国保险集团的风险管控浅析——从AIG"完美赎身"谈起[J].金融会计,2013(7):59-65.

[7] 商迎秋.企业战略管理理论演变与战略风险管理思想探析[J].技术经济与管理研究,2011(3):29-30.

[8] 曹元坤,王光俊.企业风险管理发展历程及其研究趋势的新认识[J].2011(1):85-92.

[9] 孟泽锐.全面风险管理对企业业绩的影响研究——基于中央上市企业的实证研究[J].中南财经政法大学研究生学报,2013(2):94-100.

[10] 吕文栋,赵杨.央企全面风险管理提升公司价值了么[J].科学决策,2014(7):1-19.

[11] 李维安,戴文涛.公司治理、内部控制、风险管理的关系框架——基于战略管理视角[J].审计与经济研究,2013(4):3-12.

[12] 成小平,庞守林.全面风险管理对公司绩效影响实证分析——来自中国上市公司的经验证据[J].西安电子科技大学学报(社会科学版),2015(3):17-23.

[13] 李晓慧,何玉润.内部控制与风险管理理论、实务与案例[M].第2版.北京:中国人民大学出版社,2016.